新技术技能人才培养系列教程
互联网营销师

淘宝付费推广实战

店铺流量
快速增长秘笈

肖睿 魏盈盈 赵鹏飞 / 主编
张晓芸 宋晓晴 / 副主编

人民邮电出版社
北　京

图书在版编目（CIP）数据

淘宝付费推广实战：店铺流量快速增长秘笈 / 肖睿，
魏盈盈，赵鹏飞主编. -- 北京：人民邮电出版社，
2018.1（2023.1重印）
新技术技能人才培养系列教程
ISBN 978-7-115-47118-5

Ⅰ. ①淘… Ⅱ. ①肖… ②魏… ③赵… Ⅲ. ①电子商
务—网络营销—教材 Ⅳ. ①F713.365.2

中国版本图书馆CIP数据核字(2017)第260881号

内 容 提 要

　　本书针对淘宝付费推广的运营技巧及其在企业中应用的成功案例进行了深度的解析。淘宝付费推广主要有淘宝客、淘宝达人、直通车和钻展 4 种工具，本书内容由入门到精通，从淘宝客推广到淘宝达人，从直通车入门、推广设置到直通车选词选款策略、推广优化技巧，从钻展基础设置到创意营销、定向营销以及出价策略，层层推进，帮助读者提升从业能力。

　　本书由具有多年从业经验的电商运营专家倾力打造，在内容设计上大量引用了各大企业的优秀案例，便于读者在学习理论知识的同时，与实际案例相结合，以便高效地掌握淘宝付费推广的运营技巧。

　　◆ 主　　编　肖　睿　魏盈盈　赵鹏飞
　　　　副 主 编　张晓芸　宋晓晴
　　　　责任编辑　王　威
　　　　执行编辑　祝智敏
　　　　责任印制　马振武
　　◆ 人民邮电出版社出版发行　　北京市丰台区成寿寺路 11 号
　　　　邮编　100164　　电子邮件　315@ptpress.com.cn
　　　　网址　http://www.ptpress.com.cn
　　　　北京九州迅驰传媒文化有限公司印刷
　　◆ 开本：787×1092　1/16
　　　　印张：15　　　　　　　　2018 年 1 月第 1 版
　　　　字数：331 千字　　　　　2023 年 1 月北京第 6 次印刷

定价：49.80 元
读者服务热线：(010)81055256　印装质量热线：(010)81055316
反盗版热线：(010)81055315
广告经营许可证：京东市监广登字 20170147 号

互联网营销师系列

编 委 会

主　　任：肖　睿

副 主 任：金　雨　张惠军

委　　员：董泰森　段永华　李　娜　孙　苹　杨　欢

　　　　　王丙晨　杨　鑫　石光磊　田　堃　谢伟民

　　　　　相洪波　张德平　潘贞玉　庞国广

课工场金蛛互联网营销学院：

　　　　　李圆圆　徐建芳　王忠梅　刘校锋　卓鹏飞

　　　　　何海鹏　吕秀茹　韩　金　梁　豪　曲　亮

　　　　　麻永东　蔡水泰　何忠亮　王昆伟　叶岸芳

　　　　　彭汝珍　任倩倩

序　言

今天新技术的飞速发展改变了人们常规的生活方式和消费方式，"6.18 大促""双11""双 12"、年货节，这些新兴的互联网促销活动充斥着我们的生活，改变着我们的消费理念和方式。不仅如此，购票、订酒店、约车、团购等消费模式都已由线下转为线上，让我们足不出户就能便捷地体验各种服务，节省宝贵的时间；同时，互联网还拉近了人与人之间的距离，我们可以把美食的诱惑、工作的繁忙、旅途的风景等动态及时地与好友分享，得到更多人的关注和支持……互联网带给了我们非凡的体验，酒店、餐饮、医疗、服装、汽车等几乎所有类型的企业都已离不开互联网，更离不开互联网营销。而对"互联网营销"知之甚少的你可能怀有各种担心。如何做营销策划？如何让各平台联动起来助力宣传？不仅如此，新"互联网 +"时代对互联网营销从业人员也提出了越来越高的要求，传统的营销技术已无法胜任。在这样的大背景之下，这套"互联网营销师系列"图书应运而生，它旨在帮助读者快速成长为符合"互联网 +"时代企业需求的优秀互联网营销师。

"互联网营销师系列"图书从企业的实际需求出发，以系统实用的知识结构优化内容布局。在新媒体营销方向，重点囊括微信公众号的运营技巧、微信公众号常用营销工具，以及数据分析及效果量化；在搜索引擎营销方向，对不同行业不同类型网站的成功案例进行 SEO 网站权重深度的解析，并高效应用 SEM 以数据的深度分析助推搜索引擎营销；在电子商务营销方向，以付费推广为重点，介绍淘宝客、直通车以及钻展等不同付费推广工具的策略及技巧，涉及淘宝客的推广秘诀、直通车选词选款的思路优化以及钻展的创意营销、定向营销和定价策略。读者通过"互联网营销师系列"图书的学习，可扩充互联网营销实用知识、提高互联网营销从业能力。

本系列图书特点

1. 内容实用、定位精准——拒绝培养只知理论、不会应用的基础级互联网营销师。
➤ 培养符合"互联网 +"时代需求的高端互联网营销人才，通方法、懂策略、会运用。
➤ 注重方法的总结、技能的实操和策略的运用，旨在开拓读者的思维视角。
2. 案例真实、易于落地——主流行业成功案例，真实场景、运营策略、技巧总结一个也不能少。
➤ 与知名 4A 公司合作，设计开发课程案例。
➤ 几十个真实案例，涵盖电商、旅游、视频、餐饮、医疗等众多领域。
➤ 注重互联网营销方法的讲解、运营策略的运用、实战技巧的总结。

3．便捷学习、注重体验——传统纸质教材学习方式的革命。

➤ 教材二维码＋学习平台切入，可以观看相关视频讲解和案例操作。

➤ 学习 App＋教学视频＋在线题库＋学习社区的学习方式，体验新的教学生态。

"互联网营销师系列"图书是由课工场金蛛互联网营销学院研发的一套面向对互联网营销类技能感兴趣和相关从业者的图书。课工场金蛛互联网营销学院是由北京课工场教育科技有限公司与深圳市金蛛教育科技有限公司联合成立的专注于电子商务、网络营销培训的互联网营销学院。自成立以来，课工场金蛛互联网营销学院始终坚持"产学研"一体化办学模式，以"全心全意为学员服务"为己任，以为企业培养紧缺型实用技能人才为根本，凭借丰硕的教学就业成果，多次荣获诚信品牌教育机构、深圳教育行业十大实力品牌等荣誉。

欢迎广大读者到课工场网站 www.kgc.cn 获取更多学习资源。

课工场金蛛互联网营销学院

前　　言

　　付费推广是电商运营人员的核心工作之一，目前淘宝提供的免费流量少之又少，店家主要依靠付费推广引流。本书重点介绍淘宝当下最火的付费推广工具淘宝客、淘宝达人、直通车、钻展，并利用它们实现对店铺的快速引流。全书分别介绍淘宝客、淘宝达人、直通车、钻展等方向分析付费推广工具的流程及优化技巧；从直通车推广优势、创建流程、投放设置、选词选款、优化技巧等角度分析直通车推广的流程；从钻展的创意制作、定向方式、定价策略等角度详细讲解钻展的营销技巧；最后结合项目案例对 4 种付费推广工具进行详细解析。

训练技能

- ➤ 掌握淘宝客的推广设置及淘宝客的维护与激励方法。
- ➤ 了解淘宝达人的重要模块及如何寻找达人并与其建立长期合作。
- ➤ 了解什么样的店铺适合使用直通车推广并掌握直通车推广的创建流程及投放技巧。
- ➤ 学会直通车宝贝推广选词、选款的方法及关键词质量得分和点击率的优化方法。
- ➤ 掌握新建钻展计划的投放设置及快速判断自身店铺是否适合钻展推广。
- ➤ 熟知钻展的创意规划、素材选择、高点击率创意制作及如何测试创意图。
- ➤ 熟知营销场景定向、访客定向和其他钻展定向的原理并能熟练圈人及进行定向测试。
- ➤ 掌握钻展 CPM 和 CPC 出价方式下不同的定向组合，实现日常推广和大促推广下的应用。

章节架构

- ➤ 技能目标：本章要达成的学习目标，可以作为检验学习效果的标准。
- ➤ 本章导读：是对本章内容的概述，通过提出问题引导读者思考，并让读者对该章内容有全面的了解。
- ➤ 理论讲解：对本章所涉及内容的分析、讲解。
- ➤ 案例分享：通过案例让读者掌握本章讲解的技能点如何应用到淘宝推广引流中。
- ➤ 本章总结：针对本章内容的概括和总结。
- ➤ 本章作业：针对本章学习内容的补充性练习，用于加强对本章知识的理解和运用。

设计思路

　　本书共 10 章，内容包括淘宝客推广、淘宝达人推广、直通车入门、直通车推广设置、直通车选词选款、直通车推广优化、钻展基础设置、钻展创意营销、钻展定向营销和钻展出价攻略。通过对淘宝客、淘宝达人、直通车及钻展4种付费推广工具的推广原理、基础设置和实战应用的介绍，帮助读者快速掌握淘宝付费推广方法，实现店铺快速引流。具体内容安排如下。

- 第1章介绍淘宝客推广基础操作及淘宝客维护和激励，以及如何通过淘宝客实现长期低价引流。
- 第2章通过对淘宝达人应用模块和寻找淘宝达人并与其建立长期合作方法的讲解，介绍无线时代手机淘宝最火爆的内容营销引流。
- 第3章主要讲解直通车推广原理、优势、推广形式和判断店铺是否适合直通车推广，帮助读者判断自己的淘宝店铺是否适合直通车推广。
- 第4章讲解直通车宝贝推广、店铺推广、定向推广计划创建及投放技巧，以及如何使用直通车推广实现店铺引流。
- 第5章讲解直通车推广关键词的选择及测款与定款方法，以及如何筛选出适合推广的关键词及宝贝。
- 第6章讲解直通车推广优化常见问题的处理及质量得分和点击率提升技巧，以及如何快速提升投入产出比。
- 第7章介绍钻展基础投放设置及快速判断自身店铺是否适合钻展推广，以及如何使用钻展推广实现为店铺快速引流。
- 第8章讲解钻展的创意规划、素材选择、高点击率创意的制作及创意图的测试方法，以及提升点击率对于钻展引流的重要性。
- 第9章介绍钻展定向原理、操作流程、投放策略及定向出价的测试方法，以及如何通过精准圈定目标人群大大提高成交转化。
- 第10章介绍钻展CPM和CPC出价方式下以不同定向组合实现日常推广和大促推广，让读者能够全面灵活地应用钻展实现大量引流。

本书由课工场金蛛互联网营销学院的教研团队编写，参与编写的还有魏盈盈、赵鹏飞、张晓芸、宋晓晴等院校老师。尽管编者在写作过程中力求准确、完善，但书中难免有疏漏与不足之处，恳请广大读者批评指正。

更多学习及拓展内容详见课工场 www.kgc.cn。

- 在线直播课程
- 录播视频课程
- 案例素材下载
- 学习互动社区
- 题库专区

关于引用作品的版权声明

　　为了方便学校课堂教学，促进知识传播，便于读者学习优秀的淘宝、天猫店铺的推广技巧，本书选用了一些电商企业、平台及店铺的相关成功案例，包括店铺信息、产品图片、文章内容、运营数据等。我们尊重这些内容所有者的权利，特在此声明，凡在本书中涉及的版权、著作权、商标权等权益，均属于原作品版权人、著作权人、商标权人。

　　为了维护这些电商企业、平台和店铺等相关权益人的权益，现对本书中选用的主要作品和出处给予说明（排名不分先后）：

序号	选用的电商企业、平台、店铺及内容	版权归属
1	淘宝网	阿里巴巴（中国）有限公司
2	天猫网	阿里巴巴（中国）有限公司
3	阿里妈妈	阿里巴巴（中国）有限公司
4	爱淘宝	阿里巴巴（中国）有限公司
5	茵曼旗舰店	广州市汇美服装有限公司
6	派代网	北京派代信息技术有限公司
7	卖家资讯	杭州麦家科技有限公司
8	大麦电商	广州大麦信息科技有限公司
9	洪海友腾	北京洪海龙腾电子商务有限公司

　　以上列表中并未全部列出本书所选用的作品，在此，本书创作团队衷心感谢所有原作品的相关版权权益人及所属公司对职业教育的大力支持！

目　　录

第 1 章

淘宝客推广

技能目标

❖ 了解什么是淘宝客推广
❖ 掌握如何参加淘宝客推广
❖ 熟悉淘宝客后台的功能与设置
❖ 掌握淘宝客推广的应用技巧

本章导读

淘宝客推广作为一种按照成交效果计费的推广模式，推广渠道遍及互联网的各个角落，不仅投入成本低，而且有着超高的投入产生比。资金少、实力弱的中小卖家也可以通过淘宝客推广，实现对店铺宝贝的引流和销量的提升。

本章主要介绍淘宝客推广工具及其功能和设置，以及如何做好淘宝客推广引流。通过本章的学习，将对淘宝客推广这款付费推广工具有一个全面的认识和深入的了解，并能利用淘宝客实现为店铺快速引流。

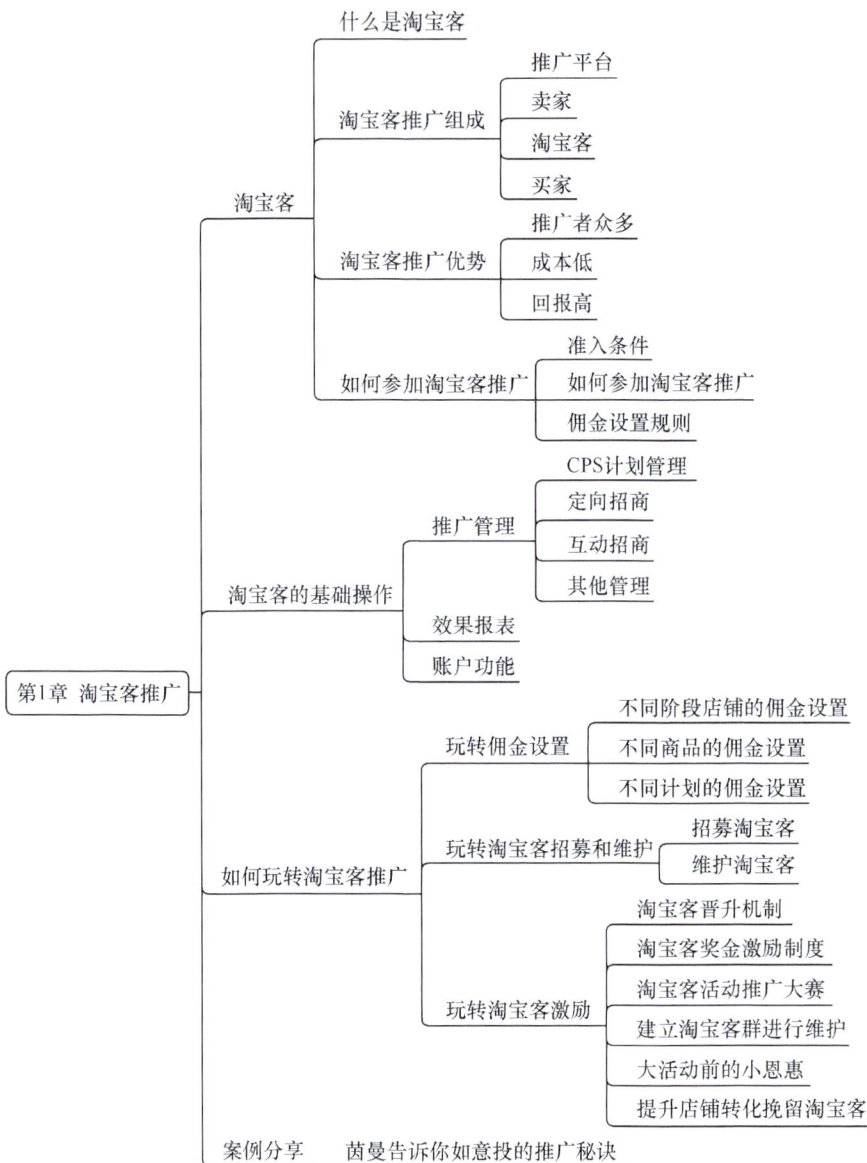

```
                                                什么是淘宝客
                                                              推广平台
                                                              卖家
                                     淘宝客推广组成            淘宝客
                                                              买家
                           淘宝客                             推广者众多
                                     淘宝客推广优势            成本低
                                                              回报高
                                                              准入条件
                                     如何参加淘宝客推广        如何参加淘宝客推广
                                                              佣金设置规则
                                                              CPS计划管理
                                                              定向招商
                                     推广管理                  互动招商
                                                              其他管理
                           淘宝客的基础操作
                                     效果报表
                                     账户功能
第1章 淘宝客推广
                                                              不同阶段店铺的佣金设置
                                     玩转佣金设置              不同商品的佣金设置
                                                              不同计划的佣金设置
                                                              招募淘宝客
                           如何玩转淘宝客推广  玩转淘宝客招募和维护
                                                              维护淘宝客
                                                              淘宝客晋升机制
                                                              淘宝客奖金激励制度
                                                              淘宝客活动推广大赛
                                     玩转淘宝客激励            建立淘宝客群进行维护
                                                              大活动前的小恩惠
                                                              提升店铺转化挽留淘宝客
                           案例分享    茵曼告诉你如意投的推广秘诀
```

1.1 淘宝客

　　淘宝店铺开通之后，运营压力山大。生意太难做，流量特别少，整天也听不到几次阿里旺旺叮咚叮咚的声音。没有流量，就没有销量，库存积压，资金紧张，开店之前的那种兴奋感全都消失得无影无踪。整天愁眉苦脸，无济于事。那该怎么办？出路在哪里？除了自然搜索优化、店铺装修、详情页优化之外，好像也没有什么运营的工作可做了。

　　其实办法还是有的，只不过需要加大投入力度，做付费推广，实现店铺快速引流。本章就介绍一款非常省钱而且流量大、回报高的推广工具——淘宝客。

1.1.1　什么是淘宝客

随着电商的迅速崛起，由淘宝衍生出来的新职业可谓不少，从麻豆到客服、到网店小二再到快递小哥，成就了一批人，富裕了一批人。互联网一族的职业开始横行，那么淘宝周边最吸金的职业是什么呢？

有这么一群人，他们的工作跟淘宝密切相关；他们每天必上淘宝网；他们是一群年轻的 80 后、90 后；他们通过互联网帮助淘宝卖家推广商品，并按照成交效果获得佣金。他们被叫做淘宝客。

如图 1.1 所示，淘宝客是淘宝卖家的一种推广工具，支出成本可控，推广渠道广泛，可以帮卖家提升店铺成交机会。加入淘宝客推广不需要提前充值，只需合理设置佣金比率，由推广者选择性推广，以成交计算佣金。

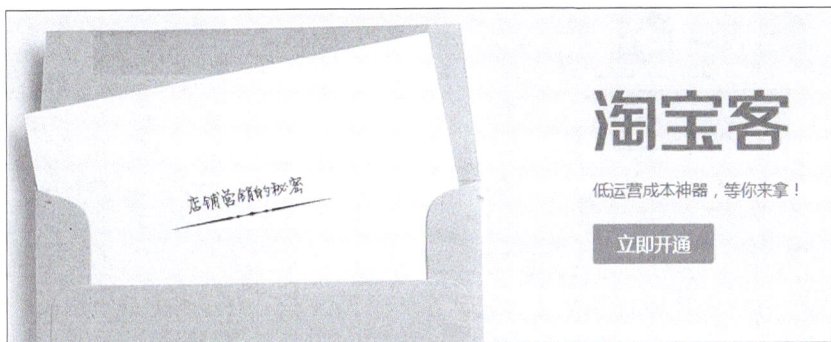

图 1.1　淘宝客

所以淘宝客其实包含两个含义，一个是淘宝付费推广工具；另一个就是指帮助淘宝卖家推广商品并按照成交效果获得佣金的人，这个人可以是个人也可以是一个网站，如图 1.2 所示。

图 1.2　淘宝客网站

在互联网上和 QQ 群、微信群里，每天都有百万计的淘宝客在网上发布着带有佣金的淘宝链接，为淘宝天猫的卖家带来客流，带来成交，如图 1.3 所示。

图 1.3　淘宝客推广商品

1.1.2　淘宝客推广组成

了解了淘宝客的定义之后，我们还需要了解淘宝客的推广组成，以便于更加清晰准确地认识淘宝客的推广流程和运作模式。在淘宝客的推广中，包含推广平台、卖家、淘宝客及买家四大角色，他们每个都是一个不可缺失的环节，如图 1.4 所示。

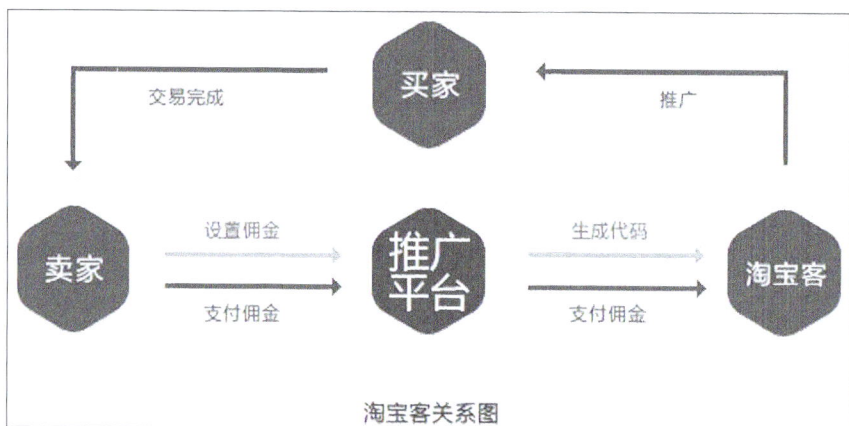

图 1.4　淘宝客推广组成模式

1. 推广平台

推广平台帮助卖家推广商品，帮助淘宝客赚取佣金，并对每笔推广成功的交易抽取相应的服务费用。这个平台就是阿里巴巴公司旗下的"跨平台、跨屏幕、跨渠道"的全域营销平台，其上每天有超过 50 亿的推广流量实现超过 3 亿件商品的推广展现，覆盖高达 98% 的网民，实现数字媒体（PC 端＋移动端＋互联网电视端）的一站式触达，它的名字叫做"阿里妈妈"。在阿里妈妈营销平台旗下的淘宝客推广模块，帮助卖家推广商品的部分叫做"淘宝客卖家平台"；帮助淘宝客筛选卖家商品，获取推广链接的部分叫做"淘宝联盟"。

2．卖家

卖家即佣金支出者，他们提供自己需要推广的商品，并设置每卖出一个商品愿意支付的佣金。

3．淘宝客

淘宝客即佣金赚取者，他们在淘宝联盟中找到卖家发布的商品，挑选并推广出去，当有买家通过他们的推广链接成交后，就能够赚到卖家所提供的佣金（其中一部分需要作为淘宝联盟的技术服务费）。

4．买家

买家即普通的消费者，网络购物的人群。

淘宝客佣金计算方法：佣金＝实际成交金额 ×（佣金比率－10% 平台技术服务费）

举例：一个淘宝客在淘宝联盟上找到了一款韩都衣舍旗舰店的连衣裙，商品售价是 200 元，佣金是 10%。淘宝客把带有佣金的链接发布到自己的网站上，有买家点击这个链接并跳转到韩都衣舍旗舰店购买了此款连衣裙。交易成功后，作为卖家的韩都衣舍旗舰店就应该支付给淘宝客成交金额的 10%，也就是 20 元。但这 20 元中还需要扣除 10% 平台技术服务费，最终淘宝客可以赚取 18 元推广佣金。

1.1.3　淘宝客推广优势

如图 1.5 所示，淘宝客推广的优势主要体现在以下 3 个方面。

1．推广者众多

全民推广，超百万推广者，普及互联网各个领域。

2．成本低

超低成本投入，展示、点击全免费，成交才付费。

图 1.5　淘宝客推广优势

3．回报高

相比淘宝其他付费推广方式，成交付费无风险，自主设置佣金，投资回报可控，投入产出比非常高。

在众多的淘宝客中，有很多一定是你特别熟悉又从未注意过的，其实他们都是淘宝客推广。

例如：各种返利网和娱乐资讯、影视音乐、动漫游戏、IT 数码、美食天气、健康母婴、家居房产、快递查询、垂直细分、网址导航等合法站点。还有 hao123、265 和 360 网页导航，每天的流量非常巨大，它们在导航网站的页面挂上相应的链接，每天将上千万流量导入到淘宝，是收入超级高的淘宝客。

还有手机和平板电脑上的图书、导航、娱乐、健康、影像、天气、生活、天气、美食、社交、旅行、壁纸锁屏、WiFi 入口、应用市场、资讯新闻等移动 App 应用。用户数量多达 6 亿的今日头条，就是一个不折不扣的淘宝客。

另外，在不计其数的各种淘宝购物群、淘宝秒杀群、微信群里，群主每天都在不停地发着淘宝特价商品的链接，并且可以使用大额优惠券。这些 QQ 群、微信群，就属于群发类型的淘宝客。拥有如此众多的淘宝客，卖家们再不用担心设置了高佣金没人帮自己推广了。

1.1.4　如何参加淘宝客推广

淘宝客推广的优势是显而易见的，卖家如何才能顺利地实现淘宝客的推广呢？我们来具体解读一下淘宝客推广的准入条件、开通流程以及佣金设置规则。

1. 准入条件

参加淘宝客推广的条件：

① 淘宝个人店铺信用等级在一颗心及以上或参加了消费者保障计划，企业店铺信用度等级大于等于 0。

② 卖家店铺动态评分各项分值不低于 4.5。

③ 店铺状态正常且出售中的商品数大于等于 10 件（同一商品库存有多件的，仅计为 1 件商品）。

④ 签署支付宝代扣款协议。

⑤ 在使用阿里妈妈或其关联公司其他营销商品（包括但不限于钻石展位、淘宝直通车、天猫直通车等）服务时未因违规被中止或终止服务。

2. 如何参加淘宝客推广

参加淘宝客推广有两种方法。

（1）方法一

进入淘宝网，登录淘宝账户，进入卖家中心的"我要推广"，然后点击"淘宝客"，会查看到一份支付宝代扣款协议，请仔细阅读，输入支付宝账户和密码，确认协议后即可参加推广了，如图 1.6 所示。

（2）方法二

进入淘宝联盟网站首页，选择淘宝会员登录，用淘宝的账户和密码登录，进入后点击"我是淘宝联盟卖家"（请根据提示补充邮箱、昵称及手机号），确认支付宝代扣协议，输入支付宝账户和密码，确认协议后即可参加推广。

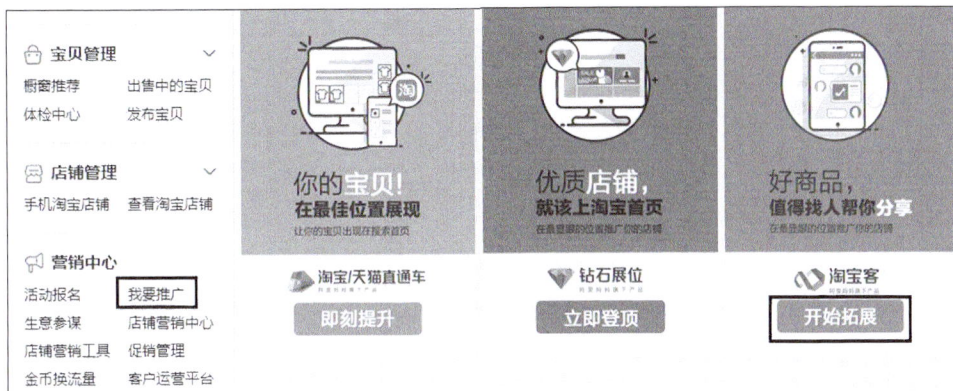

图 1.6　淘宝客推广入口

3．佣金设置规则

淘宝客佣金设置规则：

① 卖家可以随时在佣金范围内调整主推商品佣金比率。

② 卖家可以随时在佣金范围内调整店铺各类目的佣金比率。

③ 买家从淘宝客推广链接进入起 15 天内产生的所有成交均为有效，淘宝客都可得到由卖家支付的佣金。如果卖家退出淘宝客推广，退出后 15 天内推广链接仍有效，买家在此期间点击推广链接拍下商品后仍旧为淘宝客计算佣金。

④ 佣金根据支付宝实际成交金额（不包含邮费）乘以佣金比率计算。

⑤ 如果买家通过淘宝客推广链接直接购买了这件商品，按照该商品对应的佣金比率结算佣金。即：如果买家通过淘宝客推广链接购买了店铺内主推商品中的某一件商品，按照该商品对应的佣金比率结算佣金给淘宝客；如果买家通过淘宝客推广链接购买了店铺内非主推商品中的其他商品，按照店铺各类目统一的类目佣金比率结算佣金给淘宝客。

举例：阿芙精油官方旗舰店的主打商品"阿芙薰衣草精油"设置佣金为 20%，其他非主打商品设置佣金为 10%。一个买家通过淘宝客的链接进入到了阿芙精油官方旗舰店，但没有购买主打商品"阿芙薰衣草精油"，而在 15 天内购买了店内另一款非主打的茶树精油。交易成功后，淘宝客将收到一笔阿芙茶树精油售价 10% 的佣金。

1.2　淘宝客的基础操作

淘宝客卖家平台有着非常多的功能，包含计划管理、定向招商、互动招商以及效益报表等。要想做好淘宝客推广，首先要学习设置计划管理下的通用计划、活动计划、如意投计划和定向计划。为了招募更多的淘宝客帮店铺做推广，通常卖家还要参加定向招商、互动招商。推广一段时间后，还需要对淘宝客推广的效果做评估总结，以便优化推广效率。

1.2.1 推广管理

推广管理是淘宝客卖家平台基础设置的核心，涉及计划管理、定向招商、互动招商及其他管理。处于不同店铺阶段的卖家，对推广管理下的功能有着不同的依赖程度，如图1.7所示。

1. CPS计划管理

计划管理下的CPS计划管理是淘宝客按效果付费推广的核心功能。卖家开启淘宝客推广的第一步，就是设置好CPS计划管理下的通用计划、活动计划、如意投计划和定向计划。只要店铺的内功做得好，即DSR评分高、销量多、评价好，有爆款，在设置好CPS计划后，就能轻松实现淘宝客引流和成交。

（1）通用计划

通用计划是开通淘宝客推广后默认开启的计划，主要方便淘宝客可及时获取推广链接帮助卖家推广，所有的淘宝客都能够参与推广。通用计划的佣金设置囊括全店的商品，卖家也可以对某几个特定商品单独设置佣金比率，单独设置的商品推广成功后按照卖家单独设置的佣金比率计算佣金，没有设置的商品按照类目下设置的佣金比率计算佣金。开启淘宝客推广后，通用计划是无法暂停和关闭的，如图1.8所示。

图 1.7　推广管理　　　图 1.8　通用计划

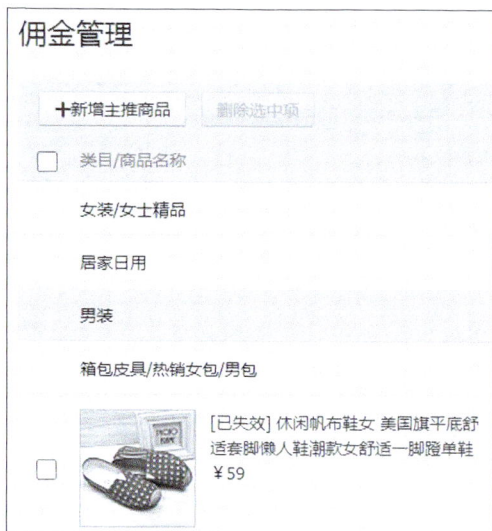

① 功能解析。

➤ 点击"新增主推商品"，可以单独设置某个宝贝的佣金比率（如为店铺重点推广的宝贝设置相对高一点的佣金比率）。

➤ 主推商品数量最多设置为30个。

➤ 类目/商品名称是指设置的主推商品及店铺商品所属类目，未设置为主推商品的则按类目佣金比率计算。

② 佣金设置。

第一步：点击通用计划右侧"查看"；

第二步：点击"新增主推商品"；

第三步：选择需要添加的宝贝；

第四步：编辑佣金比率。

💡 **注意**

> 1. 在系统提示的范围内设置佣金，设置后第二天生效。
>
> 2. 通用计划中的类目无法删除，加入淘宝客推广是默认整店商品参加推广，未单独设置主推的商品会按类目佣金比率计算。

（2）活动计划

活动计划管理需要先在互动招商下面的淘宝客活动广场进行报名，选择可报名的活动，点击查看活动详情，然后选择报名商品并设置佣金比率，最后提交报名就可以在活动计划下查看所有已报名的活动，并能够对已经进行的活动展示点击率、结算金额、引入付款金额、佣金、平均佣金比率以及变化趋势。

① 在互动招商下的淘宝客活动广场，选择可报名的活动，如图 1.9 所示。

➤ 可通过"投放平台""行业类目""佣金比率""活动权限"等进行筛选。

➤ 也可通过"最新发布"或"等级从高到低"进行筛选。

➤ 也可通过"关键词搜索"进行筛选。

淘宝客活动广场汇聚了众多优质淘宝客发起的活动。在这里可以根据店铺促销的需要选择"9块9"或者"一折清仓"等

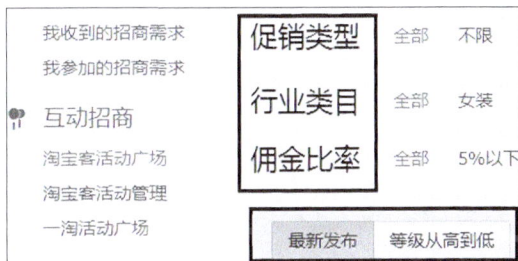

图 1.9　活动报名

活动。同时可以根据自身商品的类目特征直达对应类目淘宝客发起的活动单元。最重要的是，卖家可以根据自身商品的利润率及可支撑的付费预算，来直接选择对应佣金比率的活动单元。

② 点击"查看活动详情"。

活动详情主要包含两方面内容：基本信息和参加活动的卖家与商品要求。

➤ 基本信息包含淘宝客发起方昵称、旺旺名称、发起方的淘宝客等级、报名截止时间、活动截止时间、活动介绍、即日促销、促销类型以及活动是否向其他淘宝客公开。

💡 **注意**

> 如发起方在创建活动时选择向其他淘宝客公开该活动，则除发起方外，该活动的推广方还包括自行选择推广该活动的其他淘宝客。但因其他淘宝客推广该活动导致的纠纷，由推广商家与其他淘宝客自行协商解决，与活动发起方无关。

➤ 参加活动的卖家与商品要求包含店铺类型（天猫或淘宝）、不同类目商品的佣金比率、优惠券要求、商品销量、商品价格、折扣比例及是否包邮。

注意

买家在活动有效期内点击推广链接，且自点击推广链接起15天内拍下的订单，将按照活动佣金进行计算；买家在活动有效期之外点击推广链接，将按照通用或定向佣金计算。

③ 报名商品。

如图1.10所示，可通过"关键词搜索"或翻页查看可报名商品后选择。

淘宝客活动推广

1 选择主推商品　　2 设置佣金和创意　　3 完成

选中的主推商品，设置完佣金比率后，将无法进行修改，请谨慎填写。

| 请输入商品名称 | 搜索 |

| 模特实拍2017夏装 销量：1件 价格：40.00元 | 2016夏季新款韩版 销量：0件 价格：46.00元 | 韩国简约短裤绿色 销量：0件 价格：35.00元 |

图 1.10　报名商品

选择主推商品时应优先选择转化率高的应季商品，无法报名该活动的商品会打上"条件不符合"的标签。

④ 设置佣金和创意。

提供优质的图片创意将极大地提升宝贝审核通过率。

什么样的图片为优质图片？

➤ 图片尺寸比例为1:1，宽度和高度均大于500像素，支持PNG、JPG和BMP格式，大小不超过800KB。

➤ 图片清晰，无边框，无水印，无推广语，无拼接贴图（品牌宝贝图的LOGO放在图片右上角，LOGO在整体宝贝图中占比应小于5%）。

➤ 背景简单不杂乱，淡色系为主（白底最佳），宝贝色调和背景色调反差明显。

➤ 宝贝主体突出，清晰美观不变形，居中展示，宝贝占图片比例大于50%。

也可在创意管理下的商品创意中，选择上传图片，图片上传后可在选择创意图片时使用，完成推广创意设置。

如审核通过，系统会按照报名商品的佣金比率，生成一个活动计划，且仅对在该活动起止时间内通过该活动进入购买的订单，执行该活动计划。

> **注意**
>
> 　　活动佣金一经设置，当活动状态变为报名截止后，卖家在活动期间将无法以任何理由修改活动佣金比率，因此需提前做好承受能力评估。

　　⑤ 点击"完成"。

点击"完成"，报名结束，如需修改点击"返回上一步"。

　　⑥ 报名完成。

点击"查看报名的活动"，可查看所有已报名的活动情况；点击"再报一个"，可继续报名其他活动。

　　⑦　点击"报名结束"。

可查看报名结束的活动。

> **注意**
>
> 　　卖家每天最多能报名参加 10 个活动，但报名活动总数量不受限制。

　　（3）如意投计划

　　① 什么是如意投推广？

　　如意投是为淘宝卖家量身定制，帮助卖家快速提升流量，按成交付费的精准推广营销服务。系统根据卖家设置的佣金比率和宝贝的综合质量情况，将商品智能推送到爱淘宝搜索结果和中小网站橱窗推广等页面上展现。

　　如意投推广的特点是：投放计划由淘宝网实施，不需要卖家自己找淘宝客，是淘宝客平台根据宝贝转化率、成交量、浏览量以及佣金比率来投放广告，相对于通用计划投放更加便捷，如图 1.11 所示。

　　卖家开通如意投计划需要先点击"投放"按钮将计划开通。

　　② 如意投推广原理。

　　➤ 卖家激活如意投。

　　➤ 系统根据宝贝综合质量情况进行打分排名。

　　➤ 优质商品被推送到爱淘宝搜索结果页或中小网站橱窗推广位

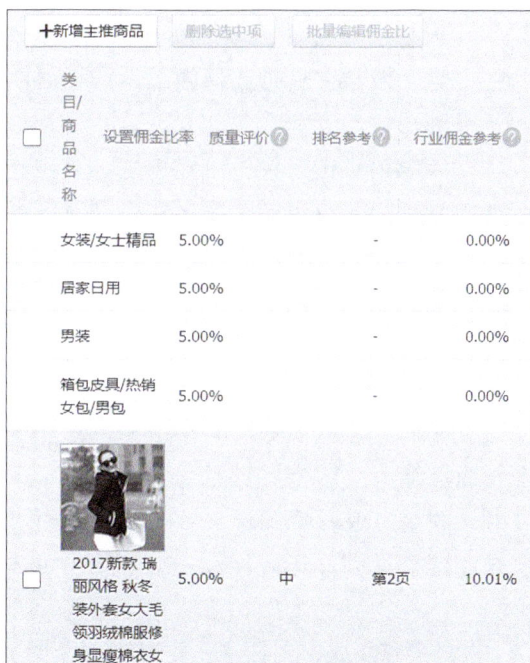

图 1.11　如意投计划设置

展示推广，如图 1.12 所示。

图 1.12　如意投展示位

综合得分＝宝贝综合质量得分 × 佣金比率，宝贝综合质量得分越高，设置佣金比率越大，在爱淘宝等网站上的展示也就越靠前，曝光率更高，引流效果更好。

③ 影响宝贝综合质量得分的因素包含以下 3 个。

➢ 相关性——推广宝贝与买家搜索或浏览行为的相关性，即买家搜索的关键词与宝贝类目、属性及宝贝本身信息的相符程度，如搜索的关键词与宝贝标题、发布宝贝时选择的属性的相关性等，即尽可能填写与宝贝特征相符的标题和属性。

➢ 买家的点击反馈——点击率、点击转化率、宝贝质量。点击率＝点击数 / 宝贝展现量；点击转化率＝引入付款笔数 / 点击数；宝贝质量指宝贝好评率、DSR 动态评分、退货率等。

➢ 店铺综合实力——好评、DSR 动态评分等。

（4）定向计划。

① 什么是定向计划？

定向计划是针对淘宝客中某一个细分群体设置的推广计划，可以让淘宝客来申请加入或拒绝淘宝客推广该计划。可邀请某一些淘宝客来参加，设置的佣金比率要比通用计划高，或者想筛选一些优质的淘宝客来帮其推广店铺爆款商品的卖家，也可以设定这个计划。定向计划的特点是，可以限定某一些淘宝客帮其推广，如图 1.13 所示。

例：卖家新建定向计划，可私下跟某些大网站先沟通好，选择不公开，以使卖家获取较大的流量，让淘宝客获取较高的佣金。

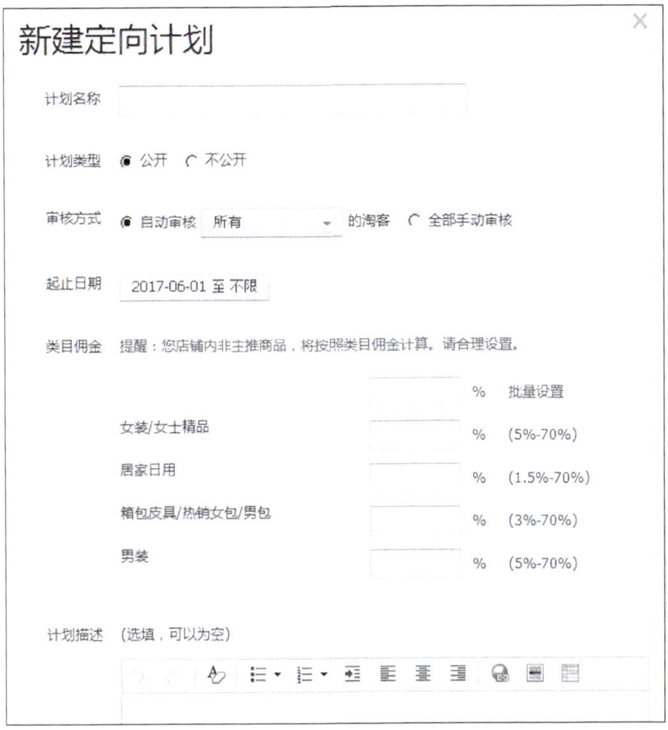

图 1.13　新建定向计划

名词解释

➢ 计划名称：由卖家自定义设置，如高佣金计划等。

➢ 计划类型：

公开——所有淘宝客都可以看见和申请。

不公开——需要卖家手动发送邀请链接给对应的淘宝客申请。

➢ 审核方式：

自动审核——淘宝客申请后系统自动通过。

全部手动审核——淘宝客申请后需要卖家在"淘宝客管理"中参考淘宝客的申请理由决定是否给予通过。

➢ 起止日期：计划的运行时间范围，至少运行 7 天，当天创建的计划最快第二天生效。

➢ 计划描述：选填，建议卖家对计划的佣金及商品优势进行描述，以便吸引淘宝客来推广。

② 定向计划设置操作步骤。

➢ 点击定向计划右侧"查看"。

➢ 在定向计划页面点击"新建定向计划"。

➢ 按照"新建定向计划"页面要求填写计划名称等相关内容。

其中计划描述主要是侧重这个计划提供给淘宝客多少的佣金比率和吸引淘宝客来推广的一些内容等，全部填写完毕之后点击"创建完成"。

注意

1. 定向计划的佣金比率修改后第二天才能生效。

2. 商家如果想删除定向计划，需要等计划状态已过期或者手动暂停计划投放，才会出现删除功能。新建定向计划必须运行 7 天后才可暂停。

2. 定向招商

（1）什么是定向招商

定向招商是官方为淘宝客和商家搭建的活动平台，是由淘宝客对商家发起的招商活动；淘宝客挑选有意向的商品发起招商，商家收到招商需求后设置佣金比率，即可成功报名该招商活动。

① 对淘宝客而言，可以针对有意向的商品发起一键招商，省时省力。

② 对商家而言，可以凭借官方提供的淘宝客名片筛选淘宝客，自主选择是否报名该淘宝客发起的招商活动；若收到招商的商品符合商家推广需求即可设置更高的佣金比率（该佣金比率只针对发起该招商活动的淘宝客），让淘宝客对推广商品的重视度更高，推广流量和效果更好。

（2）如何报名定向招商活动

① 点击"我收到的招商需求"，如图 1.14 所示。

若招商需求很多，可以通过设置筛选条件，如会员等级、近 30 天日均点击次数和近 30 天日均成交笔数来筛选发起招商活动的淘宝客。

② 点击"查看详情"即可查看该活动的内容。

通过官方提供的淘宝客的名片，可以了解该淘宝客的推广渠道和推广能力等信息。若收到招商的商品符合商家的推广需求即可点击"立即报名""查看详情"来了解该活动的内容，如图 1.15 所示。

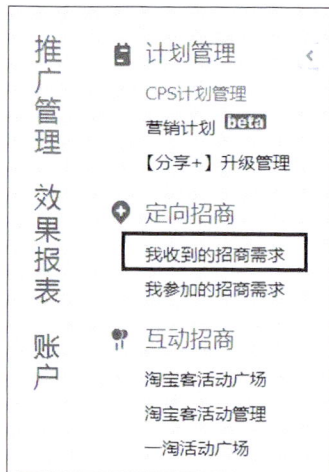

图 1.14　定向招商

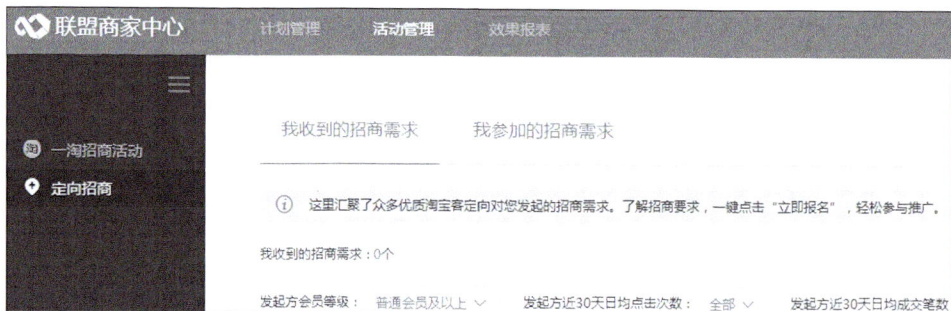

图 1.15　查看招商详情

③ 商家在发起招商的商品中选择要报名的商品，但无法选择未发起招商的商品，

选择好商品后点击"下一步，设置比率"。

④ 可以为不同的商品分别设置不同的佣金比率，最低不能低于招商要求，设置成功后点击"完成"即可成功报名。

商家仅在招商报名时间截止前，可以取消报名或修改佣金比率；在"我参加的招商需求"下的"报名商品"中，可以针对某个商品单独修改佣金比率。

在活动推广中和活动结束后，商家可以通过后台的活动数据来查看活动效果。

3. 互动招商

（1）什么是互动招商

互动招商功能下包含"淘宝客活动广场""淘宝客活动管理"和"一淘活动广场"。淘宝客活动又名"鹊桥"，顾名思义，意在搭建淘宝客与卖家之间的沟通推广桥梁。卖家在淘宝客创建的活动广场报名参加活动，淘宝客针对报名的商品筛选后进行推广。活动可以公开给其他淘宝客，若选择公开，则当有其他淘宝客推广该活动，成交后获得的佣金将按一定比例支付给活动创建者。

（2）淘宝客活动优势

➤ 找淘宝客的捷径：淘宝客发起活动，卖家自主报名，无需费力找淘宝客。

➤ 站外流量打爆款：每天数万活动任卖家挑选报名，推广力度大。

➤ 简单易用：卖家没有繁琐的操作，只需挑选商品报名即可。

有关互动招商下的"淘宝客活动广场"活动报名的介绍已经在前面 CPS 计划管理下的"活动计划"里讲解过了。接下来具体介绍下"一淘活动广场"活动报名。

一淘活动广场下的活动管理的核心功能就是"超级返活动广场"，如图 1.16 所示。

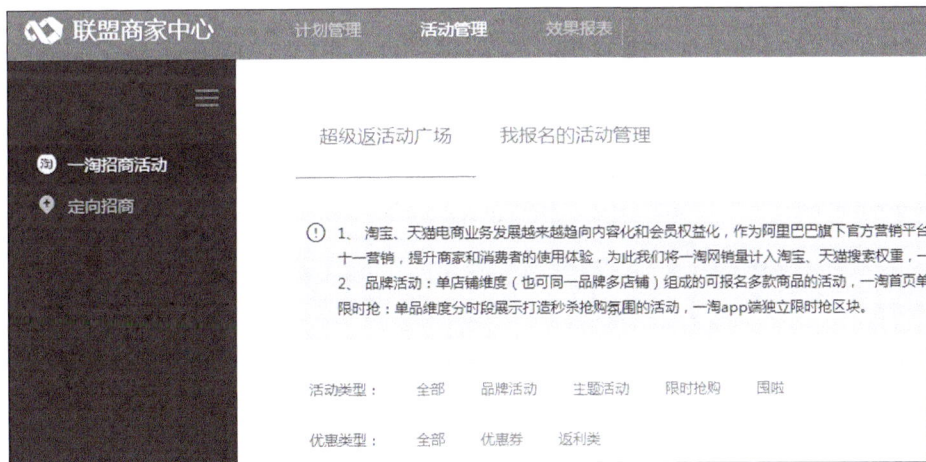

图 1.16　一淘活动广场

① 超级返活动的诞生背景。

淘宝、天猫电商业务的发展越来越趋向内容化和会员权益化，作为阿里巴巴旗下的官方营销平台，一淘网也正往内容化、会员权益化的方向进行业务转型。同时，随着2016 年下半年营销旺季的到来，为了配合"双 11"营销，提升商家和消费者的使用体验，阿里巴巴将一淘网销量计入淘宝、天猫搜索权重，来增强一淘网的活跃度和竞争力。

② 超级返活动类型。

➤ 品牌活动：单店铺（也可同一品牌多店铺）组成的可报名多款商品的活动，在一淘首页单场活动展示。

➤ 主题活动：一淘发起主题，多商家多品牌参与报名的活动，在一淘首页单场活动展示。

➤ 单品限时抢：单品分时段展示，打造秒杀抢购氛围的活动，在一淘 App 端独立限时抢区块。

③ 活动报名流程。

➤ 选择活动广场可报名的活动；

➤ 按照活动类型、优惠类型进行筛选，或通过右侧搜索框进行活动名称的搜索；

➤ 点击"查看活动详情"，进入活动详情页；

➤ 查看基本信息和商家与商品要求；

➤ 提交商品；

➤ 平台审核；

➤ 一淘平台投放。

> **注意**
>
> 活动审核时间就是活动报名通过的时间。如果一淘活动已开始但卖家的宝贝还未审核通过，即表示此宝贝无法参加活动。需联系运营小二拒绝活动后，才可参加其他活动。

4. 其他管理

其他管理功能下包含权益类推广管理、返利管理、公告管理、商品违规查询工具及资质管理。

（1）权益类推广

权益类推广为淘宝客商品下新型的推广方式，包括超级权益推广和红包推广两种形式。日常情况下，仅展现超级权益推广。但在集团级大促（如"双 11""双 12"等）期间，会将集团级大促的推广单独展现为红包推广，以此强调其重要性并提升媒体参与度，以帮助卖家集中获取更多流量。

> **注意**
>
> 权益类推广为淘宝客商品下的推广形式，故卖家开通淘宝客商品时已默认开启权益类推广。
>
> 如果卖家选择"关闭"，则"关闭"后 15 天内买家仍可使用权益物，且 15 天内拍下的所有使用权益物的订单，均按权益类推广进行结算。

如在关闭后重新"开启",则表示卖家同意淘宝客采取权益类推广的方式推广自己的商品,并按权益类推广的结算逻辑支付佣金。

重新"开启"的设置,将在 24 小时内生效;"关闭"的设置,将在 15 天后生效。

(2)返利

"返利"形式下,淘宝客将少收取卖家部分佣金,该部分佣金(即"返利")由卖家同意以销售折扣的形式直接提供给买家,故一并由淘宝客代付。卖家同时同意淘宝客不收取的具体佣金比率(不超过佣金总额)、买家的选定及折扣的发放形式,均由淘宝客单方确定。买家购买支持返利的商品将获得返利,返利由淘宝客代付或以其他形式代为发放(如代为购买支付宝集分宝积分并以集分宝积分形式发放)。淘宝客可能因活动等需要单方面负担成本增加以加大对买家的折扣力度。

(3)公告管理

公告管理是指卖家对店铺的相关活动或者相关简介等做一些简单的结算。主要方便淘宝客查询店铺信息时可以及时看到卖家的店铺动态和推广活动等。公告可以用来编辑一些吸引人的活动内容。

1.2.2 效果报表

1. 效果报表

效果报表包含账户明细、订单明细和维权退款订单明细 3 个方面,如图 1.17 所示。

图 1.17 效果报表

账户明细中统计每天支付佣金总金额,报表仅提供最近 90 天的日佣金支出总金额,如有需要,建议定期下载保存。

订单明细中可以查看具体推广成功的交易。包含订单编号、创建时间、确认收货时间、推广计划名称、商品名称、实际成交价格、佣金比率、佣金金额和淘宝客昵称等数据。订单明细仅提供最近 90 天数据,如有需要,建议定期下载保存。

维权退款订单明细可查询订单确认收货后,买家发起售后维权的具体订单明细。包含维权创建时间、维权完成时间和订单结算时间。维权创建时间、维权完成时间将同步淘宝网订单售后维权的创建及完成时间。

2. 效果报表常见问题

（1）支付宝"淘宝客佣金代扣款"中备注的订单编号在淘宝网已卖出的宝贝中查找不到，是什么原因？

订单为购物车交易，支付宝按照每笔子订单进行扣款，故淘宝已卖出宝贝中只显示父订单，可根据支付宝扣款记录中的扣款时间及金额与淘宝客推广后台效果报表下订单明细中的订单匹配以查找到该订单的父订单，然后再到淘宝网已卖出的宝贝中查询确认是否是购物车交易。

（2）结算金额与引入付款金额的区别是什么？

统计维度不一样，结算金额是确认收货维度，引入付款金额是付款维度。

（3）怎么查看订单是谁推广成功的？

可查看淘宝客昵称，即淘宝客在阿里妈妈的账户名称，代表该笔订单由这个淘宝客推广成功。

（4）买家下单后，如何查看是否是淘宝客订单？

订单未确认收货前，无法查看是否是淘宝客订单，订单确认收货后方可在效果报表下的订单明细中查看支付佣金的订单情况。

（5）订单维权退款了，佣金是否返还？

本月确认收货的订单，在次月15日前发起线上维权且维权成立，退款成功后佣金实时返还商家店铺支付宝；

本月确认收货的订单，在次月15日前来不及发起线上维权退款，卖家需在次月10日前联系平台协助处理；

针对维权退款的订单返款情况，卖家可登录淘宝客后台在效果报表下的维权退款订单明细中查看。

1.2.3 账户功能

淘宝客卖家平台账户功能主要包含账号信息、基本信息、支付宝管理和退出淘宝客四大功能，如图1.18所示。

账户一旦显示"处罚中"，可能是以下几方面原因造成的。

① 账号未签署支付宝代扣款协议，系统无法扣除推广的佣金支付给淘宝客，所以推广被暂停。需要立即重新签署支付宝代扣款协议。如页面提示签署，签署协议后推广会被恢复。

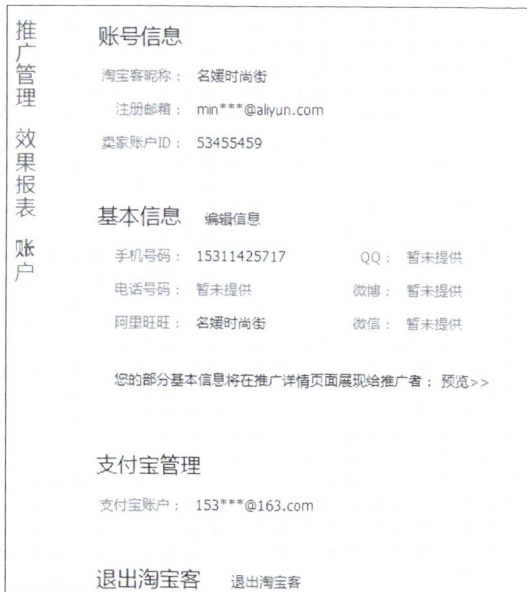

图 1.18　账户

② 因违反《淘宝规则》《天猫规则》被执行店铺监管的店铺。

③ 违反《淘宝规则》《天猫规则》中关于出售假冒商品及其他严重违规行为或虚假交易的相关规定。

卖家可以通过"商品违规查询工具"，查询商品是否可以正常推广。

如何才能退出淘宝客推广？

退出淘宝客前先将佣金比率修改至最低，再点击"退出淘宝客"。若未完成退出淘宝客的全部操作过程，淘宝客账户不能自动退出。

> **注意**
>
> 买家在店铺退出淘宝客前点击过推广链接，15 天以内下单仍需支付佣金；退出后再点击推广链接下单，不需支付佣金。
>
> 退出推广 15 天内不能重新再次加入推广。如要重新加入，需要 15 天之后才能重新签署推广协议加入推广。

1.3　如何玩转淘宝客推广

近年来淘宝客的热度一直都是有增无减。其凭借着成交效果支付佣金，保持了极大的投入产出比。无论是中小卖家还是大咖卖家，都喜欢这种投入预期可控的推广方式。

卖家们可以轻松设置通用计划，实现一键推广，由于不需要提前充值，佣金在淘宝客订单确认收货时从店铺对应支付宝中扣除，完全不用担心账户里的真金白银被白白烧掉。卖家通过淘宝客活动广场，可以轻松找到有实力的淘宝客群体，只要投入给力，打造爆款的速度非常快。商品销量高，信誉好，如意投推广又会自动把优质宝贝智能推送到爱淘宝搜索结果页和中小网站橱窗推广等页面上展现，流量非常大。大咖卖家发布一个定向招商计划，就能轻松获取大量淘宝客的青睐；再从中挑选符合要求的优质淘宝客，就能实现高效的推广。

淘宝客的背后还是一个个活生生的人，他们有着无穷无尽的创造力，随着市场环境的变化，他们不断地创新推广渠道和方式，只有这样他们才能有源源不断的收入。卖家们除了利用淘宝客卖家平台来推广自己的宝贝，还可以通过自行招募稳定的淘宝客，建立长期的推广合作关系。这种合作方式是其他付费推广方式所不可比拟的。店铺新品上架，没有基础销量，通过直通车和钻展进行推广都很难获得足够的转化成交。而利用淘宝客群，只要有足够的促销力度和佣金奖励，他们就能帮你在短时间内实现销量的飞涨。

1.3.1　玩转佣金设置

在淘宝店铺运营过程中，存在着这样一个现实。很多卖家在开通淘宝客推广之后，却不知道如何合理地设置佣金。看到其他店铺被淘宝客推得风生水起，只能抱怨自己的店铺没有淘宝客愿意推、没流量、没成交、没效果等等，却看不到自己在设置佣金比率中存在的问题。接下来就介绍店铺在不同阶段设置佣金的一些小技巧。

不同比率的佣金决定了卖家的推广成本和淘宝客的收入水平。具有比较优势的高佣金比率设置，无疑对淘宝客有着无可抗拒的诱惑力。

1. 不同阶段店铺的佣金设置

（1）新店佣金应该如何设置

对于新店而言，销量基础、卖家信誉等各个方面都比较薄弱，那么如何吸引淘宝客来推广呢？这时候，就要考虑最大程度上让利给淘宝客了。换位思考一下，在没有销量基础、买家评价低的情况下，你吸引淘宝客来帮你推广的亮点在哪里？别家的店铺，其销量或口碑都比你的好，甚至是品牌店铺，那淘宝客为何要把大把的时间、精力花在一个名不见经传的新店上呢？

这个时候，就特别要给淘宝客灌输一种思想：我的店铺是一支潜力股，并且是非常支持淘宝客推广工作的。凡是淘宝客需要的推广素材，店铺都能配合提供，并能高品质的制作。最重要的一点是，我的新店淘宝客佣金比率设置得非常高。

如图1.19和图1.20所示，是一家刚开张不久的服饰店铺，信用等级只有三颗心。30天的推广量只有13件，佣金支出却高达554元。对于一个平均客单价仅仅80余元的店铺来说，这种淘宝客推广的投入力度可谓非常大了。

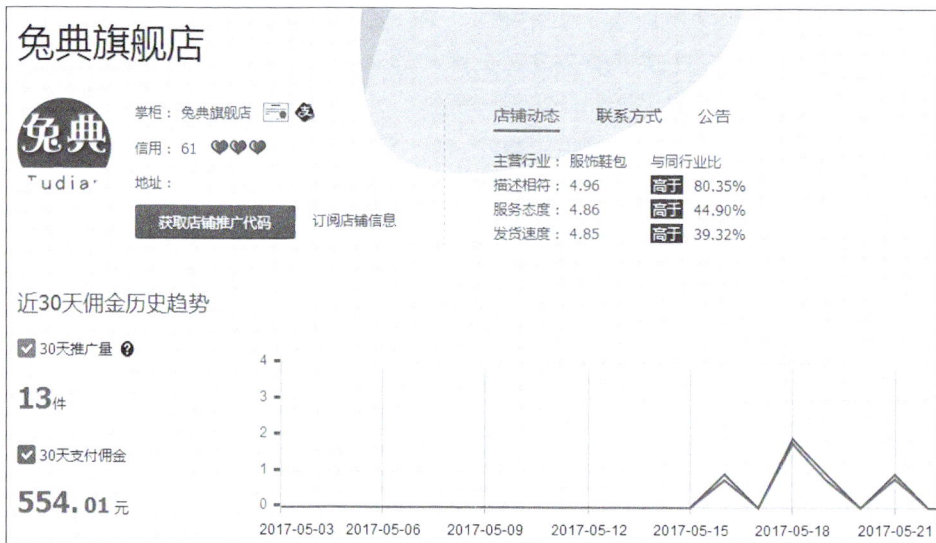

图1.19　三颗心新店

图1.20　高佣金计划

高佣金计划是吸引淘宝客来推广一些零基础店铺商品的法宝。为了验证这一点，再来看一个信誉等级为五颗心的店铺。

如图 1.21 和图 1.22 所示，这家五颗心店铺的推广投入力度更大，成交效果也更显著。同样是新店，30 天的推广量达到了 101 件，佣金支出高达 6975 元。这家店铺的平均客单价也是 80 元左右，通过简单的对比，不难发现，高佣金计划对推广效果起着决定性的作用。

图 1.21　五颗心新店

图 1.22　高佣金定向计划

新店开业，往往基础薄弱，建议佣金比率设置在 50% 以上。最好是设定高佣金的定向计划，筛选黄金会员级别以上的淘宝客，推广效率可以变得更高。为店铺带来较多成交的淘宝客可作为重点合作对象，建立长期合作关系。

（2）处于稳定期的店铺佣金应该如何设置

当店铺进入到了稳定期，无论是淘宝还是天猫的搜索流量、店铺的转化、成交额等都趋于稳定，基本上处于一个平稳期，时不时会有淘宝客自己找上门来推广。这时佣金比率应该如何调整呢？一般来讲，当店铺处于稳定期时，淘宝客的佣金就不需要设置得特别高了。可以根据店铺利润以及行业、竞争对手的情况加以设置，只要佣金比率处于行业中等以上水平即可，同时要保证该佣金比率不会让店铺处于亏损状态。也就是说这个时候的淘宝客推广，以追求稳定收益为目的，而不再以积累销量和信誉为首要目的了，如图 1.23 和图 1.24 所示。

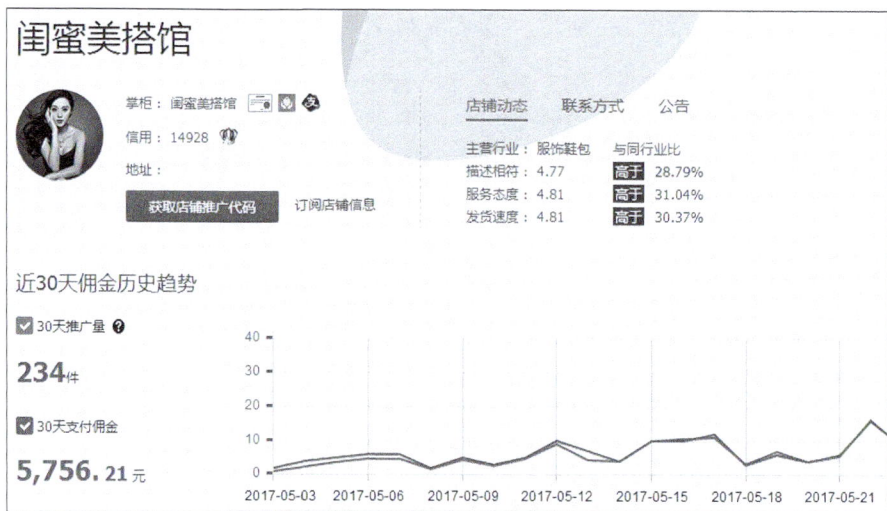

图 1.23　稳定期店铺

图 1.24　稳定期佣金设置

每个行业的平均佣金比率都会有所不同，怎样才能快速找出自己店铺所在行业的佣金比率呢？卖家可以通过生意参谋里的竞争情报功能，找出店铺的竞争对手，并统计至少30～50家店铺的佣金比率。例如，自己的店铺已经是一皇冠了，就可以筛选10家五钻的竞争店铺，10家一皇冠的店铺，10家两皇冠的店铺，这样计算出来的平均佣金比率就更加得精准了。

> **注意**
>
> 可以扩大竞争店铺的筛选数量，100家以上也可以，只是增加参考竞争店铺的数量会增加不少工作量和时间成本。建议根据店铺运营资源，适当地增加竞争店铺佣金比率的统计。

2. 不同商品的佣金设置

（1）热销品或爆款

如图 1.25 所示，由于爆款承载了店铺很大一部分的成交，同时也是店铺主要的引流入口，因此性价比、口碑、转化都是非常高的，这就成为了吸引淘宝客推广的一大亮点。在利润可承受范围内，爆款的佣金可以设置在中等偏上的水平。一旦爆款成形，切记不要很大幅度地变动佣金比率。有些店铺开始的时候，为爆款设置30%的佣金比率，淘宝客推广非常稳定，之后卖家认为30% 太高了，想通过降低佣金多赚点钱，就把佣金降至 20%、10%。看到店铺下调了佣金，淘宝客首先从情感上就感觉受到伤害，因为他们希望能和卖家保持一种默契，并且会认为卖家很不支持他们的工作，忠诚度也会不断下降，转而投向别的店铺的怀抱。这对于店铺而言损失将是非常大的。

◆ASM◆2017夏装新款 碎花雪纺吊带
连衣裙沙滩长裙套装裙子女装仙

¥264.99　　　　月销：30506

比率：5.00 %　　　佣金：¥13.25

ANNA IT IS A...

立即推广　　　　选取

2017夏季新款女装韩版气质显瘦开叉
雪纺裙子碎花印花长裙连衣裙女

¥158.00　　　　月销：23090

比率：6.00 %　　　佣金：¥9.48

TONGSHA同莎

立即推广　　　　选取

图 1.25　爆款佣金设置

> **注意**
>
> 　　通常爆款的佣金要一直保持稳定的比率。只有在爆款销量下滑严重的情况下，才可以尝试调高佣金比率；而调低佣金比率的话，需要非常谨慎，只能做小幅的微调，不至于影响淘宝客的积极性为好。

（2）活动款

如果店铺的商品参加了聚划算、淘抢购、"双 11"等活动，利润都已经压缩得比较低了。这种情况下淘宝客的佣金可以设置在利润可承受的范围内，活动结束后，再调整恢复。

如图 1.26 所示，聚划算商家中心的数据显示：40% 的商家选择淘宝客推广这种方式来提升外部流量。

（3）新品

新品本身的销量不是很高，因此淘宝客引进的流量带来的转化也不会很高。这个时候佣金需要设置相对较高，以给淘宝客一种激励。如果一件商品的净利润为 100 元，可以给淘宝客 50 元以上的佣金。为了增强商品的转化，可以设置适当金额的优惠券，让消费者占到便宜他们才愿意掏钱包购买。这样淘宝客也会更加愿意把资源用到新品上。

（4）主推款和次推款

如图 1.27 所示，设置佣金时，主推款的佣金要明显高于次推款，而且主推商品的佣金要尽量高于类目佣金，才能显得有主有次，淘宝客也能清晰地分辨哪款是主推款，哪款是非主推款，才能给予不同的资源进行推广。

3. 不同计划的佣金设置

（1）通用计划

通用计划是系统默认淘宝客必须参加的推广计划，所有的淘宝客都可以参加也都能够推广的计划。作为卖家而言，无法拒绝任何买家使用淘宝客链接或使用返利网购物，因此该计划的佣金可以设置得相对较低。

图 1.26　40% 商家的选择

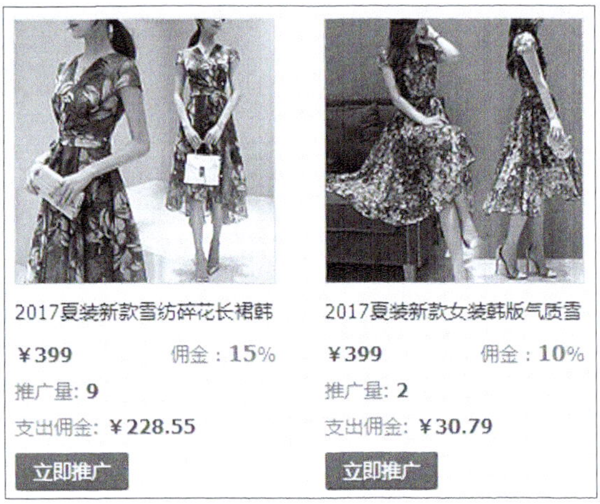

图 1.27　主推款和次推款

（2）定向计划

定向计划是卖家为了淘宝客中某一个细分群体设置的推广计划。卖家可以选择淘宝客加入，也可以让淘宝客在阿里妈妈前端看到推广宝贝并吸引他们来参加，还可以由卖家私下跟某些大网站、大淘宝客代理人协商好，不对外公开计划，以让卖家获取较大的流量、让淘宝客获取较高的佣金。所以定向计划的佣金应该设置得比通用计划高，这样才能吸引更多的淘宝客来申请。

💡 **注意**

淘宝客在申请定向计划时一般会留下自己的推广渠道和联系方式，对店铺而言也是一种资源，可以自行登记造册，用于店铺后期的淘宝客分类管理，长期维护，可加强淘宝客对店铺的忠诚度。

（3）如意投计划

如意投计划是由阿里妈妈系统根据商品佣金比率及宝贝综合质量情况，将商品智能推送到爱淘宝搜索结果页和中小网站橱窗推广等页面上展现，可根据推广需求随时开启或暂停。该计划是淘宝客官方推广计划，佣金可以设置得与定向计划一样高。对于没有销量基础的新店，淘宝客是不太愿意推广定向计划的，这时可以将如意投计划佣金调至最高，先主推该计划，等到销量基础累积起来之后，再主推定向计划。

很多卖家不愿意以高佣金招募淘宝客，或者一旦店铺销量提升了，就立马调低佣金。但作为卖家要明白，即使今天因为支付给淘宝客佣金而使自己少赚了些许，长远来看还是非常值得的。淘宝客带来的不仅仅是一个简单的买家，还有这个买家身后千千万万通过口碑传播的更多买家。只有淘宝客和卖家相互合作、相互信赖，才能实现长期双赢的目的。

通过以上的介绍，可以知道在淘宝客推广中佣金设置是取胜之关键。可店家如何把这个亮点做到最大化、做到锦上添花呢？这就需要卖家给予淘宝客支持了，即在佣金上给予支持、在推广素材方面给予支持，这样才能更加坚定淘宝客为店铺推广的信心，让淘宝客忠于店铺。

店铺处于不同时期，佣金也需要根据不同的情况做出调整，绝不是开店初期设置完佣金之后就不再去管理。佣金设置一定是存在技巧的。新店或新品佣金需要设置得较高，最大程度让利给淘宝客，获得淘宝客的青睐，让淘宝客愿意把资源给店铺；稳定期的店铺或爆款佣金可以根据自己的利润情况进行设置，并且保持稳定的比率，不要轻易地变动或大幅度变动；活动期间的商品只要将佣金设置在利润可承受范围之内即可，因为本身活动品利润都是比较低的。定向计划、如意投计划佣金高于通用计划，商品佣金设置有主有次，才能更好地实现淘宝客推广。

1.3.2　玩转淘宝客招募和维护

淘宝客为卖家推广出了商品后，卖家才会支付一定的佣金给淘宝客，所以用淘宝客推广的 ROI（Return On Investment，投资回报率）非常高，均值能达到 16∶1，远高于直通车、钻展。但怎样才能让淘宝客推广成为店铺的一大推广利器呢？下面就化繁为简，将整个店铺的淘宝客推广要点归纳为两个方面：招募淘宝客和维护淘宝客。

1.　招募淘宝客

在招募淘宝客前，首先需要了解淘宝客，即换位思考，把自己当作一个淘宝客去想自己需要什么。如果你站在淘宝客的角度满足了淘宝客的需求，还怕没有淘宝客来推广你的店铺吗？增加店铺对淘宝客的吸引力，招募淘宝客可以从以下几点入手，即做好店铺内功。

（1）设置具有诱惑力的佣金计划

在制订佣金计划的时候，最大力度地让利给淘宝客，主推款可以将佣金设得最高。当然最好是设置定向计划的最高佣金，并且让淘宝客留下联系方式，这样便于后续和淘宝客的沟通。有的卖家直接将佣金比率设置到 50%，其实对淘宝客的吸引力是非常大的，因为淘宝客推广是按成交付费的，你的"投入"是一定有相应的"回报"的，如图 1.28 所示。

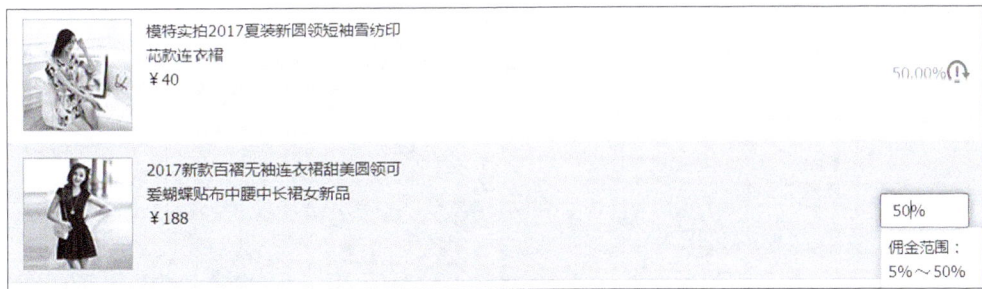

图 1.28　高佣金比率

（2）推广宝贝具有高性价比、高转化率

淘宝客在推广店铺的商品的时候同样也会非常在意宝贝的性价比、转化率，他们付出了很多流量，但是不成单，那么下次很可能就不会再给予资源推广了，所以在选择宝贝给淘宝客推广的时候也要注意，一定要选择性价比高、转化率好的宝贝给淘宝客进行推广。

（3）宝贝质量、评分的保证

淘宝客在为店铺做推广时，一般也比较在意宝贝的质量、评价、评分等因素，他们会把优质的宝贝推荐到用户面前，所以选择推广的宝贝本身的各项质量一定要过关，只有打好基础的销量和评价，这样淘宝客才会持续长久地为店铺进行推广。

（4）挖掘不同渠道的淘宝客

当店铺的内功修炼好之后，就要开始着手寻找淘宝客了。卖家需要主动出击，从淘宝客类型出发寻找淘宝客，具体从哪些渠道能够找到优质的淘宝客，下面来具体分析一下：

> PC 网站：导航网站、导购分享、返利论坛、比价网站、社交网站、休闲娱乐、生活服务、门户网站、新闻媒体、行业企业、体育健身、医疗健康、交通旅游、金融服务等。
> 淘宝达人：爱淘宝、优站、随便逛逛、淘女郎、值得买等。
> 聊天工具：QQ、微信、YY、陌陌、易信、Skype 等。
> 分享：微博、博客、空间、论坛、圈子、社区、问答等。
> App：生活、社交、通信、地图、拍照、影音、资讯、阅读、理财、健康、词典、办公、美化、系统、安全、浏览器、输入法、游戏等。

以上这些渠道里都潜伏着上百万的淘宝客，只要找到具体的方向，再找到相应渠道主动联系淘宝客，收集淘宝客的资料并登记，就能让这些陌生的淘宝客为店铺推广服务了，如图 1.29 所示。

（5）利用淘宝客卖家平台后台效果报表发掘淘宝客

可以到后台的效果报表里，找出那些为店铺成交贡献大的淘宝客。

（6）加淘宝客 QQ 群寻找淘宝客

如图 1.30 所示，使用 QQ 找群功能，搜索淘宝客就可以找到大量淘宝客群。

图 1.29　淘宝客网站

图 1.30　添加淘宝客群

（7）各大站长类网站广发招募帖

可以在百度上搜索"站长网站"，选择访问量大的网站发帖。

2. 维护淘宝客

招募到淘宝客之后接下来要做的工作就是维护了。招募到淘宝客只是万里长征的第一步，重中之重还是维护淘宝客。这关系到淘宝客是否会长期推广你的店铺和淘宝客推广工作的稳定性。

（1）登记淘宝客的联系方式以便长期合作

在设置定向计划的同时要求淘宝客们留下联系方式，审核的时候通过淘宝客留下的联系方式及时联系申请计划的淘宝客，告知他们计划已经通过了，可以开始推广你的店铺了，同时筹备并建立属于自己店铺的淘宝客群。

（2）明确淘宝客到底需要什么

在店铺淘宝客群里可以多和淘宝客交流，了解他们需要什么。并及时在店铺淘宝客群里更新店铺的优惠信息和佣金变动情况，主动提供店铺推广所需素材（包含图片、软文等等），让淘宝客们推广店铺的宝贝更加省心。

（3）让淘宝客更愿意推广你的店铺

不定期设置淘宝客奖励计划或举办淘宝客大赛，增加淘宝客的积极性以及和店铺的互动，这样做不仅可以维护老淘宝客还可以吸引新淘宝客，促进店铺长远发展。

只要店铺重视淘宝客的招募和维护，并结合店铺实际情况，找到适合店铺推广的淘宝客，和淘宝客进行真诚沟通，这些淘宝客就会给店铺不断地带来收获，带来惊喜。

1.3.3　玩转淘宝客激励

熟悉淘宝客后台之后会发现，淘宝客的数量其实非常多，但推广数据却并不是很理想。甚至有的淘宝客申请计划后就不再推广了。怎么提升淘宝客的积极性，让更多的淘宝客为我们推广。这个做起来有难度，不过方法还是有的。那就是激励淘宝客。淘宝客激励和日常维护有 6 个要点，美其名曰"六脉神剑"，如图 1.31 所示。

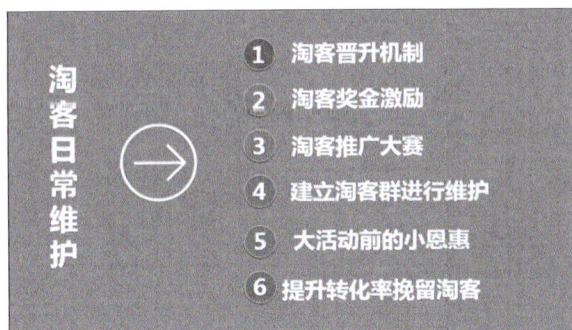

图 1.31　六脉神剑

1. 淘宝客晋升机制

所谓淘宝客晋升机制就是阶梯式建立不同的计划，当满足一定的推广条件后可逐级向上晋升，每晋级一个计划，对应的佣金就会越高。我们可以把后台的计划分成初级、中级和高级 3 个阶段，这里有 3 点需要注意：

（1）晋升计划的命名

命名要足够吸引人，初级计划可以命名为爆款高佣金，爆款意味着高转化，转化好佣金就会丰厚，所以爆款这个词对于淘宝客相当有吸引力。另外在各个计划命名后面，请附带 QQ 号。后期收集起来，可以组建淘宝客群，更好地服务和维护淘宝客。

（2）阶梯幅度要大

建议两个计划间单品佣金相差 5 ～ 8 个点，类目佣金相差 2 ～ 4 个点，如果是中小卖家的话前期建议更高。因为有些淘宝客推广的单数比较少，加入你的奖励阶梯如果相差不大的话，他们是不会费时费力去申请的。

（3）计划晋升的条件

一般以订单为基数，比如说成交 50 单或 100 单晋级高佣金计划，成交 300 单或 500 单晋级更高佣金计划，引入付款金额或流量也可作为晋升基数。

2. 淘宝客奖金激励制度

每个月对上个月推广较好的淘宝客进行奖励，可以以引入付款金额或者订单数作为奖金发放门槛。比如以订单数作为奖金发放的标准，推广 10 单、30 单、60 单，都有相对应的奖励。奖励非常重要，淘宝客平时交流的圈子也是淘宝客，如果奖励做得好的话，能够形成口碑宣传。

3. 淘宝客活动推广大赛

淘宝客活动推广大赛是指在官方举办大型活动的时候可以组织一次淘宝客推广比赛，比如"双 11"全球狂欢节。设定丰厚奖励以吸引淘宝客来推广。高佣金＋高转化率＋月度奖金＋推广大赛的奖品，综合起来对淘宝客来说是非常有吸引力的。大赛的奖品，可以是当下流行的物品，如 iPhone7、iPad 等。另外，资金允许的话，采取奖品＋奖金的形式效果会更好，如图 1.32 所示。

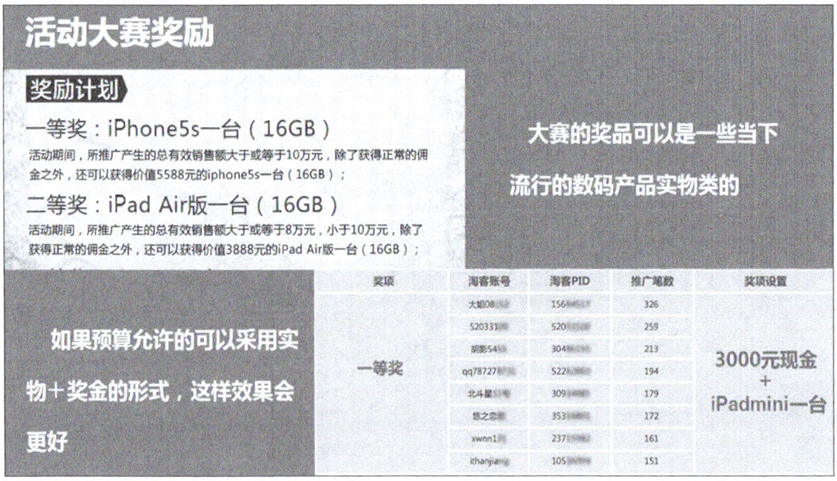

图 1.32　活动大赛奖励

4. 建立淘宝客群进行维护

建群的目的是便于以后的维护及服务，如发奖金、发礼品、"双11"发淘宝客活动素材等。那么怎样提高群的活跃度呢？可以从淘宝客的角度分享一些跟他们相关的东西，如淘宝客推广技巧、QQ群加用户技巧等。只有找到与淘宝客共同的话题点，他们才愿意聊天、愿意分享。

5. 大活动前的小恩惠

大活动前的小恩惠是指在大型活动到来之前，给淘宝客发放一些小礼品，让他们能够记起卖家，乐意优先推广卖家的店铺。

一个淘宝客会申请很多很多的计划来推广，甚至多达数百个、上千个。怎样才能让淘宝客在众多计划中想起我们？就可以用到下面这个小技巧了。卖家可以发放一些小礼品，引起他们的关注。小礼品一定要突出实用性。如鼠标垫、雨伞、钥匙包等。礼品建议采取定制的方式，目的是对店铺的品牌进行宣传，让淘宝客记住我们的品牌、我们的店铺。还可以把一些店铺组织淘宝客推广大赛的资料，放到礼品里面，效果会更好。

6. 提升店铺转化挽留淘宝客

影响淘宝客推广的两个重要因素，一个是佣金，另一个是转化率。佣金高，转化率相对较高的商品，淘宝客才愿意推广。那么当佣金提高到一定程度，甚至接近饱和的时候，转化率就显得尤为重要。因为淘宝客的流量也十分宝贵，他们的资源是有限的，如果商品的转化率不高，三天没有成交的话，淘宝客以后基本上就不会再推广该店铺了。所以提升店铺自身的转化率尤为重要。

淘宝客激励和日常维护做到以上6个要点，就好比卖家练就了"六脉神剑"的武功，在淘宝客引流方面，将做到决胜于群雄。

1.4　案例分享

玩转淘宝客推广可以从佣金设置、淘宝客招募和维护及淘宝客激励三大方面入手。掌握了这三大法宝，做好淘宝客推广也就没有什么问题了。接下来通过具体案例的形式，分享下著名的淘品牌茵曼旗舰店是如何玩转淘宝客推广的。

案例：茵曼告诉你如意投的推广秘诀

茵曼（INMAN），广州市汇美服装有限公司旗下棉麻生活品牌，凭借以"棉麻艺术家"为定位的原创设计享誉互联网，是国内成长最快、最具代表性的网络服饰零售品牌。茵曼主张"素雅而简洁，个性而不张扬"的服装设计风格，推崇原生态主题下亲近自然、回归自然的健康舒适生活，追求天人合一的衣着境界，致力于打造"属于世界的中国棉麻生活品牌"。先后获得2011年全球十佳网商30强品牌、天猫商城女装品牌TOP5、淘品牌女装TOP3、淘宝第一原创棉麻女装品牌等殊荣。2013年"双11"更荣居女装品牌全网销量第一。

茵曼旗舰店是如何进行淘宝客推广的呢？接下来就分享一下该品牌在爱淘宝如意投方面的技巧。

1. 如意投设置

茵曼每天必用如意投推广。首先，如意投计划的 100 个宝贝肯定是要加满的，如果中小卖家没那么多的宝贝就放店铺里热卖的宝贝，因为如意投的排名和直通车有一些类似，宝贝也是存在质量分的，质量分跟宝贝本身的销量、转化都有一定关系。所以，对于这种不需要自己主动找淘宝客就可以去推广的工具，一定要重视起来好好利用。

如意投的宝贝排名另一个要点就是佣金比率，这个参数占的推广排名的比重也是最大的，最高是 50%。可是设置多少适合自己，这个可以尝试，最好结合自己宝贝的利润来确定。如意投推广宝贝的关联销售效果是不错的，所以可以换个思维角度把店里销售好的宝贝佣金设置得高一些，作为如意投的引流款，以给店铺带来更多流量。如意投通过爱淘宝网站带来的站内流量转化率要明显高于站外。

2. 如意投创意

如果商品是欧美风格或者日韩风格的，创意图片用街拍背景就比较好，像茵曼家棉麻风格的就要用亮色的背景。每一个如意投的宝贝都会要求设计做两张，一张是没有露模特脸部的，另一张是露模特脸部的。然后再去潮流单品里观察这些如意投宝贝，一是看它们具体处在什么位置，二是看和前后左右的宝贝相比有什么优势和吸引人的地方，是否需要做出调整。需要注意的是，模特尽量以正面展示。

如意投宝贝的创意图片没有绝对的方法来判断好还是不好。如果这个宝贝的点击率低，就要考虑是否是图片创意的问题。这个时候可以优化一下图片再上传，如果点击率比之前提升了，就可以确定是创意图片的原因了。

3. 聚划算引流小技巧

在每次聚划算前几天开始预热的时候，把如意投聚划算款式的佣金全部加到 50%，这样产生的流量是比较大的，很多款都能排在第一页的位置，做到最大程度引入流量。

4. 爱淘宝焦点图联合促销

如图 1.33 所示，爱淘宝的首页焦点图往往是爱淘宝达人发起的联合活动。很多达人主动联系茵曼，让茵曼联合几家品牌一起做类似的主题活动，这个首页焦点广告位的资源非常好，流量也相当得大，卖家可以联系达人争取这个位置的合作机会。

图 1.33 爱淘宝

5. 爱淘宝导航关键词

爱淘宝首页的流量非常大，要把握好这些入口，如类目导航词，如图 1.34 和图 1.35 所示。这些关键词是不断变化的，要定期观察首页的关键词入口，利用关键词优化方法匹配这些关键词，就可以让宝贝占据到比较靠前的位置。

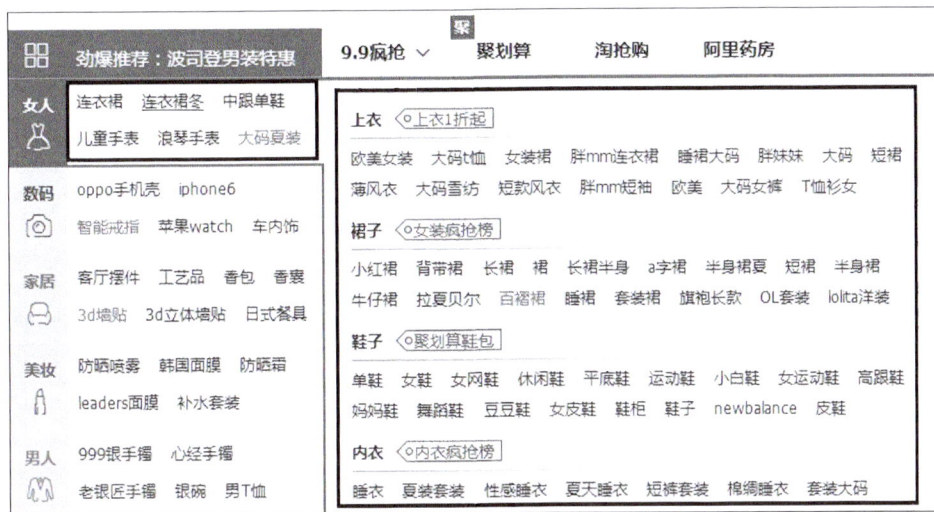

图 1.34　爱淘宝导航

图 1.35　类目导航

6. 站外直通车加如意投

直通车帮扶如意投广告位提升权重，是指在爱淘宝搜索页中，直通车推广有添加关键词功能，可以直接增加单品宝贝如意投广告位的排名。所以，利用直通车站外快速推广的优势，引入第一波站外推广词中有展现和流量的关键词，从而带动数据反应慢的如意投广告位的提升。如果如意投推广占到首页有利广告位即可获取相对稳定的流量。

为什么需要用直通车带动如意投推广的排名呢？这就需要先介绍下如意投和直通车推广的不同之处。如意投和直通车同为竞价广告但没有添加关键词的功能，所以数据反馈延迟时间长，设置佣金 24 小时才生效。所以需要站外直通车的快速有效流量带动，先提升如意投排名以后再进行扩展关键词加词等动作，引爆单品页面权重和流量的可能性将大大增加。

学习茵曼官方旗舰店进行如意投推广的 6 个小技巧，可以在不增加太多投入的前提下，实现店铺的快速引流。

本章总结

- 淘宝客推广的介绍、组成模式、平台优势。
- 如何参加淘宝客推广：准入条件、开通流程、佣金设置规则。
- 淘宝客推广管理下计划管理、定向招商、互动招商和其他管理功能的介绍、使用方法及注意事项。
- 不同阶段的店铺、不同商品、不同计划如何玩转佣金设置。
- 为了实现推广效益最大化，如何招募、维护以及激励淘宝客。
- 淘品牌店铺茵曼玩转淘宝客如意投推广秘诀的解析。

通过对本章的学习，相信大家对淘宝客推广已经有了一个全面的认识和深入的了解，马上登录淘宝卖家中心，进入淘宝客卖家推广平台，开启你的淘宝客推广之门吧！利用淘宝客推广，为你的店铺实现高性价比的推广引流。

本章作业

1. 简述淘宝客推广平台的组成模式。
2. 简述 5 个淘宝客推广佣金设置规则。
3. 通用计划和如意投计划的区别是什么？
4. 定向招商和互动招商的区别是什么？
5. 简述不同阶段的店铺佣金设置技巧。
6. 简述大活动前如何激励淘宝客。

第 2 章

淘宝达人推广

技能目标

❖ 了解什么是淘宝达人
❖ 了解淘宝达人的推广渠道
❖ 掌握如何选择适合的淘宝达人
❖ 掌握和淘宝达人合作的技巧

本章导读

上一章我们学习了淘宝客的推广，其中有一个最重要而且非常健康的流量来源，就是淘宝达人。作为淘宝系统的内部流量，这部分的流量非常庞大、非常稳定，所以单独整理一章内容来介绍淘宝达人。

本章主要介绍在淘宝上属于淘宝达人的模块、淘宝达人的收费方式，以及如何选择适合的淘宝达人，建立合作等内容，为自己的店铺做一个长期稳定的淘宝达人推广。

通过本章的学习，你将对淘宝客里最重要的站内流量，即淘宝达人流量，有一个全面的认识和深入的了解，并且可以为自己的店铺获得一个长期稳定的流量。

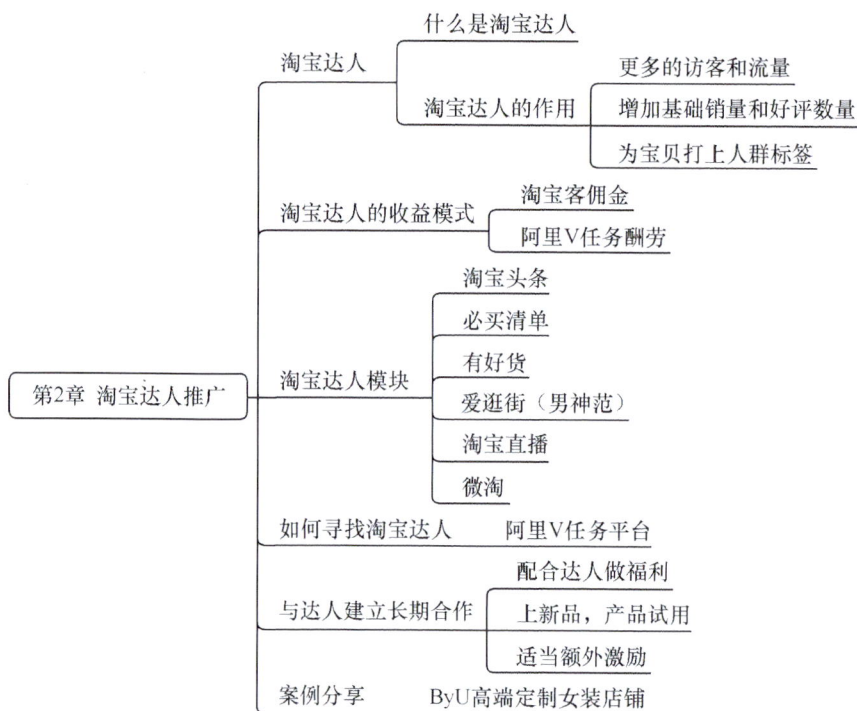

```
                                           什么是淘宝达人
                        淘宝达人                          更多的访客和流量
                                           淘宝达人的作用   增加基础销量和好评数量
                                                         为宝贝打上人群标签
                        淘宝达人的收益模式   淘宝客佣金
                                           阿里V任务酬劳
                                           淘宝头条
                                           必买清单
                        淘宝达人模块        有好货
第2章 淘宝达人推广                           爱逛街（男神范）
                                           淘宝直播
                                           微淘
                        如何寻找淘宝达人     阿里V任务平台
                                           配合达人做福利
                        与达人建立长期合作    上新品，产品试用
                                           适当额外激励
                        案例分享           ByU高端定制女装店铺
```

2.1 淘宝达人

　　打开手机淘宝，会发现首页已经逐渐由以前的商品导购转向内容导购。这虽是阿里无线化的表现，但归根结底是因为消费者的消费习惯发生了改变。面对巨大的商品库，用户希望有更强的导购，能轻松找到自己想要的东西，产品场景化已经越来越受到重视。而淘宝达人作为介于卖家与用户之间的第三方，更加了解买卖双方需求，可以为买家定制一个产品使用场景，从而使得突出卖点、特色、精细化不再是难题。所以电商运营方式开始由过去的运营产品向运营内容转变。

　　而内容呈现的最好方式就是占了淘宝首页部分模块的那些淘宝达人，他们带来的流量相当庞大、精准，而且转化率很高，这也就是为什么现在越来越多的卖家都要和淘宝达人合作，为自己店铺引流。

2.1.1　什么是淘宝达人

淘宝达人作为淘宝客的一个分支，与其他的淘宝客有着很大的不同。他们是一群活跃于淘宝平台上的淘宝明星，他们爱挑、会买、爱分享，他们是卖家最尊崇的推手，他们的一言一行在淘宝有着举足轻重的江湖地位。因为他们更专业，有着数万粉丝的追捧；如图 2.1 所示，他们是粉丝的代言人，因而受到卖家的尊崇。淘宝达人是淘宝上对相关领域有专业认识的乐于购物、乐于分享的一群人，他们可以帮助客户选择更优质的产品，从而促使交易的达成。也可以说他们是"段子手"，是一群比较擅长写段子、写内容、写产品介绍的淘宝客。他们写的文章并不生硬，而是写的生动、有趣，能博取一定的浏览量，淘宝才会帮他们把文章推高，现在通称他们为"淘宝达人"。

图 2.1　淘宝达人

2.1.2　淘宝达人的作用

既然淘宝达人的渠道主要集中在淘宝首页，那么做淘宝达人推广会给我们带来什么好处，做与不做对店铺来说区别是什么？下面就介绍下淘宝达人的作用有哪些。

1. 更多的访客和流量

访客和流量是一个店铺转化的开始，访客和流量越多，宝贝在同类宝贝中排名就越靠前，越容易被买家搜索到，还能优化热门关键词的搜索。可以说，在同行之中，宝贝是极具优势的。现在店铺光有信誉还不是最有用的，还要靠访客和流量，促使买家真实收藏和加购。收藏和加购可以大大提高排名和曝光率，带来的不仅仅是访客和流量，更是大量的订单。现在访客和流量千人千面，如果能和淘宝达人建立合作，那么你的宝贝有可能直接出现在经过千人千面筛选过的买家的手机淘宝和淘宝网的首页，这些买家本身就是对你所出售类目宝贝有需求的人群，经过这类人群的转化，加购和收藏的概率会更大更好，从而间接增加宝贝的权重。

2. 增加基础销量和好评数量

基础销量和评价对于一个新的宝贝链接是非常重要的，每个链接从破零、到成长、到最后的大卖，都需要一个基础销量和好评数量做铺垫。而对于基础销量和评价，普通的卖家都会依靠补单去做，这样比较快也比较简单，但对宝贝的成长却是很不利的。我们可以依靠淘宝达人来达到基础销量和好评数量的积累。首先，现在淘宝达人的粉丝数量基本都是数以万计，而且粉丝的账号都是比较优质和资深的买家号，很容易形成基础销量的积累，这些销量对宝贝前期权重提升很重要；其次，淘宝达人引流进来的买家对产品本身就有一定了解，在评价上也比较中肯和客观，有利于对宝贝的改进，以及观察是否有爆款的潜质和避免推广费的浪费，一旦形成真实的好评集群效应，将为以后的评价打下一个良好的基础。

3. 为宝贝打上人群标签

标签，是目前淘宝最火的一个名词。淘宝宝贝人群标签是为买家提供的一种新的导购方式，通过标签，买家可以发现更加适合自己的产品与服务。淘宝为卖家的宝贝打上标签后，可以为买家提供发现宝贝的路径，宝贝人群标签可以帮助还没有明确需求的买家，在逛淘宝的过程中发现自己想要的宝贝；可以更加吸引买家关注，符合宝贝本身特色和定位的标签，能够帮助买家直观、快速地找到所需的宝贝；可以获得更多流量展现机会，宝贝标签会在越来越多的导购场景下（如主题市场、营销活动、类目导航等）获得展现。

淘宝达人的推广实际上就是帮助自己的粉丝去发现他们需求和寻找的宝贝，进而帮店铺宝贝快速精准地打上人群标签。

2.2 淘宝达人的收益模式

淘宝达人能给卖家带来这么多的好处和利益，那么达人是免费的么？答案当然是否定的！达人也是一份工作，也需要有收入来支撑自己的生活。官方认可的淘宝达人收取佣金的方式只有两种：淘宝客佣金和阿里 V 任务酬劳。下面就介绍这两种淘宝达人收取佣金的方式（淘宝官方是严禁淘宝达人私下收费的，卖家千万要小心上当受骗）。

2.2.1 淘宝客佣金

淘宝客佣金即卖家设置好定向推广计划，设置好自己承受范围内的佣金比率之后，既可以等淘宝达人自己申请咨询，也可以由卖家主动联系淘宝达人谈好合作设置佣金比率。在设置淘宝客计划名称的时候可以把自己的联系方式放进去，这样对你宝贝有兴趣的达人会主动和你联系。淘宝达人则是通过推广宝贝，在交易成功后获得相应比例的佣金。

定向计划是需要自己去建立的一个计划，通用计划通常佣金都比较低，达人推广肯定希望佣金越高越好，所以设置定向计划是吸引淘宝客、吸引达人非常好的一个手段。

2.2.2　阿里 V 任务酬劳

　　阿里 V 任务酬劳是通过阿里 V 任务（后面会介绍）发布推广计划，设置酬劳，淘宝达人领取任务后，完成相应的任务后收取酬劳。当然卖家也可以在阿里 V 任务里主动联系淘宝达人，询问其收取酬劳的标准。总之卖家量力而行，没有必要花高额的酬劳导致亏本。

2.3　淘宝达人模块

　　淘宝达人主要活跃在淘宝 PC 端和移动端首页的各个模块，他们有自己独特的优势：流量大、成本低、受众广。首先，移动端流量崛起后手机淘宝客户端流量就越来越重要了，达人在其中占的比例也不小，所以想要获取更多移动端流量，达人的力量不可忽视；其次，达人佣金相对来说比较低，投入产出比可控，这就使得推广的成本降低了不少；最后，受众十分广泛，现在淘宝大多数的类目都有达人入驻，所以大家可以放心地去寻找。

2.3.1　淘宝头条

　　淘宝头条是一个热门新鲜又有消费引导性的生活资讯分享平台和权威可信的经验分享平台，如图 2.2 所示。淘宝头条在淘宝移动端和 PC 端都有展示，所有类目均可，单日流量比较大，但是时效性比较短、千人千面要求比较高，适合于打造中高端爆款、新品。

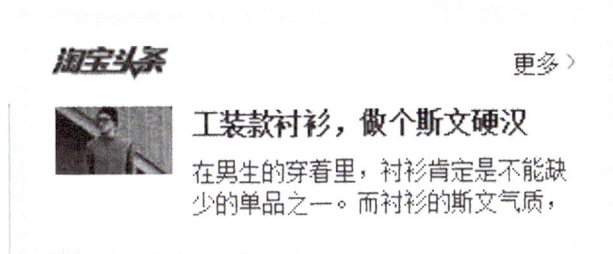

淘宝头条　　　　　　　　　　　　更多 〉

工装款衬衫，做个斯文硬汉

在男生的穿着里，衬衫肯定是不能缺少的单品之一。而衬衫的斯文气质，

图 2.2　淘宝头条

　　要求店铺 DSR 评分两红或三红，销量不能过高，佣金在 10% ～ 30% 甚至更高，其一旦形成流量，转化率会很高，尤其对于店铺的上新产品，这些流量是很重要的。除此，淘宝达人在推广前也会收取一部分稿费来维持收益，一般在 100 ～ 200 元之间。淘宝头条还需要找头条白名单的达人进行推广。

　　淘宝头条里，会根据每个达人所属类目的不同进行分类，所以在做淘宝头条这个达人推广的时候一定要找准类目切不可放错，以免造成流量的浪费，进而影响推广宝贝的人群标签。

打开 PC 端的淘宝，进入到淘宝头条的页面，这里面会有很多分类。我们选择流量最热的"美搭"类目，看到其中一篇文章"真正的大学生活到底是怎样的？大揭秘！"，如图 2.3 所示。

图 2.3　头条文章

一般淘宝达人发布的文章都是图文并茂、引人入胜的相关性很强的文案，图片是达人所推的宝贝实拍图和宝贝主图，以引起粉丝的兴趣。点击文章里的宝贝链接，如图 2.4 所示，可以看到这里推广的是一款女半袖 T 恤。

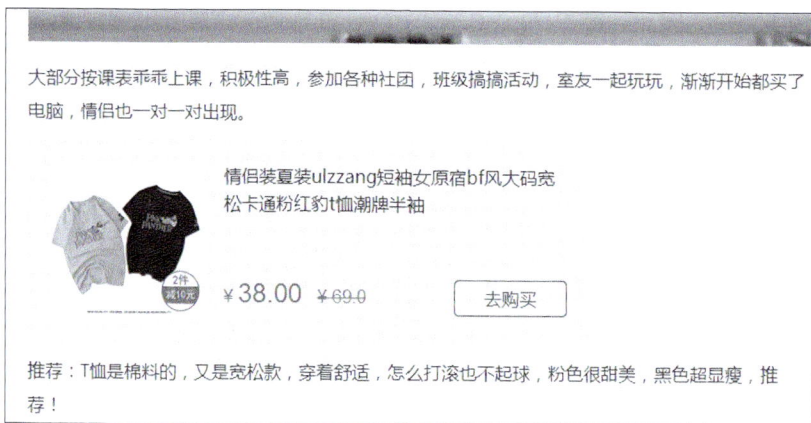

图 2.4　头条文章内容

先看宝贝的销量情况，如图 2.5 所示，月销有一万多件，销量还是非常高的，所以这一款淘宝头条推广做得很成功，在价格、人群、旺季方面卖家都做得很成功，是一个很棒的爆款。

综上所述，在为自己店铺做淘宝头条推广的时候，千万不要盲目地因为达人要的佣金低、条件低就选择与其合作，一定要掌握好自己的人群定位、人群价格和宝贝的淡旺季，做好配合和准备。

图 2.5　头条宝贝销量

2.3.2　必买清单

如图 2.6 所示，"必买清单"版块也适用于所有类目，所有淘宝达人均可在此制作投放，千人千面展示，内容分攻略类和主题购，搭配控也会在此展示。适合打造新品、爆款。

打开"必买清单"这个版块后，点击必买清单里面的宝贝图，如图 2.7 所示。

图 2.6　必买清单

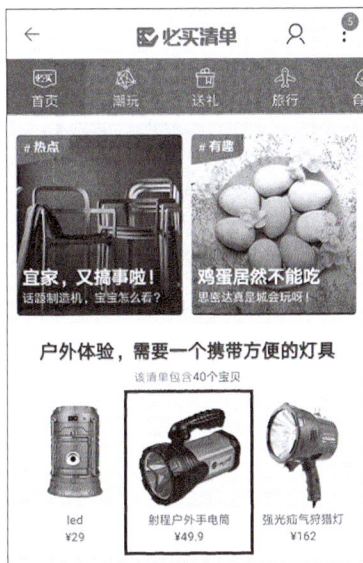

图 2.7　必买清单 - 实例 1

打开后出现的是必买清单的帖子内容：产品介绍和宝贝跳转链接，如图2.8所示。一般每个必买清单帖子会有好几个类目的宝贝链接，都是达人总结推荐的。

从这个页面不难看出达人推荐宝贝的文案功底，足以吸引粉丝浏览文章并为推广宝贝带来流量，进而产生成交。来看实例中这款户外手电筒，如图2.9所示。

图2.8　必买清单 - 实例2

图2.9　必买清单 - 实例3

打开宝贝链接后，可以看到这款挎包的销量，达到了月销5426的笔数，这是一个很不错的销量，也是一个很给力的爆款，所以必买清单也是我们打造新品、爆款的一个很好的方式。

与必买清单达人合作的条件：

① 需要商品的DSR动态评分达到两红或者三红，需要有一定的基础月销量，一般为月销量10笔以上。

② 关于图片，要特别注意，必须是无推广语无LOGO的图片，白底图更佳。必买清单的图片是系统抓取的主图图片，建议最好在商品主图上留一张白底的无LOGO主图，以便被达人选中时可以顺利被抓取。

③ 关于佣金，这里的佣金是指通用计划佣金，肯定是越高越好，所以在你能接受的范围内，提高通用计划的佣金比率是极其重要的。

同样，必买清单的页面里也会按类目划分达人，因此在选择达人的时候也要注意自己的类目，不要选错达人。

2.3.3　有好货

"有好货"是对淘宝达人入驻要求最为严苛的模块，所有类目均可，也是流量最为庞大和持久的。在移动端的位置较好，与"淘抢购"活动平行，如图 2.10 所示，适合打造小类目新品。

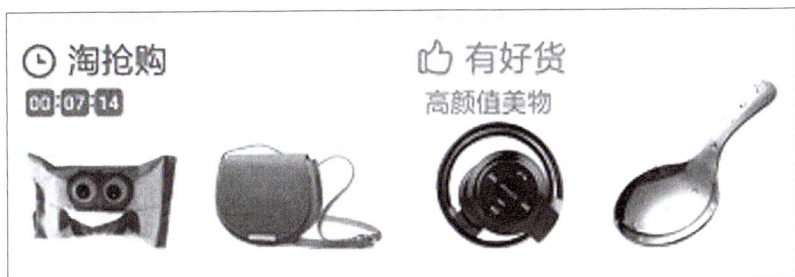

图 2.10　有好货

"有好货"以单品展示为主，均为单独的宝贝推荐，一篇文章一款宝贝，专业的文案再配上白底或者实景的产品，自然能够吸引精准的买家，如图 2.11 所示。

点击这款长款钱包看看"有好货"的达人推荐内容，如图 2.12 所示。一个"有好货"推荐的宝贝，首先要求数量少，容易引起粉丝注意；其次要求文案内容编写的深度比其他渠道强，图文并茂效果更佳。

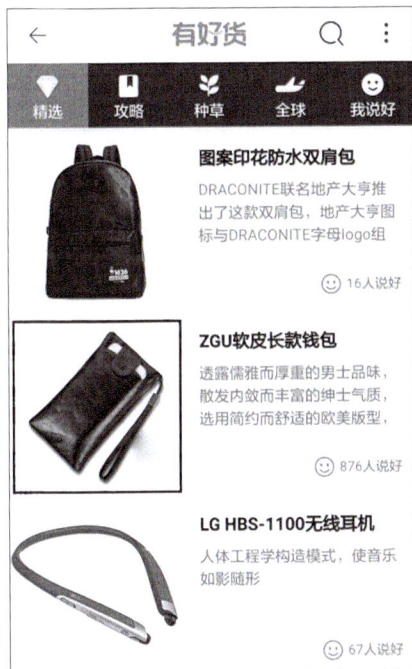

图 2.11　有好货 - 实例 1

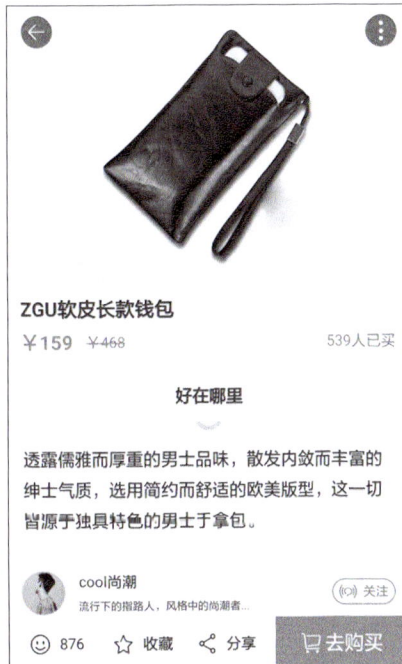

图 2.12　有好货 - 实例 2

再看看这个宝贝的销量，如图 2.13 所示，长款钱包在 159 元这个价位已经算是中高端的价格了，可以达到月销 544 笔的数量已实属不易，而且这款宝贝也在成长期，如果能更多地借助淘宝达人的其他渠道助力，相信成为爆款的概率是相当大的。

与"有好货"合作的条件：

① 店铺 DSR 动态评分不低于 4.7 分，优先选择开店时间长、店铺评分高的店铺。月销量要求在 10 笔以上，越多越好，评价数要求在 10 个以上，需有钻号评价，并要确保好评，不要出现中差评，店铺好评率要高于 98%。

② 关于图片，必须是无推广语无 LOGO 的清晰白底图片，这一点可以与达人先行沟通，在线下提供给他，方便他发文章时使用。

③ 关于佣金，"有好货"的佣金要求较低，一般通用佣金 10% 就可以，但是"有好货"达人会收取较高的稿费，通常 500 ～ 2000 元不等。这一点一定要注意，不要因为达人要的稿费较高而放弃与其合作。

④ 要有商品授权、品质保证险、新品破损包赔、无忧质保等服务保障。达人通常会优先选择有官方认证的承诺标识和完整授权链条的商品。

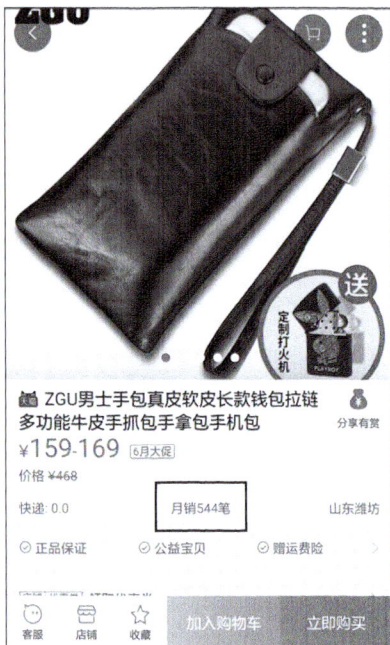

图 2.13　有好货 - 实例 3

"有好货"的定位为中高端人群，是发现新、奇、特商品的精品导购平台。在选择做"有好货"推广的宝贝的时候，一定要推广品质好、有品位、有腔调、有特色、创意感强的产品，这样才会有更多的"有好货"达人主动找上门与你合作。

2.3.4　爱逛街（男神范）

这个模块有些特殊，在淘宝注册的女生账号登录时显示的是"爱逛街"，如图 2.14 所示；男生账号登录时则是"男神范"。下面将以"爱逛街"为例介绍。

"爱逛街"对类目有一定的要求，属于搭配型产品的类目，如服装、美妆、数码装备等类目，定位为 18 ～ 26 岁之间的年轻人。

"爱逛街"根据买家的喜好，主动在买家的面前呈现其喜欢的商品。爱逛街可以让卖家的产品登上爱逛街的首页以获得更大的关注度，也可以让产品被更多需要的买家搜索到，增加流量、转化和产出。

接下来我们看看爱逛街推广的宝贝效果如何，首先打开爱逛街的承接页，图片的画风比较清新靓丽，如图 2.15 所示。

点击打开一个连衣裙的帖子，如图 2.16 所示，看下帖子的内容。爱逛街里的帖子一般会推广多个宝贝，但是宝贝都是具有相关性的，利于产生加入购物车效果。

清新脱俗的宝贝图片，3 个卖点的着重标识，能够吸引粉丝的点击。再看下这款宝贝的销量，如图 2.17 所示，月销 4327 笔，很高的一个销量，主要是宝贝符合当时的季节，同时也做了很好的达人推广。

图 2.14　爱逛街

图 2.15　爱逛街 - 实例 1

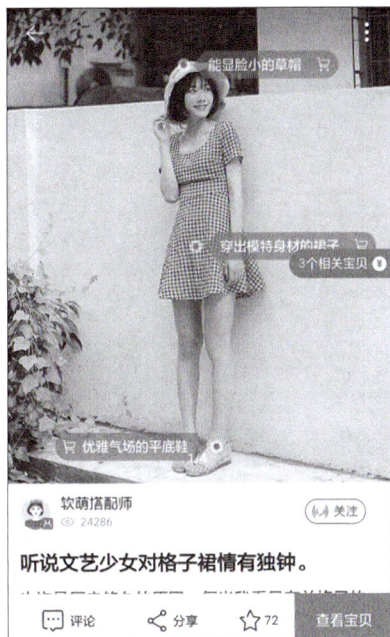

图 2.16　爱逛街 - 实例 2

图 2.17　爱逛街 - 实例 3

与爱逛街达人合作的条件：

①图片白底无 LOGO 无水印，清晰实拍，注意类目是否符合，并与达人沟通确定店铺宝贝可不可以进行爱逛街的推广。

②DSR 动态评分至少两红，有一定的评价，尤其要有长评和晒图。销量方面的条

件比较灵活，根据各个达人的要求不同可以与其协商。

③ 佣金方面，一般在 20% 左右，稿费也相对较低，按照发布宝贝数量收取佣金，单个宝贝 20 ～ 50 元不等。

爱逛街是一个为俊男靓女提供衣服、鞋包、配饰、家居等潮流单品及搭配技巧、美妆美发教程、家装方案等优质攻略分享的互动分享平台。互动性比较强，而且传播速度很快，非常有利于店铺老客户的积累。

2.3.5　淘宝直播

淘宝直播如图 2.18 所示，想必大家都不陌生，是淘宝目前主打的内容模块，同样也是流量很大的渠道。淘宝会为直播制定相应的活动，让这个模块增加转化和产出，从而达到"社交预热，直播互动，淘宝成交"的模式。

淘宝直播形式新颖、更有实景感，寄样后由达人实拍来展示推广。淘宝直播和其他模块不同，它是需要对应类目，并且要有直播权限的达人才可以进行推广。在直播中主要通过和粉丝互动并给粉丝发送一定的粉丝福利，来增加转化和粉丝黏度，达到卖家和达人双赢的效果。

来看下淘宝直播打造的销量和爆款，如图 2.19 所示。主播试穿的短牛仔裤，就是图中推荐的这款宝贝，粉丝可以直接看到穿上身的效果，达到了非常真实的感官体验。这款短裤的月销量达到了 5236 笔，不得不说是一个很惊人的销量。

图 2.18　淘宝直播

图 2.19　淘宝直播 - 实例

与淘宝达人合作的条件：

① 最好是应季宝贝，符合主播所属类目，对销量和评价的要求比较低，但 DSR 动

态评分最好三红。

② 主图，详情页要新颖独特，拥有自己的风格。

③ 佣金相较于其他达人要高，一般要求 30% 以上佣金的定向计划，要配合主播发放粉丝优惠券，促使主播粉丝的转化，这是只要佣金的模式。还有一种模式是佣金在 20% 左右，在约定时间播出，并需要付一定的酬劳（在阿里 V 任务平台中有介绍），即酬劳 + 佣金模式。

卖家需要根据自己的产品定位和受众定位自行观察主播，建议可与新入驻淘宝直播的主播合作，因为这些主播都是有直播经验的，以前在其他平台也做得还不错，只是刚入驻淘宝直播需要粉丝和人气的积累过程。在初期他们的价格有竞争力且配合度高，与这些新主播一起成长才能有更牢靠的长期合作基础。当然，也可以与一些成熟的大主播进行合作，只是价格会比较高。

在做直播时，需要卖家将自己所推宝贝邮寄给主播，以便主播有实物可以展示给粉丝，达到先看实物、再看图片的效果，增加粉丝的转化率。粉丝对主播是有一定信赖度的，如果宝贝性价比很不错，那么相信成交量也一定不会让卖家失望。

2.3.6　微淘

微淘，就是淘宝的朋友圈，是手机淘宝内容化的重要产品之一。微淘的定位是基于移动消费领域的入口，在消费者生活细分领域，为其提供方便快捷省钱的手机购物服务。微淘的核心是回归以用户为中心的淘宝，而不再是小二推荐、分配流量。每一个用户都有自己关注的账号、自己的朋友圈和感兴趣的领域，通过订阅的方式，获取信息和服务，并且运营者、粉丝之间能够围绕账号产生互动。

微淘的账号主要有两种类型：卖家店铺自己的微淘圈子和拥有众多粉丝的达人微淘圈子，如图 2.20 所示。对卖家来说，微淘是一个移动互联网时代面向消费者的移动电商平台。通过微淘，卖家可以进行客户关系管理、品牌传递、精准互动、基于位置的导购及成交转化。对微淘达人来说，微淘是一个移动互联网时代的生活消费服务平台。成千上万的生活达人、第三方导购媒体通过知识、情报、互动，满足粉丝形形色色的生活消费导购需求。我们主要介绍属于淘宝客的微淘达人类型。

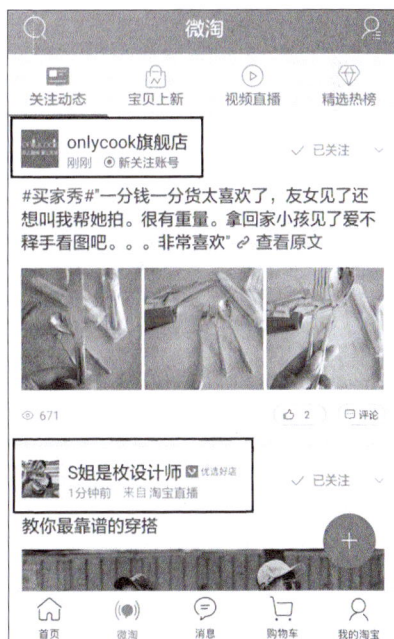

图 2.20　微淘

相对而言，微淘比较重媒体、轻社交。微淘站在手机淘宝这个巨人的肩膀上，一直都是卖家非常重要的移动流量来源。

与微淘达人合作的条件：

① 对店铺宝贝的销量基本无要求，但对信誉等级有一定要求，最好三钻以上，DSR 动态评分三红

为宜。

②佣金方面，通用佣金10%就可以，稿费也相对便宜，一个宝贝20元左右，而且微淘的持续时间比较长，只要达人分享的文章不删除，它就会一直存在，和微信朋友圈类似。

微淘是拥有很大价值的，首先是流量价值，无线发展乃大势所趋，绝大部分店铺移动端的成交额已远超PC端。微淘处于手机淘宝底部导航的第二位，这个位置可以带来大量移动流量。另外，阿里官方的旺信也在力挺微淘。其次是营销价值，卖家可以通过微淘推广，多一个渠道吸引粉丝了解店铺和产品，同时多一个渠道触达用户、引导转化。最后可以实现客户关系管理（CRM）价值，传递资讯、活动等内容，微淘不仅能吸引新客户，更能维护老客户，增加客户黏度，为店铺带来一大批忠实粉丝。

所以卖家应多做微淘方面的推广，包括自己店铺的微淘和付费的微淘达人推广，多和买家进行互动，对店铺的成长将大有裨益。

2.4 如何寻找淘宝达人

既然淘宝达人这么重要，能产生这么大的流量，那么应该如何联系他们，和他们建立合作呢？淘宝把淘宝达人全部集中到了阿里V任务平台，方便对卖家和达人进行规范和管理。淘宝达人是随着消费者从商品搜索逐渐开始偏好于内容导购的趋势出现的，而淘宝达人平台的使命正是为优质的内容生产者提供优质的商品、流量和变现工具。

打开阿里V任务，如图2.21所示，首先出现的一行大字"商家和达人之间合作的纽带"，就是阿里V任务平台的作用。所有的稿费、底薪等非佣金费用都需要通过这个平台结算。如果有达人让卖家通过其他平台结算，那么要小心，她很可能是个骗子，当然也不排除已经非常熟悉、合作时间较长的达人用其他平台结算。

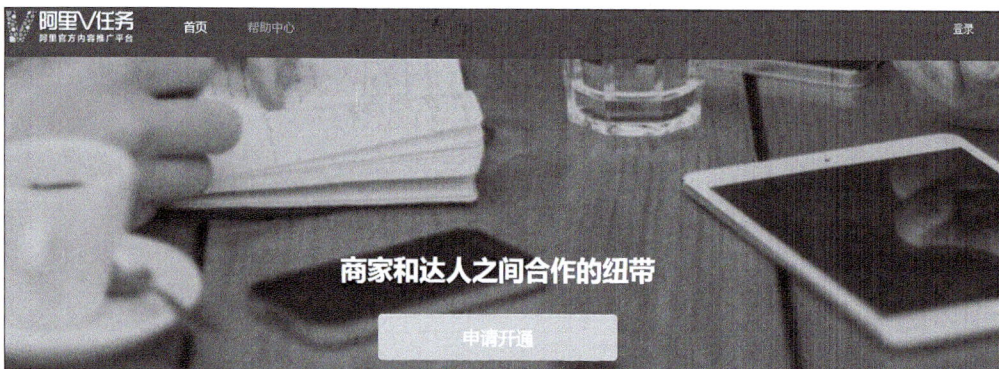

图2.21 阿里V任务平台

首先点击右上角的"登录"，登录自己的淘宝账号，进入到如图2.22所示页面。

图 2.22　阿里 V 任务首页

　　登录后直接进入到了招商广场页面，在这个页面里会看到不同的展现渠道、内容形式和达人类目。根据自身店铺的宝贝类目属性可以选择不同的达人，在选择达人之前要先进行入驻，这样才能和工人建立联系、发布任务。点击招商广场旁边的"马上入驻"。

　　选择"我是商家"，如图 2.23 所示。其中显示：我希望找达人推荐我的品牌、店铺和宝贝，我可以得到达人定制的原创内容、达人的粉丝影响力、线上交易服务体系。通过达人的推广可以为店铺带来流量、转化、成交，从而使店铺宝贝完成由新品到爆款的成长，并且在推广中保持上新速度，做好关联销售，为新品的成长打下一个良好的基础。

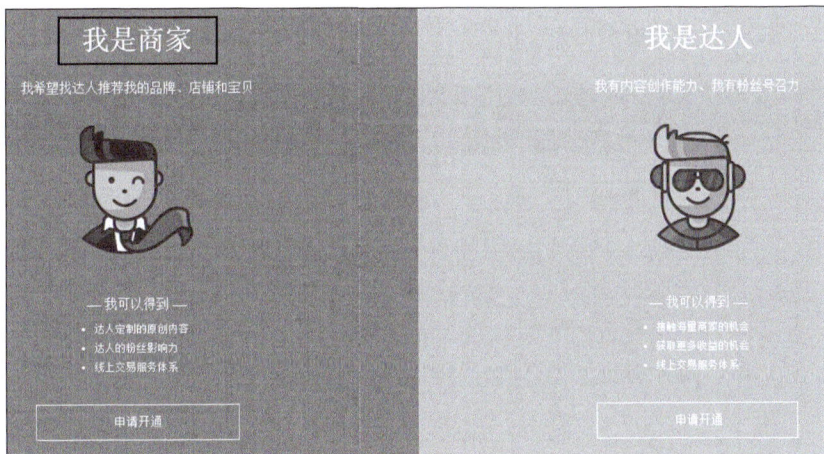

图 2.23　我是商家页面

　　点击"申请开通"后会出现一个入驻阿里 V 任务平台的服务协议，然后点击"开通"会出现一个需要填写账号信息的页面，如图 2.24 所示，填写正确的信息，则可开通阿里 V 任务权限。

　　申请开通后，淘宝卖家可直接选择任务广场发布任务，或到招商广场去报名达人发布的任务。天猫商家需先绑定运营号才能发布任务。

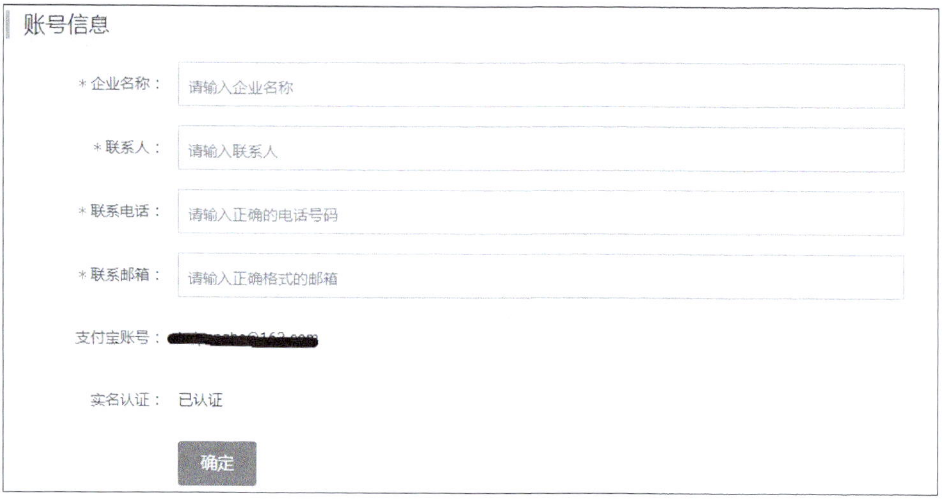

图 2.24 账号信息

任务广场如图 2.25 所示，这里是卖家发布任务的地方，卖家可以根据自己的需要选择不同的内容形式来发布任务，并写明具体的任务要求：

① 要求描述：把推广的渠道、佣金模式、对达人的要求写出来，供达人参考，还要记得把自己的联系方式（QQ、旺旺等）写好，以免达人联系不到你。

② 内容类型：要求推广的类型。

③ 推送时间：卖家和达人约定任务的最晚完成时间。

④ 附件内容：可以加上要推广的宝贝链接，方便达人熟悉宝贝和店铺。

⑤ 报名要求：可以对报名截止时间、达人渠道和达人领域进行限定。

图 2.25 任务广场

填写完发布的内容后，我们就要根据自己的要求设置任务酬劳，任务酬劳需要提前支付到阿里 V 任务平台，与淘宝的支付宝担保交易较类似，为卖家和达人之间的交易提供一个保障，这也是前面说的为什么佣金都要通过阿里 V 任务平台的原因。

所有内容填写完毕，缴纳了设置的任务酬劳，卖家就可以发布任务了，如果有达人看到了某个任务，觉得自己比较合适，他会主动联系卖家进行沟通协调。

任务广场是被动的联系达人的方式，主动的方式则是去招商广场，如图 2.26 所示。

图 2.26 招商广场

在招商广场，卖家可以根据自己的需要主动联系达人，可以自主选择推广展现的渠道、内容类型、达人所处的领域和自己的店铺类型，能够比较精准地找到自身类目的达人。在确定类目后就要去查看达人的任务详情，在查看任务详情时要注意以下几点：

① 任务详情：重点查看内容展示渠道、内容类型和商家类型 3 个方面。

② 任务描述：会有达人的一些简单描述、粉丝数量、成功案例等等，达人的联系方式（QQ 号、微信号、旺旺号等）也会在这里展示。

③ 达人数据：如图 2.27 所示，在这里卖家可以更清楚地了解达人，会有达人的数据展示、数据表现、达人简介和累积评价，从而让卖家更加客观地认识达人的优劣势，以便做出正确的判断是否与其合作。

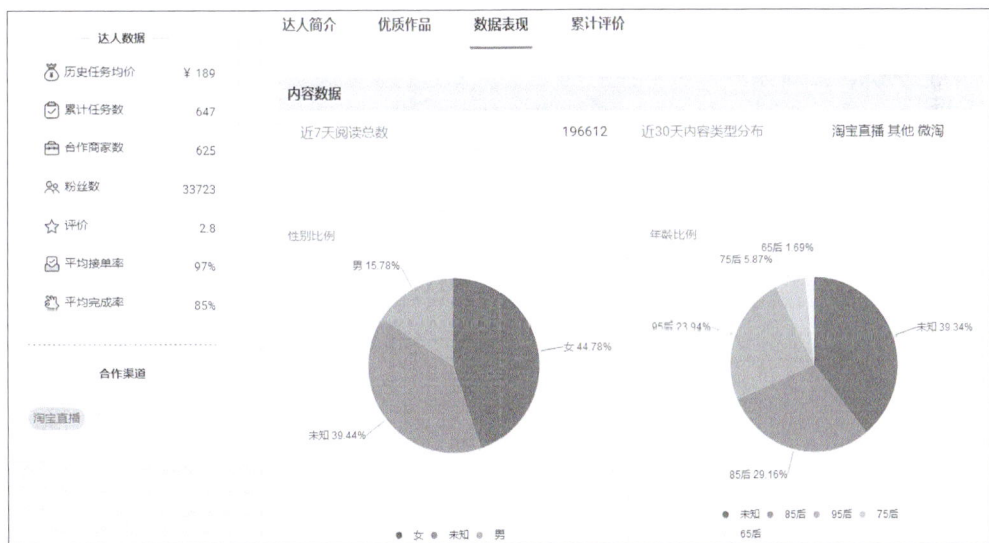

图 2.27 达人数据

通过任务广场和招商广场两种方式，卖家就可以和达人建立联系，让达人帮助店铺去推广，达人也会得到一定的报酬，实现共赢。

淘宝达人说到底是一个把淘宝流量截流再分流的流量分配节点，在流量越来越贵的大环境下，主动出击将流量入口掌握在自己手上才是正道。所以利用淘宝达人的各个模块——有好货、必买清单、淘宝直播等工具将更多的流量变成自己的流量来源，是非常必要的。

2.5 与达人建立长期合作

淘宝达人的推广效果也不是立竿见影，不是只要一推广就会有产出的，这点大家一定要注意，不要因为刚开始合作没有效果，就对淘宝达人失去信心。如果说淘宝达人没有效果，那为什么在手机淘宝首页会有那么多的模块提供给淘宝达人分享呢，所以我们要和达人建立长期的合作关系，来维持店铺的达人流量，打好店铺和宝贝的人群标签。

2.5.1 配合达人做福利

达人在做推广的时候，都是通过不定期的福利来进行圈粉，以增加自己的粉丝数量。一是给关注自己的粉丝发红包或者送出一些小赠品，这里的小赠品可以是卖家店铺里的低价宝贝，配合达人做秒杀抢购，费用可以和达人沟通；二是对粉丝购买本店商品给予优惠的特权，专门为合作达人粉丝设置专享优惠券。达人粉丝数达到一定数量，可以享受折扣等优惠以调动粉丝的积极性，同时也帮助店铺拉人气。这样卖家和达人之间会建立一种默契，从而为长期合作打下基础。

2.5.2 上新品，产品试用

店铺的成长与新品的开发有很大的关系，尤其是美搭类目下的服装，更要时刻保持店铺的上新速度，做到紧跟潮流。上新之后的第一个问题就是破零，这时卖家就可以和合作的达人进行沟通，提供一定的产品让其粉丝试用，帮助达人"圈粉"以提高人气。对卖家而言，达人粉丝的人群定位比较精准，而且反馈问题比较及时，不易出现中差评，有利于卖家对产品进行优化，对宝贝链接的发展也有很大益处。同时卖家可以把达人的粉丝转化为自己的微淘粉丝，为他们推送店铺的各种信息，从而增加老顾客黏度。

2.5.3 适当额外激励

淘宝达人也是人，也会有疲劳期，所以针对淘宝达人给出一定的激励政策，是很有必要的。在大促销、节日期间根据达人推广订单数量给予其不同程度的奖金，卖家可以在淘宝客后台统计订单数量，淘宝达人也可以在自己的阿里妈妈后台统计。

淘宝达人是店铺的一个流量获取途径，但是店铺也不能只做淘宝达人，在产品质量过关的前提下，与淘宝达人合作的同时需要有一整套品牌宣传、事件营销的运营策划方案，才能形成聚焦效应。而不是今天淘宝达人，明天事件营销，后天店铺大促销，结果导致1+1<2。店铺运营最好能有个完整的策划方案，让各个层面同时进行、同时发力，

为店铺带来最大的流量和最多的转化。

产品＋情感是所有成功店铺的基准线，产品一定要对得起售卖的价格，消费者的眼睛是雪亮的，他可能因为你的花言巧语上当一次两次，但绝不会有第三次。"童叟无欺"是所有生意人的立身之本，电商也不例外。

一定要靠情感把客户留下。在产品生产过剩、竞争压力剧增的大环境下，打情感牌是最好的突破手段。只有给产品赋予情感价值，才能逃脱同质化泥潭，走差异化路线。"淘宝达人、网红直播等"，都是赋予产品情感价值的工具。

2.6　案例分享

淘宝达人的推广都是依靠达人的不同渠道来获取精准的流量和点击，从而形成转化，进而对宝贝链接的成长产生很大的助力。下面我们就结合一个淘宝卖家与爱逛街达人的合作案例来分享下淘宝达人的应用。

案例：ByU 高端定制女装店铺利用淘宝达人推广

ByU 高端定制女装店铺是一个淘宝 C 店卖家，主营类目为时尚女装，每个季节都会更新应季宝贝，刚上新了一款夏装的连衣裙，想通过爱逛街的达人渠道进行推广，下面就来看下具体的操作步骤。

① ByU 准备好自己的宝贝，上传到淘宝，根据女装类目流量高峰和竞店数据设置上下架时间点，发布成功。ByU 挑选出三张清新、脱俗、个性的推广图供达人选择。图片整体清新明朗、比例协调，令人心情愉悦，具备时尚气息；图片高清实拍，干净无推广语，突出主体；图片尺寸大于 700 像素 ×700 像素，如图 2.28 所示。

② 登录阿里 V 任务平台，到招商广场进行筛选，如图 2.29 所示。选择 ByU 店铺所要合作的展现渠道——爱逛街，然后浏览筛选帖子，来寻找适合推广新品女装的目标达人。

图 2.28　推广图

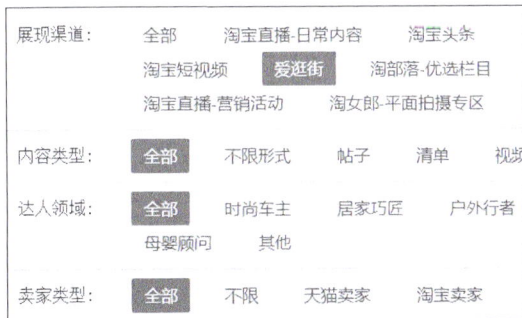

图 2.29　展现渠道

③ 筛选达人。可根据达人的帖子介绍、所属类目和达人数据等进行选择，如图 2.30 和图 2.31 所示。在任务详情里面会有达人的联系方式、QQ、旺旺或者钉钉等，数据分析显示"Nina 昵娜"达人的粉丝人群 80% 左右为"85 后"和"95 后"女性，这一年龄段也正是 ByU 店铺宝贝的目标客户群，符合店铺定位的标签，所以 ByU 店铺选择与这个达人进行合作。

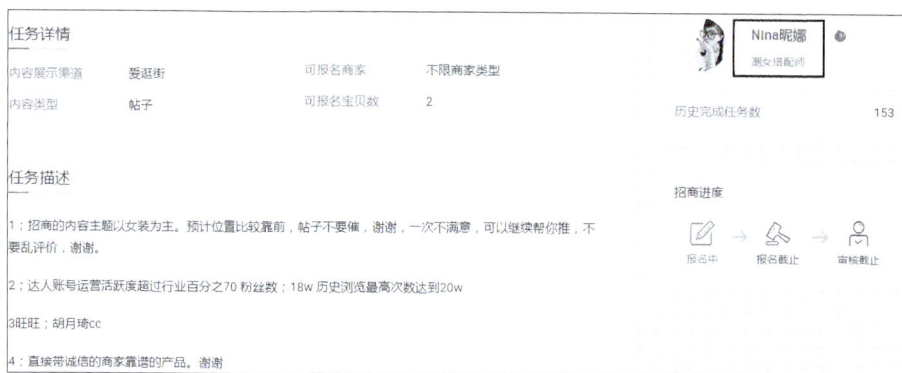

图 2.30　任务详情

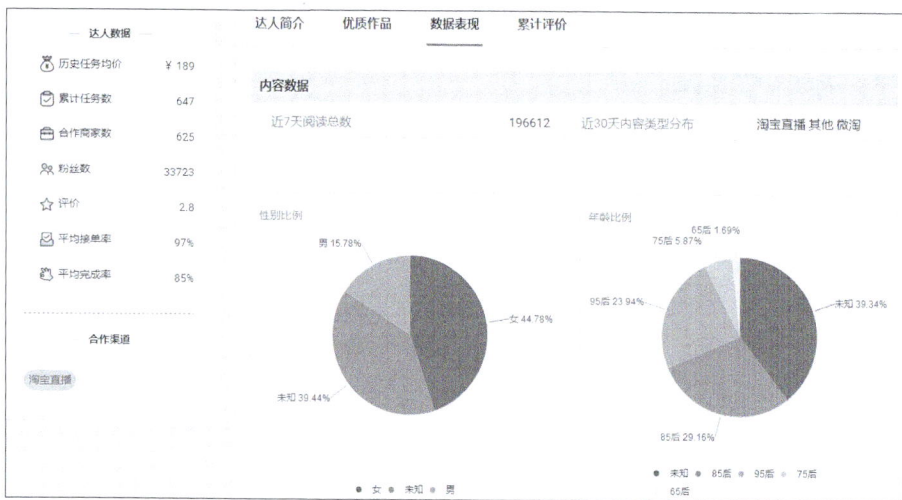

图 2.31　数据

④ 联系达人，设置定向计划。经过筛选 ByU 觉得这个达人的各项数据都不错，ByU 运营通过联系方式与之进行沟通，确定好酬劳费用和定向计划佣金百分比。

⑤ 宝贝推广。ByU 运营沟通完毕后，就要配合达人进行推广了，如规划好客服的各种话术，准备好库存，发货人员安排等等。

推广一个月后，来看看这款宝贝的收藏数据，如图 2.32 所示，宝贝的月销量数据如图 2.33 所示。不难看出这款宝贝的收藏和销量都是很不错的，证明合作达人推广的人群很精准，带来的销量也是很可观的，这款宝贝也可能会成为店铺的爆款，引来更多的自然流量。

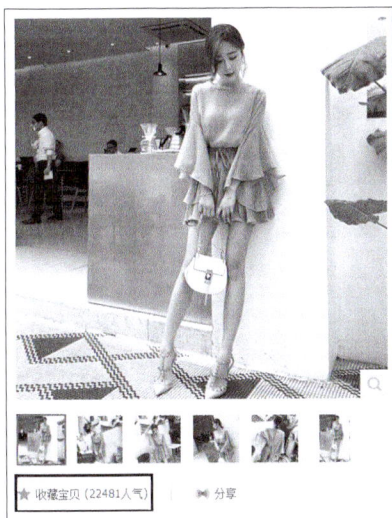

图 2.32　ByU 收藏数据

图 2.33　ByU 月销量数据

➡ 本章总结

- 淘宝达人的简介和作用。
- 淘宝达人的两种收费模式：阿里妈妈淘宝客佣金和阿里 V 任务平台任务酬劳。
- 达人的模块：淘宝头条、必买清单、有好货、爱逛街、淘宝直播、微淘。
- 如何通过阿里 V 任务平台寻找淘宝达人合作。
- 与达人建立长期合作的方法。

通过本章的学习，相信大家对淘宝达人有了一个全面、系统和客观的认识，熟悉了淘宝达人的各个渠道，以及怎么通过阿里 V 任务这个平台去与淘宝达人建立合作，让他们帮助卖家去推广店铺的宝贝，从而争取更多的流量，帮卖家的宝贝尽快打上一个精准的标签。

➡ 本章作业

1. 简述淘宝达人的作用。
2. 如何理解淘宝达人的收费结算方式。
3. 淘宝达人的推广渠道有哪些？请列举 5 个。
4. 简述在招商广场寻找淘宝达人的注意事项。
5. 简述与淘宝达人建立长期合作的 3 个方法。
6. 请登录课工场，按要求完成预习作业。

直通车入门

❖ 掌握直通车的展现原理
❖ 掌握直通车的推广样式
❖ 掌握什么样的店铺适合采用直通车推广

本章导读

为了快速获得流量，某些淘宝卖家常常会采用付费推广的形式，而直通车是最常用也最重要的一种付费推广形式。

使用直通车推广，不仅可以达到快速引流的目的，还可以打造爆款，进行新款测试等。

本章详细介绍了直通车的定义、展现原理，以及直通车的三种推广形式：全域搜索、定向推广和店铺推广。另外还结合案例场景，分析了什么样的店铺适合使用直通车推广。

```
                              大家眼中的直通车
                                      直通车定义
                                              安全
                                      直通车的优势  精准
                                              高效
                  什么是直通车              全域搜索
                                                      定义
                                                      展现原理
                                              定向推广  优势
                                                      展现形式
                                      直通车推广形式            展现位置
                                                      展现原理
第3章 直通车入门                                          优势
                                              店铺推广  推广方式
                                                      展现形式
                                                      展现位置
                                                      准入要求
                                      店铺流量低
                  什么样的店铺适合      店铺发展遇到瓶颈
                  用直通车推广          打造爆款
                                      需要进行新款测试
                  直通车推广常用标签介绍  访客人群标签介绍
                                      天气标签介绍
```

3.1 大家眼中的直通车

一提到直通车，有的卖家会说，直通车烧钱太快；有的卖家会说，开通直通车，也没人关注；有的卖家会说，不会开车；也有的卖家会说，直通车可以帮助引流，提升成交量……

那么淘宝店铺到底有必要开通直通车吗？

王明经营着一家主打亲子服装的淘宝店铺，销量一直不错，能够维持店铺的正常运营。但近段时间店铺发展遇到瓶颈，订单增长缓慢，一直不能有效提升，王明甚是苦恼。和一帮中小卖家朋友聚会的时候，王明忍不住向朋友大倒苦水，有朋友给他提议，为什么不试试开通直通车呢？

　　在朋友的帮助下，王明详细了解了直通车推广的相关知识，并试着在 5 月末开通了直通车，结果可喜可贺，一个月的时间，流量疯涨近 10 倍，每天的订单数也在稳步增长，图 3.1 所示为其店铺某宝贝的被访趋势图。

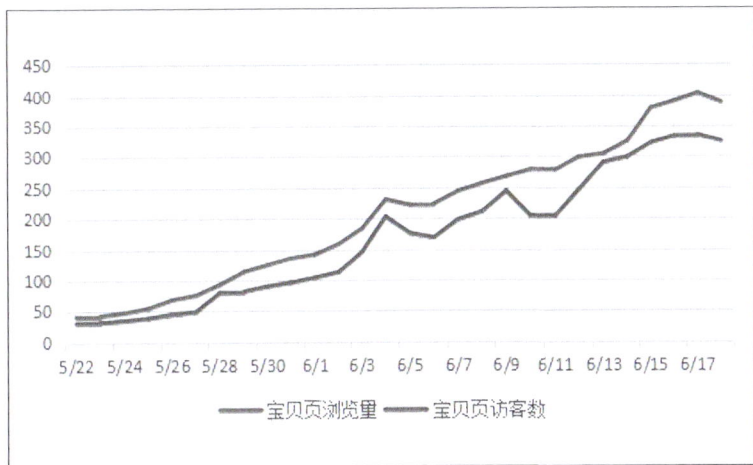

图 3.1　某宝贝的被访趋势图

3.2　什么是直通车

　　要想更好地开车，让直通车帮助店铺快速引流，我们就要从了解什么是直通车开始。

3.2.1　直通车定义

　　淘宝直通车是为专职淘宝卖家量身定制的、按点击付费的营销工具，可为卖家实现宝贝的精准推广，如图 3.2 所示。直通车是由阿里巴巴集团旗下的淘宝网推出的一种全新的搜索竞价模式，其竞价结果在淘宝网以图片 + 文字的形式充分展示。每件商品可以设置 20 个关键词，卖家可以针对每个关键词自由定价，并且可以看到自己在淘宝网上的排名位置，并按实际被点击次数付费（每个关键词最低出价为 0.05 元，最高出价为 99 元，每次加价最低为 0.01 元）。

图 3.2　直通车

3.2.2 直通车的优势

使用直通车推广，具有三方面的优势。

1. 安全

直通车推广采用点击付费模式，只有买家点击了直通车推广的广告，卖家才需要付费给直通车系统，另外直通车拥有专业的 24 小时全天实时无效点击过滤系统，系统会监控多项参数，并通过智能化的算法分析，实时过滤无效点击，从而防止竞争对手的恶意点击，全方位保障直通车用户的推广权益。

2. 精准

直通车用户可以根据自身店铺需求轻松设置投放时间、地域、人群等。图 3.3 所示为某家主营防霾口罩的淘宝店铺，在进行直通车投放时，可以只选择雾霾重灾区——华北地区进行投放，设置成功后，只有 IP 地址处于华北地区的淘宝买家才有机会看到这家防霾口罩店铺通过直通车投放的广告。

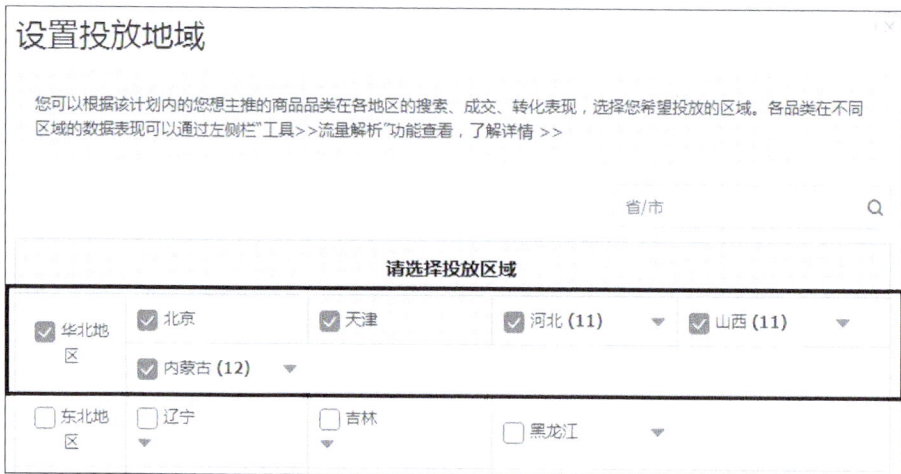

图 3.3 投放地域设置

3. 高效

2014 年 6 月初，淘宝直通车推出了"个性化搜索"服务，即搜索同一关键词，搜索结果将根据不同消费者的特征对商品进行个性化展示投放。个性化搜索展现的千人千面，将使进店流量更加精准，有效提升店铺运营效率，同时也有助于 CTR 及店铺指标提升。

3.2.3 直通车推广形式

直通车主要有全域搜索、定向推广和店铺推广 3 种推广形式。

1. 全域搜索

全域搜索，即淘宝卖家常说的关键词推广，也是一种淘宝卖家最常用、最重要的直通车推广形式。下面主要从展现原理、展现形式、展现位置等方面进行详细介绍。

（1）全域搜索的展现原理

卖家自行设置与推广商品相关的关键词和出价，在买家搜索相应关键词时，推广商品获得展现和流量，实现精准营销，卖家则按所获流量（点击量）付费。

（2）全域搜索的展现形式

全域搜索主要是在淘宝 / 天猫搜索页的显著位置以图片 + 文字的形式进行展现，在 PC 端带有"掌柜热卖"的标识，移动端带有"HOT"的标识，如图 3.4 和图 3.5 所示。

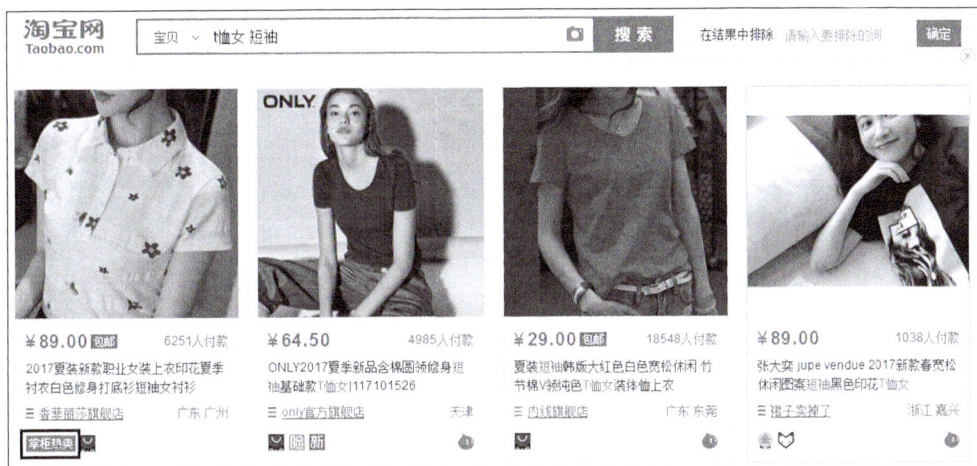

图 3.4　PC 端全域搜索展现形式

（3）全域搜索的展现位置

全域搜索的展现位置较多，作为开通直通车推广的淘宝卖家，一定要熟知全域搜索的展现位置，因为不同的展现位置，所获得的点击率也有较大的差别。

① 关键词搜索结果页右侧有掌柜热卖 12 个，如图 3.6 所示。

② 关键词搜索结果页底部有掌柜热卖 5 个，如图 3.7 所示。

图 3.5　移动端全域搜索展现形式

图 3.6　右侧展现位置

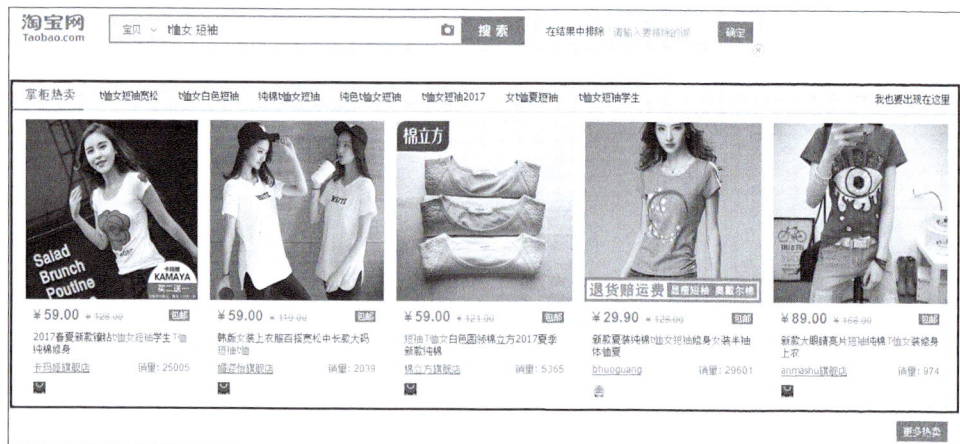

图 3.7　底部展现位置

③ 点击首页搜索文字链接后，搜索结果页中部的前 4 个掌柜热卖，如图 3.8 和图 3.9 所示。

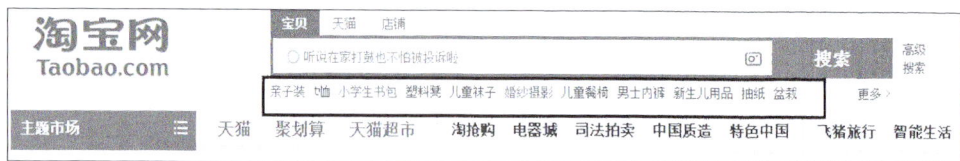

图 3.8　首页搜索文字链

图 3.9　中部展现位置

④ 淘宝网热卖页面，如图 3.10 所示。

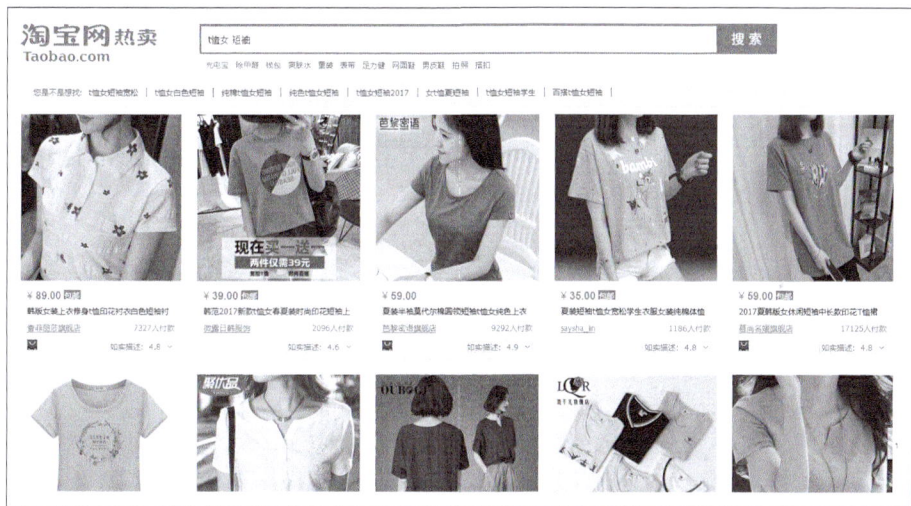

图 3.10　淘宝网热卖页面

⑤ 爱淘宝页面热卖位置，主要是从站外进入爱淘宝页面。

⑥ 手机淘宝带有"HOT"标识的展现位置。

（4）全域搜索的展示规则和扣费公式

淘宝直通车目前的排名规则是根据关键词的质量得分和关键词的出价综合衡量出商品排名。其中质量得分是系统估算的一种相对值，主要用于衡量卖家的关键词与宝贝推广信息和淘宝网用户搜索意向之间的相关性。

当买家搜索一个关键词时，设置了该关键词的宝贝就会在淘宝直通车的展示位上相应出现。当买家点击卖家推广的宝贝时，淘宝直通车才会对卖家进行相应扣费，通常小于或等于关键词出价。

全域搜索的扣费公式是：单次点击扣费＝（下一名出价 × 下一名质量分）/ 本人质量分 + 0.01 元。因此，质量得分越高，所需付出的费用就越低。如何提高质量得分，将在第 6 章进行详细介绍。

全域搜索的门槛较低，无论是淘宝集市店铺还是天猫店铺，只要店铺的开通时间不少于 24 小时，近 30 天内的成交金额大于 0，店铺状态正常皆可开通全域搜索推广（开通规则以直通车最新标准为准）。

2. 定向推广

一般卖家用的都是全域搜索，殊不知定向推广也是一种十分有力的推广形式，用得好的话，定向推广带来的流量及产出都比全域搜索效果好，PPC 的花费也低。信用等级在一钻以上（包含一钻）的淘宝集市店铺即可开通定向推广。下面就从定义、展现原理、优势，以及展现形式、展现位置等方面详细介绍定向推广。

（1）定向推广的定义

定向推广是利用淘宝庞大的数据库，通过创新的多维度人群定向技术来锁定目标客户，将推广的宝贝展现在目标客户浏览的网页上。

（2）定向推广的展现原理

系统从买家行为中分析出买家自身的特点或者购物倾向，由卖家进行选择和竞价，出价高且买家反馈好的产品被展现。比如一个买家搜索过"连衣裙"，并且选择了长袖和雪纺的属性，就会自动给这个买家推广"连衣裙 + 长袖 + 雪纺"的宝贝。

（3）定向推广的优势

定向推广主要有三方面的优势。

① 快速锁定潜在买家，精准营销。

② 多渠道多展位定位买家，免费曝光。

③ 单一尺寸创意智能投放，省钱省力。

（4）定向推广的展现形式

定向推广根据不同的位置会有不同的展现形式，展现创意主要由宝贝推广图、营销卖点、推广标题等内容组成。当前主要有轮播模块类型（已买到宝贝的页面底部）和宝贝集合页（旺旺每日焦点图进入后的页面）两种形式。无论采用哪种展现形式，都只有在点击进入到宝贝详情页后，才会进行扣费。

（5）定向推广的展现位置

参加定向推广后，宝贝将有机会出现在定向推广布置在买家必经之路上的众多高流量、高关注度的展位上。展现位置在 PC 端和移动端上均有，其中移动端的展现位置带来的流量较高。

① PC 端淘宝内主要流量位置。

➢ 阿里旺旺每日焦点掌柜热卖，登录买家旺旺后将会自动弹出，如图 3.11 所示。

➢ 我的淘宝首页——猜我喜欢第三行，如图 3.12 所示。

图 3.11　旺旺焦点热卖

➢ 我的淘宝——已买到的宝贝底部，如图 3.13 所示。
➢ 收藏夹——收藏列表页底部。
➢ 我的淘宝——购物车底部。
➢ 淘宝首页热卖单品，主要适用于精品宝贝。
② 移动端淘宝内主要流量位置。

移动端淘宝在 2015 年下半年逐步引入重要流量位置，相比 PC 端，手机淘宝具有更优的导购属性，每屏展示宝贝少，曝光度强、点击率高；而且手机淘宝流量相对 PC 端的流量更大。

➢ 手机淘宝——猜你喜欢部分位置（要求宝贝推广图片无水印边框，无推广语、少文字）是除手机淘宝首页焦点图外流量最大的黄金位置，流量超大，如图 3.14 所示。
➢ 手机淘宝——消息中心，每日会有消息推送到买家手机上。
➢ 手机淘宝——足迹，根据已浏览收藏的宝贝推荐相似宝贝，如图 3.15 所示。

图 3.12　猜我喜欢

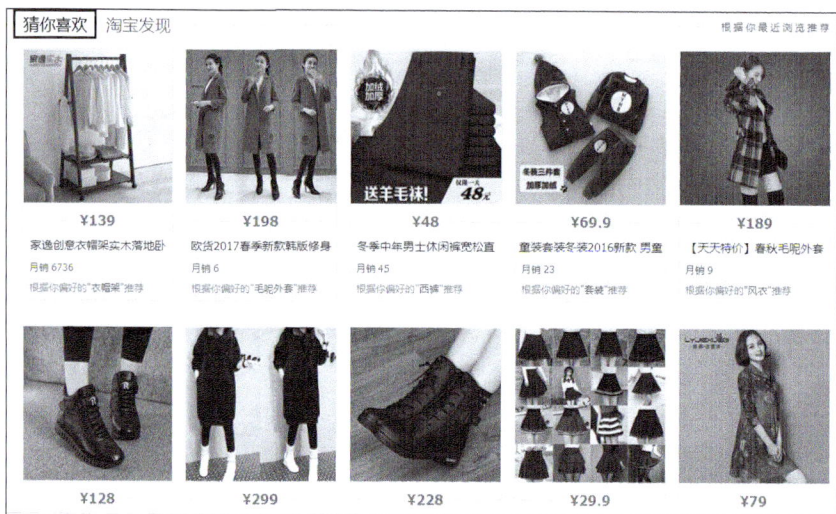

图 3.13　已买到的宝贝底部

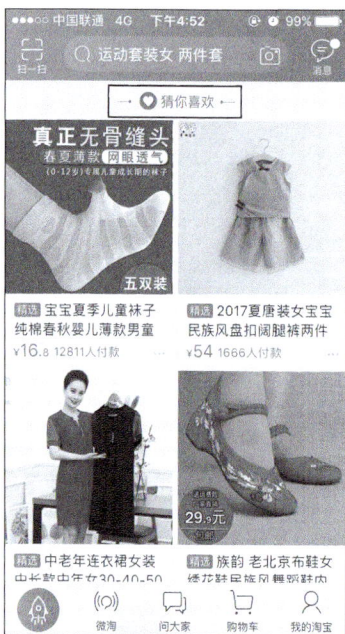

图 3.14　手机淘宝——猜你喜欢

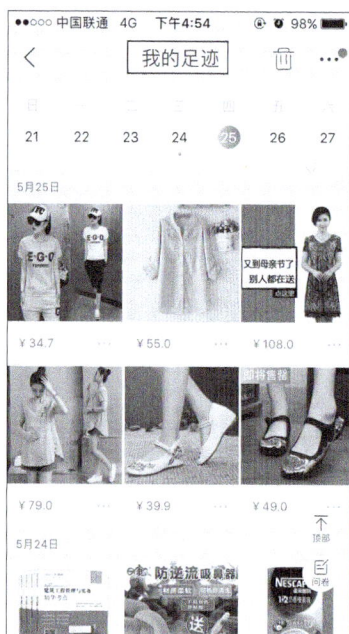

图 3.15　手机淘宝——足迹

③ PC 端淘宝外主要流量位置。

PC 端淘宝外主要有网易、新浪、搜狐、环球网等多个大型资讯媒体网站的优质位置和搜狐视频、爱奇艺、乐视网等多家视频媒体网站的优质位置。

④ 移动端淘宝外流量位置。

移动端目前有较多的 App 及 WAP 页面资源位，重要的有如下几个。

➤ 陌陌 App 瀑布流。

➤ 墨迹天气 App 购物图标。

➢ 暴风影音 App 购物图标。

➢ 今日头条 App 瀑布流，如图 3.16 所示。

定向推广的展现位置较多，只要设置好定向，流量随之即来。在第 4 章将会详细介绍如何进行定向推广。

3. 店铺推广

大多数卖家进行直通车的推广，都使用的是全域搜索和定向推广，而对店铺推广则比较陌生。下面将从展现原理、优势、推广方式、展现形式及展现位置等来详细介绍店铺推广。

（1）店铺推广的展现原理

店铺推广是直通车推出的一种通用推广方式，可满足卖家同时推广多个同类型宝贝、传递店铺独特品牌形象的需求，特别适合为购买意向模糊的买家推荐店铺中的多个匹配宝贝，它能有效补充单品推广，并为客户提供更广泛的推广空间。卖家可以通过淘宝 / 天猫直通车店铺推广位展现店铺形象，并吸引买家进入到店铺中某

图 3.16　今日头条 App 瀑布流

一类商品的集合页面。店铺推广可以推广除单个宝贝的详情页面外的店铺任意页面，如分类页面、宝贝集合页面、导航页面，并通过为店铺推广页面设置关键词带来更多的精准流量。

（2）店铺推广的优势

店铺推广主要具有四大优势。

① 营销活动好助手。

更深的浏览深度，满足推广多个宝贝或者全店推广的需求，是单品推广的有效补充。

② 品牌打造新阵地。

店铺推广大图展现，实现品牌传递与效果营销双丰收。

③ 流量拓展新形势。

实现淘宝站内和站外、搜索和定向、移动端和 PC 端流量全覆盖。

④ 客户营销强关系。

买家客户分层运营，实现精准营销，客户关系良性循环高速发展。

（3）店铺推广的推广方式

目前店铺推广分关键词和定向两种推广方式。

① 店铺推广关键词是基于搜索营销推出的一种通用推广，用户通过"店铺推广搜索"可对店铺页面（首页或分类集合页）进行推广，通过设置与推广页面相关的关键词和出价，在买家搜索关键词时获得展现与流量，并按照所获得流量（点击量）进行付费。

② 店铺推广定向是基于店铺形式的定向推广。它依靠淘宝网庞大的数据库，构建出买家的兴趣模型，从细分类目中抓取与买家兴趣点匹配的推广内容，展现在目标客户浏览的网页上，帮助店铺锁定潜在买家，实现精准营销。它不同于单品的定向推广，可

3
Chapter

以推广除单品详情页外的店铺任意页面，如店铺首页、导航分类页、活动页面或宝贝集合页面等。

（4）店铺推广的展现形式

① 店铺推广的关键词推广是以图片＋文字的形式进行展现，带有"店家精选"的标识，如图3.17所示。

图 3.17 店家精选

② 店铺推广的定向推广是以图片或图片＋标题的形式进行展现，如图3.18所示。

（5）店铺推广的展现位置

① 关键词推广的展现位置主要有：

➢ 关键词搜索结果页右侧下面3个展现位。

➢ 点击关键词搜索结果页店家精选"更多热卖"进去店铺集合页，如图3.19和图3.20所示。

图 3.18 风行 App

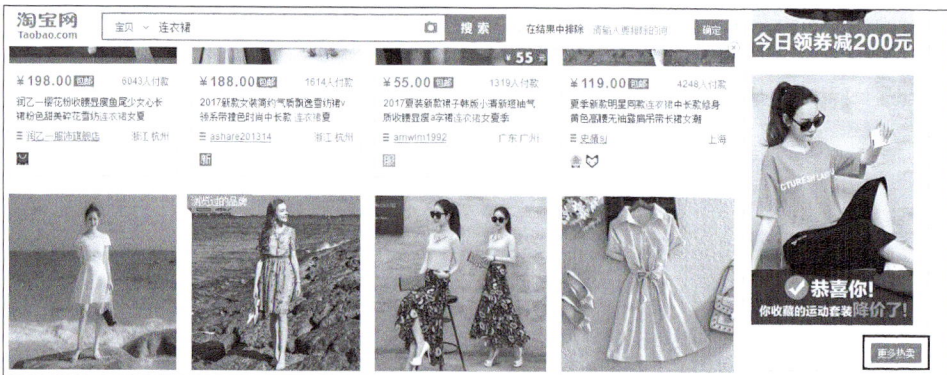

图 3.19 更多热卖

图 3.20　店铺集合页

➤ 淘宝类目频道搜索结果页右侧 3 个展现位，如图 3.21 和图 3.22 所示。

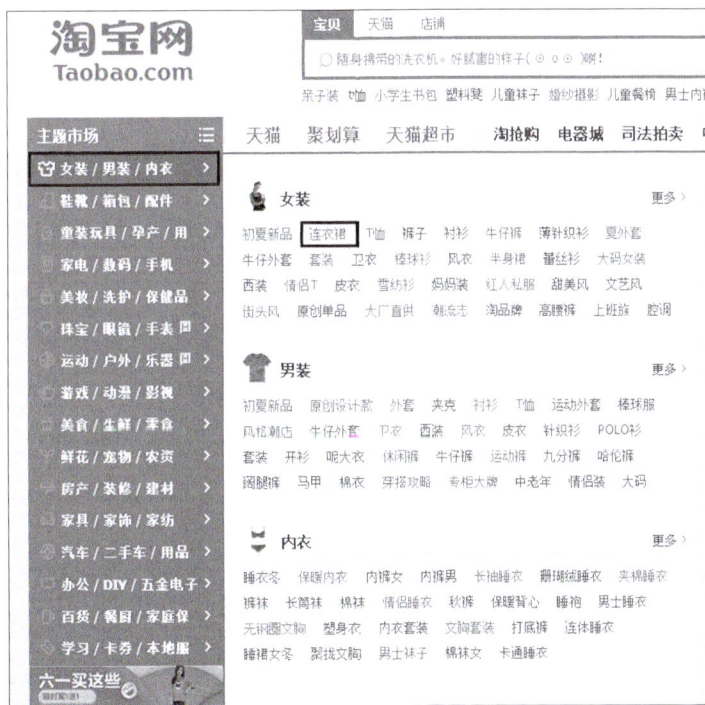

图 3.21　类目搜索

图 3.22　类目搜索结果页右侧展现位

② 定向推广的站内资源位置主要有：

➢ 站内商搜。

➢ 旺旺焦点图。

➢ 淘宝交易详情页。

➢ 收藏夹。

➢ 淘宝确认收货成功页面。

➢ 淘宝首页第 2 屏右侧 Banner。

➢ 焦点图右侧 Banner。

③ 移动端展现位置主要是在 App 上，如陌陌 App、风行视频 App、今日头条 App、搜狐新闻 App、腾讯新闻 App、腾讯视频 App 等。

（6）店铺推广的准入要求

在直通车的三种推广形式中，店铺推广的准入要求最高，不仅要求信用等级在一钻以上，而且对店铺的主营类目也有要求，如童鞋 / 亲子鞋、男装、女鞋、特色手工艺等类目，达到要求的店铺均可以开通店铺推广，但手机、笔记本电脑、教育培训等类目，仅支持天猫店铺开通店铺推广（准入要求以直通车最新标准为准）。

3.3 什么样的店铺适合用直通车推广

虽然开通直通车推广可以达到快速引流的目的，但直通车推广毕竟是一种付费推广形式，对于一些资金不足的中小卖家或者无经验的新手卖家，则需要谨慎开通直通车推广。那什么样的店铺适合开通直通车推广呢？

3.3.1 店铺流量低

开店初期，新手卖家采用的第一步往往是优化宝贝的标题和详情页，设置宝贝的促销方式，期望可以依靠自然搜索排名，达到获取流量的目的。但这样的手段对于新店铺来说，常常是毫无效果的。据数据统计，截止到 2016 年初，淘宝网上的企业卖家数量大概是 2 万，个人卖家数量在 600 万左右，而天猫商城的商家数量在 6 万左右，竞争十分激烈。淘宝自然搜索排名的位置更是常年被成熟的店铺占据，新店铺前期没有流量，也就没有销量，所以是没有机会依靠自然搜索排名靠前的。

　　在宝贝标题、宝贝详情页等都已优化的基础上，为了更快地提高流量，新店铺则可以采用开通直通车推广的方式达到此目的。如果想快速提高某一新品的流量和销量，也可以开通直通车。在夏季来临之时，某女装天猫旗舰店上新了一款连衣裙，宝贝标题、宝贝详情页、促销活动等等，都优化了许久，每天也就那么几十个流量，订单也就几个，销量毫无起色，如图 3.23 所示。

图 3.23　直通车推广前

　　为了提高此款连衣裙的销量，店铺开通了直通车的全域搜索，投放了诸如"连衣裙""夏装新款女装"等热门关键词，并提高出价，争取排在了第一名的位置，如图 3.24 所示。

图 3.24　直通车推广中

在开通直通车推广后，流量便逐步上升，此款连衣裙的月销量也从之前的几件上升到现在的数十件甚至上百件，如图 3.25 所示。

图 3.25　直通车推广后

由于直通车推广是按照点击进行付费，如果效果不错，且卖家资金充足，可以持续使用直通车推广。如果资金不足，卖家可在新品发布初期，依靠直通车推广的力量，达到快速引流、提高销量的目的。等有了一定销量之后，再对宝贝和店铺进行进一步的优化，逐步提高自然搜索排名。

3.3.2　店铺发展遇到瓶颈

就如在 3.1 节提到的王明经营的亲子装店铺一样，店铺处于稳定期，销量还不错，货源也充足，王明也随时做好了大批量发货的准备，但店铺优化来优化去，订单始终增长缓慢，甚至原地踏步，王明空有心而力不足。处于这种情况的店铺，也可以选择开通直通车推广，但因为是个人经营，没有太多的资金去争抢排名靠前的热门关键词。王明采取的措施就是通过访客人群功能的全方位使用，针对不同人群去做溢价投放，使得流量更具有针对性，从而做到更精准的投放，达到提高订单数量的目的，如图 3.26 所示。

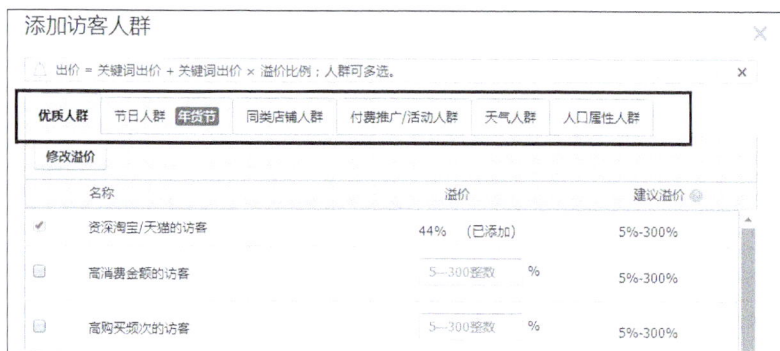

图 3.26　人群溢价投放

3.3.3 打造爆款

爆款可以带来流量，有了流量才有销量；爆款可以带动全店的关联销售，可以提高整个店铺的信用以及动态评分；爆款可以提升品牌知名度。打造爆款是每个店铺都会经历的过程，而使用直通车打造爆款则是最常用的方式之一。

每年的四月底五月初是樱桃上市的季节，几乎每家主营食品水果的淘宝店铺这时都会抢夺"樱桃"关键词的排名，那如何利用直通车把樱桃这一宝贝打造成爆款呢？

首先，需要精心制作直通车的推广主图，这是影响全盘的地方，因为直通车主图点击率的高低，直接影响着直通车的推广效果。在制作主图时，需要凸显本身的优势，并且还要有吸引买家点击的欲望。因为樱桃属于新鲜水果，买家在购买时会十分注重收到货物时，樱桃是否还能保持新鲜的口感，如图 3.27 所示的某家食品旗舰店，在制作直通车推广的主图时，就抓住了买家的这一需求，在主图上使用"从源头直达舌头"的文案，并在推广标题中标明"顺丰包邮"与其呼应。另外大多爱吃樱桃的买家都知道，好樱桃产自烟台，这家店铺也在主图中注明了"新鲜烟台大樱桃"，达到了吸引买家点击的目的。

图 3.27　樱桃直通车推广

制作好直通车的主图后，就可以开通直通车推广了。直通车推广的首要动作就是选词。相对于爆款来说，应该首选长尾的、相关性较高的、流量不是很高的关键词，因为新品本身销量少，第一时间去抢占热门关键词，会损失惨重。再者，先推小流量的关键词，等小流量关键词质量得分等各方面权重培养上来后，再加入热门关键词，那么热门关键词的质量得分也会相对较高一些，质量得分高，就可以以较低的价格获得一个比较好的排名。另外，长尾的关键词竞争力度其实不是很大，可以增加出价，争抢排名第一的位置，然后就会有流量进来了，有了流量，再加强后期的转化率，相应地，就会有销量。

在前期使用直通车初步打造爆款之后，并不是就此不管不问，后期还要注重观察直通车的数据，比如直通车每天的花费多少，带来多少流量，转化率多少等等，要进行数据分析，找出问题，然后进行优化。关于直通车优化的课程，会在第 6 章讲解。

3.3.4 需要进行新款测试

当产品面临更新换季，而市面上产品款式较多时，卖家往往把握不准哪一款产品才是买家所喜欢的。如果仅仅依靠自然搜索排名获得的免费流量去判断，往往时间较长，白白错失了大好时机。店铺卖家可以对新款宝贝进行直通车推广，投放一些热门的关键词，并提高出价，抢夺较靠前的排名位置，然后通过查看宝贝在直通车后台的点击率，就可以判断买家到底喜欢哪一款产品。如图 3.28 所示，第一款连衣裙的点击率为 2.19%，明显高于其他两款，由此可以得出，第一款连衣裙更受买家的欢迎。所以在后期，店铺卖家可以把更多的精力放在第一款连衣裙的优化和推广上。

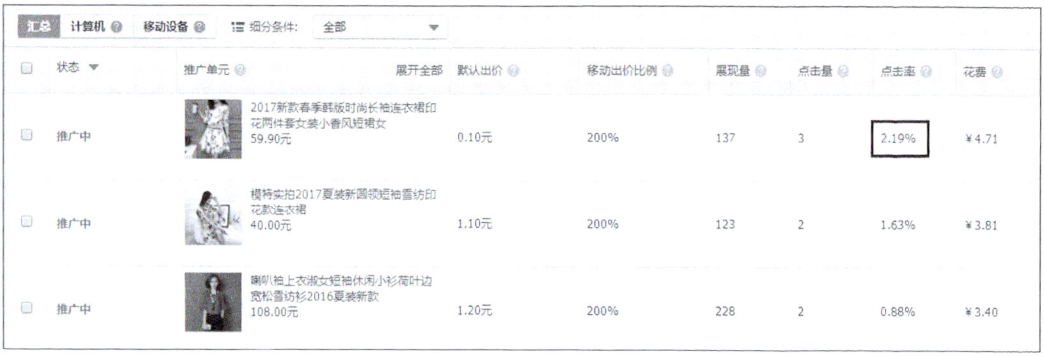
汇总 计算机 移动设备 细分条件: 全部

状态	推广单元 展开全部	默认出价	移动出价比例	展现量	点击量	点击率	花费
推广中	2017新款春季韩版时尚长袖连衣裙印花两件套女装小香风短裙女 59.90元	0.10元	200%	137	3	2.19%	¥4.71
推广中	模特实拍2017夏装新圆领短袖雪纺印花款连衣裙 40.00元	1.10元	200%	123	2	1.63%	¥3.81
推广中	喇叭袖上衣淑女短袖休闲小衫荷叶边宽松雪纺衫2016夏装新款 108.00元	1.20元	200%	228	2	0.88%	¥3.40

图 3.28 点击率查看

3.4 直通车推广常用标签介绍

在使用直通车推广时，常常需要添加一些访客人群标签和天气标签，常用的标签介绍如下。

3.4.1 访客人群标签介绍

直通车访客人群标签，如图 3.29 所示。

- 浏览未购买店内商品的访客：近 3 个月内浏览过店铺商品，但未购买的访客。
- 购买过店内商品的访客：近 1 年内购买过店铺商品的访客。
- 店内商品放入购物车的访客：当前将店铺商品放入购物车的访客。
- 收藏过店内商品的访客：当前将店铺商品放置于收藏夹的访客。
- 相似店铺的访客：与店铺相似的其他店铺的访客，也就是竞争对手的访客。

图 3.29　访客人群标签

3.4.2　天气标签介绍

天气标签分为温度、天气现象、空气质量 3 类，如图 3.30 所示。

图 3.30　天气标签

1. 温度

当日访客所在地的温度，极寒：<-20℃，寒冷：-20℃～ 0℃，冷：0℃～ 10℃，凉爽：10℃～ 18℃，舒适：18℃～ 28℃，炎热：28℃～ 35℃，高温：>35℃。

2. 天气现象

当日访客所在地的天气现象，如晴、多云、阴、阵雨、小雨、雨夹雪、阵雪、小雪等。

3. 空气质量

当日访客所在地的空气质量，优：无不良天气，良：雾天，差：浮尘，劣：沙尘暴天气。

➡ 本章总结

- 直通车的定义及其三大优势：安全、精准、高效。
- 直通车的三大推广形式：全域搜索、定向推广、店铺推广，以及每一种推广形式的展现原理、展现形式和展现位置等。
- 流量低、发展遇到瓶颈，需要打造爆款或者需要进行新款测试的店铺适合使用直通车推广。
- 直通车推广常使用的标签有访客人群标签和天气标签。

通过本章的学习，相信大家对直通车有了初步的认识，为接下来进一步学习直通车推广打下了良好的基础，下一章将介绍直通车的推广设置，快快登录直通车先熟悉一下吧！

➡ 本章作业

1. 简述直通车推广的三大优势。

2. 详细说明全域搜索的展现形式及展现位置，并搜索感兴趣的类目关键词，查看相应的全域搜索的展现位置。

3. 详细说明定向推广的展现形式及展现位置，并查看其展现位置的投放店铺。

4. 详细说明店铺推广的展现形式及展现位置，并搜索感兴趣的类目关键词，查看相应的店铺推广的展现位置。

5. 请举例说明什么样的店铺适合使用直通车推广。

6. 请登录课工场，按要求完成预习作业。

第 4 章

直通车推广设置

❖ 掌握宝贝推广、店铺推广、定向推广的搭建步骤
❖ 掌握直通车账户的投放设置
❖ 掌握关键词出价的技巧
❖ 掌握精选人群添加的技巧
❖ 掌握定向推广的技巧

本章导读

　　进行直通车推广，不仅仅是搭建账户就可以了，更为重要的是搭建过程中的注意事项及相应的推广技巧。

　　本章详细介绍了宝贝推广、店铺推广、定向推广搭建过程中应该注意的问题及相应的技巧。比如，设置关键词初始价格的方法，后期应如何根据数据调整出价；什么样的情况下应添加人口属性人群、优质人群、节日人群等精选人群；定向推广的4种定向方式各自的优劣势；什么样的店铺适合使用店铺推广。

　　通过本章内容的学习，你将对直通车推广有一个全新的认识！

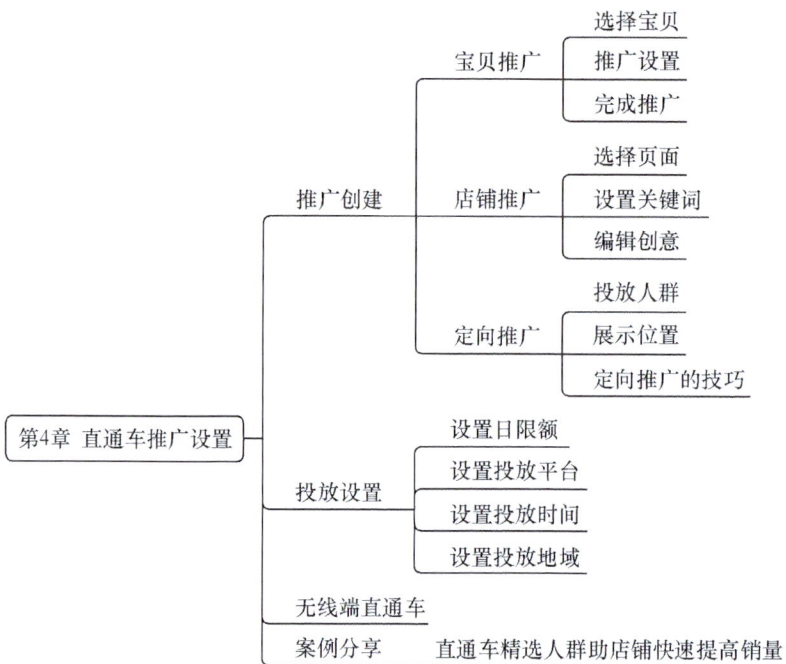

```
                                                   ┌─ 选择宝贝
                                        宝贝推广 ────┼─ 推广设置
                                                   └─ 完成推广

                                                   ┌─ 选择页面
                            推广创建 ───── 店铺推广 ────┼─ 设置关键词
                                                   └─ 编辑创意

                                                   ┌─ 投放人群
                                        定向推广 ────┼─ 展示位置
                                                   └─ 定向推广的技巧

第4章 直通车推广设置 ────┤                             ┌─ 设置日限额
                                        投放设置 ────┼─ 设置投放平台
                                                   ├─ 设置投放时间
                                                   └─ 设置投放地域

                            无线端直通车

                            案例分享 ───── 直通车精选人群助店铺快速提高销量
```

4.1 推广创建

直通车推广分为5步，第一步：建立推广计划，第二步：设置推广宝贝，第三步：优化推广宝贝，第四步：分析直通车数据，第五步：替换无效计划。其中第三步和第四步会在第5章详细介绍。直通车推广的创建实际上是一个循环的过程，如图4.1所示，替换无效计划之后，则可按照数据分析的结果，根据需求重新建立新的推广计划。

在直通车推广中，建立推广计划的步骤如下：

① 进入淘宝的"卖家中心"，点击"营销中心"下的"我要推广"，进入到直通车推广的首页，如图4.2所示。

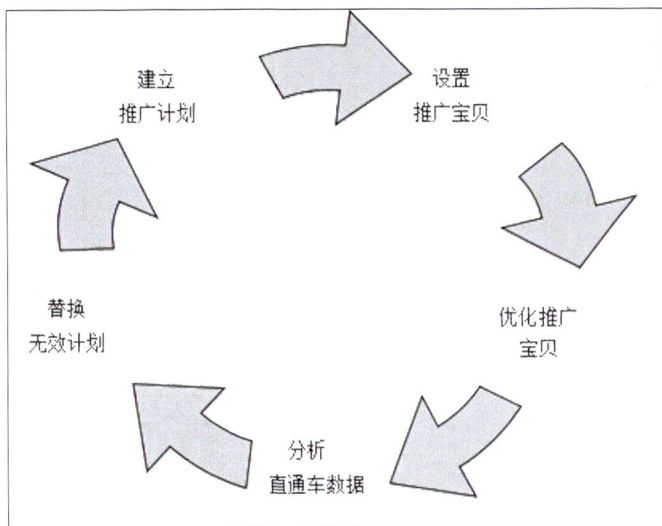

图 4.1　直通车推广步骤

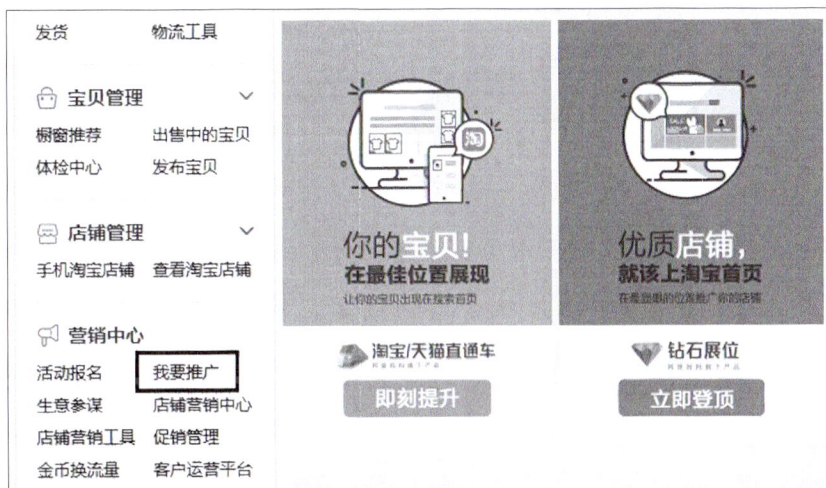

图 4.2　我要推广

② 在直通车推广的首页，点击"推广计划"下的"标准推广"，进入到标准推广计划的界面。然后点击"新建推广计划"，创建新的推广计划，如图 4.3 和图 4.4 所示，推广计划名称最多 40 个字符。

💡 **注意**

① 每个直通车推广账户仅可创建 8 个推广计划，后期如需创建新的推广计划，仅可在原来的推广计划基础上修改。

② 在创建推广计划时，计划名称要简洁明了，准确表达计划里所包含的内容，便于后期的管理与数据统计。

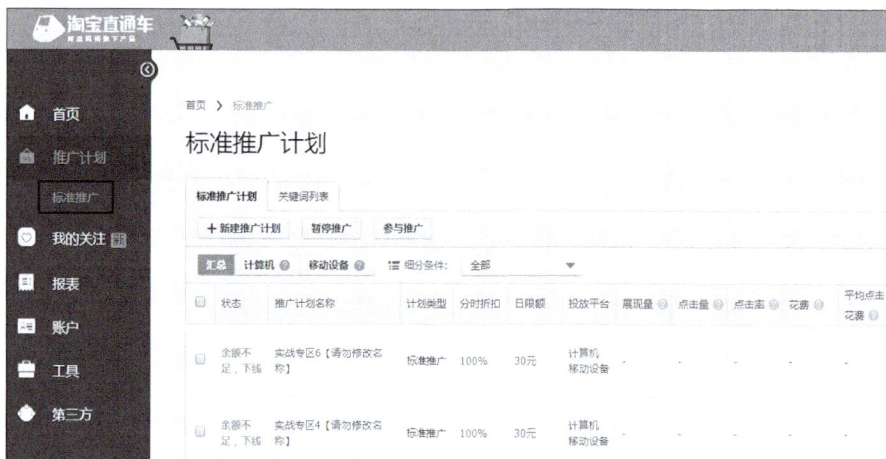

图 4.3 标准推广

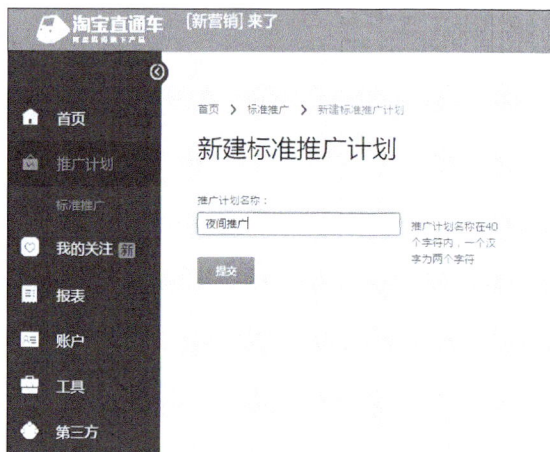

图 4.4 新建推广计划

宝贝推广、店铺推广和定向推广皆是在推广计划里搭建的。

4.1.1 宝贝推广

关键词推广的搭建过程以及精选人群的添加都是在宝贝推广的搭建基础上进行的，首先来看一下宝贝推广的搭建过程。

在已搭建的推广计划中，点击"新建宝贝推广"，进入后可看到新建宝贝推广分为"选择宝贝""推广设置""完成推广"3 个步骤。

1. 选择宝贝

店铺卖家可在全部在售宝贝中选择宝贝进行直通车推广，也可在直通车系统提供的 3 种优选条件"优选宝贝""优选流量""优选转化"中进行筛选。"优选宝贝"指的是根据该宝贝历史数据预测为适合推广的宝贝，"优选流量"指的是根据该宝贝历史数据预测为在引流方面有潜力的宝贝，"优选转化"指的是根据该宝贝历史数据预测为在转化方面有潜力的宝贝。店铺卖家可根据自身投放直通车的实际需求，筛选相应的宝贝进行投放，另外也可以按照类目筛选或自主筛选，如图4.5所示。

图4.5 选择宝贝

2. 推广设置

选择相应的宝贝之后就进入到推广设置的步骤。首先需要为宝贝设置相应的推广目标，如推广目标为日常宝贝销售，则可选择"日常销售"推广方案，此方案主要用于平衡转化和流量；如推广目标为宝贝测试，则可选择"宝贝测款"推广方案，此方案偏重在短时间内快速拿到流量，以测试宝贝推广的可行性；另外也可以自定义推广目标，手动设置创意和关键词。

选定推广目标后，则要进行为推广宝贝添加创意、买词及出价和添加精选人群等步骤。

（1）添加创意

如选定的推广目标为"日常销售"和"宝贝测款"，系统会为宝贝量身定制推广方案，但也可手动更换图片、编辑标题。如图4.6所示，自定义推广目标，则需自己选择创意图片和撰写推广标题。

图4.6 添加创意

注意

① 创意图片目前不支持本地上传，如要更改创意图片可以通过替换宝贝 5 张主图的方式进行。

② 与宝贝标题不同的是，直通车推广标题最多为 40 个字符，在撰写推广标题时，要尽量把热搜词写在最前面。

（2）买词及出价

在直通车推广中，关键词的选择以及出价是核心内容，关于关键词如何选择，将在本书第 5 章进行详细的介绍，这里重点介绍应该如何对关键词设置初始价格以及如何调整价格。

对于初建的直通车账户，如何设置合适的关键词初始价格？如何避免设置的关键词初始价格虚高？根据哪些因素设置关键词初始价格更为合理？这些都是直通车车手常常遇到的问题。

在为宝贝的关键词设置初始价格时，一般有以下 5 种方法。

① 为添加的宝贝设置默认价格时，建议填写较低价格，如 0.10 元或 0.20 元（系统输入的价格在 0.05 ～ 99.99 元），如图 4.7 所示，这样可以避免以较高的价格添加关键词，造成花费过多的失误。

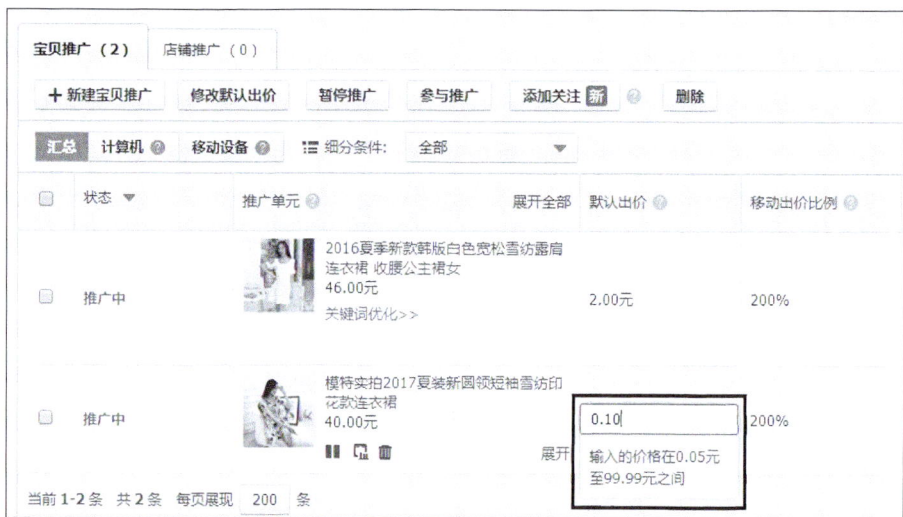

图 4.7　设置默认出价

② 参考市场平均出价。如图 4.8 所示，市场平均出价指的是所有投放某个关键词的直通车账户对于这个关键词设置的平均价格。例如，对关键词"2017 雪纺连衣裙"设置初始价格，可参考其市场平均出价 0.98 元，就能避免价格设置虚高，造成不必要的浪费，也可获得展现。

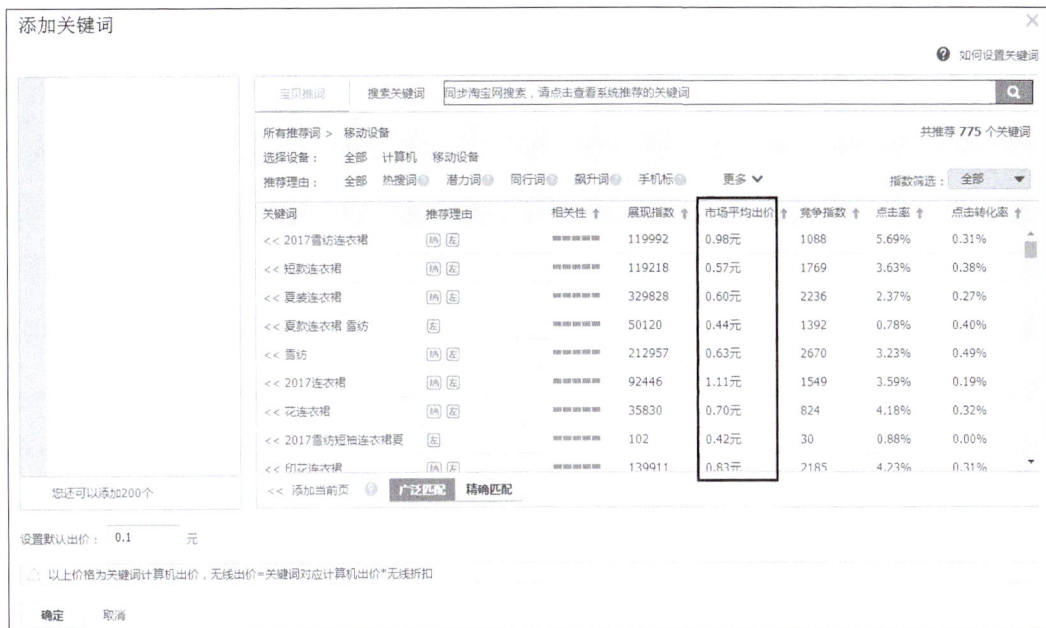

图 4.8 市场平均出价

③ 参考建议出价。在为关键词修改出价时，直通车系统会根据推广需求建议出价。如图 4.9 所示，关键词"2017 雪纺连衣裙"当前出价 0.10 元，则排名在 5 页之后，如要进入首页右侧建议出价 11.36 元，进入第四页建议出价 1.92 元，进入第五页建议出价 1.75 元，直通车车手可根据自身需要设置相应的价格。但需注意的是，直通车系统建议的价格通常虚高，在实际设置时，可比建议价格稍低，观察效果后再决定是提高出价还是降低出价。

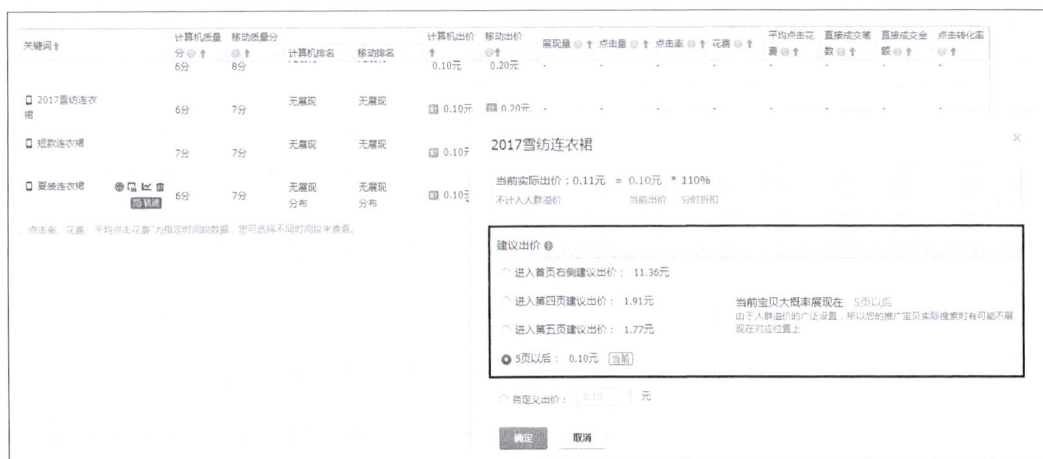

图 4.9 建议出价

④ 抢首条出价。在预算充足的情况下，如需要抢占 PC 端左侧位置或移动端首条位置，可在设置关键词初始价格时，使用"抢首条"功能，如图 4.10 所示。

图 4.10 抢首条

> **注意**
>
> 质量得分在 6 分以上才有在 PC 端左侧展现的机会，想要使用"抢首条"功能进行出价，首先需要优化关键词的质量得分，或添加高质量得分的关键词。

⑤ 抢位助手出价。在预算充足的情况下，如需为宝贝抢到某个特定的位置，则可使用抢位助手进行出价，如图 4.11 所示。

图 4.11 抢位助手

在使用抢位助手出价时，可创建"品牌独占""主打爆款"或"促销活动"等策略类别，也可根据自身需求自定义策略，然后选择设备，设置抢位频率、溢价比例、期望排名等。

使用这几种方法为关键词设置初始价格后，并不是一劳永逸，仍需时时观察排名情况，根据需求进行关键词价格调整。在调整关键词价格时，可采用升价法和降价法两种方式。

> 升价法。在预算不太充足的情况下，直通车车手可以采取逐步升价的方法调整价格。当关键词设置为某一个价格时，若无在 PC 端左侧展现的机会，直通车车手可采取升价法逐步调整出价，并实时查看排名情况，待在左侧展现之后，即可停止升价，并注意后期观察。

> 降价法。预算充足的话，直通车车手可直接出高价让关键词排在第一页前三名，因为这个位置展现机会多，点击率高，只要创意图片没有太大问题，引流速度很快，质量得分也会增长很快。第二天开始慢慢降低价格，然后观察质量得分的情况，这时虽然出价低了，但只要质量得分保持较高的数值，仍然可以占据前三名的位置。最后添加关键词的扩展词，基本都是选择 9 分、10 分且质量得分很高的词，这就是降价法的基本原理，当然也是所有直通车降低 CPC 的操作思路。经验不足者请勿轻易尝试降价法，不小心一个月就白干了。比如前期你每天花费几百元引来几十个点击，但因为选款选图选词中任何一个出错，你的几千元投入将可能打了水漂。

（3）添加精选人群

在为宝贝推广设置了关键词以及出价后，需要添加精选人群。精确了搜索人群，可以很大程度上帮助直通车车手将有限的流量和消耗集中到更精准、更优质的人群身上，特别是对于中小卖家来说，可以有效地减少不必要的花费，帮助店铺得到快速的提升。在直通车推广中，可添加的精选人群分为以下几种：

① 优质人群。优质人群是直通车系统推荐的一些对于店铺价值高的人群，比如收藏过店铺，浏览过店铺，领过店铺优惠券的，这类人群对于店铺有过浏览，点击率和后期的转化率比普通的访客要高一些，对这些人提高溢价，可以提高宝贝点击率和转化率，如图 4.12 所示。

图 4.12　优质人群

② 节日人群。在参加淘宝大型活动前后可添加此类人群，帮助店铺引流以及提高后期转化。如图 4.13 所示，在"双 11"活动前的预热阶段，可以添加"加购收藏双 11 狂欢同类商品的访客"和"领用双 11 购物券的访客"，添加后店铺的宝贝将有机会展现在这些访

客面前，为"双 11"活动当天的销售做好引流工作；在"双 11"活动当天，则可添加"领用双 11 购物券的访客"，优惠券在手，成交的概率也会变大；在"双 11"活动过后，则可添加"双 11 狂欢未成交访客"，让这批"双 11"期间未成功支付的访客再次产生支付的可能。

图 4.13　节日人群

③ 同类店铺人群。此类人群主要包括"浏览过同类店铺商品的访客"和"购买过同类店铺商品的访客"。

④ 付费推广和活动人群。此类人群主要包括"观看店铺直播视频的访客"和"浏览过智钻推广的访客"。

⑤ 天气人群。主要包括温度、天气现象和空气质量 3 种标签，具体可参看第 5 章内容。

⑥ 人口属性人群。根据店铺类目的不同，可根据实际推广需求，选择不同属性的人群进行投放。图 4.14 所示为女装类目属性人群。

图 4.14　人口属性人群

在添加精选人群时，需要为人群设置溢价，即在原始出价的基础上提高价格。针对不同的投放目的，应该如何添加精选人群并进行溢价呢？请看 4.4 节"案例分享"的内容。

一般初次开通直通车账户的新手或初期预算较少的店铺适合使用宝贝推广。

4.1.2 店铺推广

新建店铺推广主要包括选择页面、设置关键词和编辑创意 3 个步骤。

1. 选择页面

店铺推广页面可以选择店铺搜索页面、店铺导航页面和自定义页面。

① 如果店铺有上新或促销活动，则优先选取活动页面做推广。

② 在没有活动的情况下，需要看店铺首页是否在设计上有优势，良好的首页视觉设计会提升访客的转化与停留时间。

③ 很多小卖家如果没有做首页优化，则可以选择推广店铺的搜索页面，直接把主推的产品展现给消费者。

2. 设置关键词

① 每个推广页面最多可设置 1000 个关键词，店铺推广类似低价引流，要尽可能地多添加关键词。

② 关键词的筛选需要尽可能跟页面相关，把推广页面里包含的产品的关键词加进去。例如活动页面的宝贝有双肩包，那么关键词的选择就要以"双肩包"为主词，在相关词查询中输入"双肩包"，筛选扩展词。

③ 要控制店铺推广的 PPC 比关键词推广的 PPC 低，店铺推广的关键词默认可以根据日常的 PPC×50% 进行出价。再根据流量的情况对价格进行调整。花费高了，就降低出价，花费低了，就提高出价，直至每天都可以均匀花费，也不超出预算。

3. 编辑创意

创意包括创意图片和创意标题两项。

① 创意标题可以按照"促销内容＋长尾词＋类目词"的形式进行撰写，要求控制在 40 个字符以内。

② 创意图片格式要求是 210 像素×315 像素，推广图片可以根据店铺风格结合页面设计，以突出活动页面或者宝贝的卖点。但很多中小卖家没有专业的设计师怎么办？可以查看直通车报表中的创意列表，查看近三十天的数据，按点击率从高往低排序，选取点击率高并且效果好的推广创意图，再通过 Photoshop 简单的剪切、修改成为相应的格式。

一般有爆款群的店铺，名气较大、粉丝较多的店铺或者想要开展促销活动的店铺适合进行店铺推广。

4.1.3 定向推广

与常规的关键词推广有所不同，定向推广可以针对人群和投放位置进行精准的投放。也就是说，只要操作设置得当，它比常规的关键词推广所带来的流量会更加精准，更容易提升投入产出比（ROI）。

进入定向推广页面，可以看到有投放人群、展示位置和定向推广 3 个标签，其中定向推广即将下线，故只关注投放人群和展示位置即可，如图 4.15 所示。

图 4.15　定向推广

1．投放人群

投放人群共有四种定向方式，分别是智能投放、搜索重定向、访客定向和购物意图定向。其中智能投放和搜索重定向是默认的定向方式，访客定向和购物意图定向则可自定义设置。

（1）智能投放

系统综合多维度评估，从访客信息、购物意图等维度挖掘适合该宝贝的人群，适合所有店铺投放，它是一种考虑到了所有定向推广维度的自动计划，其优点是流量较精准，流量大，出价低，但缺点是无法选择具体的投放对象，适合在前期不懂定向推广的情况下选择。

（2）搜索重定向

投放给搜索过该宝贝设置的关键词推广的买家。比如说，一个消费者搜索"连衣裙"，系统会自动匹配一些与连衣裙相关的产品如"雪纺连衣裙"展示给该消费者。它的特点是对关键词二次定向，深挖消费者需求，流量大，面向消费者广，缺点是流量不太精准。

（3）访客定向

访客定向面对的人群有两种：喜欢我店铺的访客和喜欢同类店铺的访客，如图 4.16 所示。"喜欢我店铺的访客"指的是浏览、收藏、购买、加购过店铺宝贝的访客，"喜欢同类店铺的访客"指的是最近 3 个月内拥有相似客户群的店铺的访客。这类访客由于近期展示过对该产品的需求，所以往往转化率会较高，如果店铺追求高产出，可以提升该类人群的溢价，以获得良好的展示位。

图 4.16 访客定向

（4）购物意图定向

购物意图定向指的是根据投放的宝贝标题，系统会自动筛选出代表该宝贝的多种组合关键词，这是由消费者日常的淘宝浏览轨迹得出的，如图 4.17 所示。

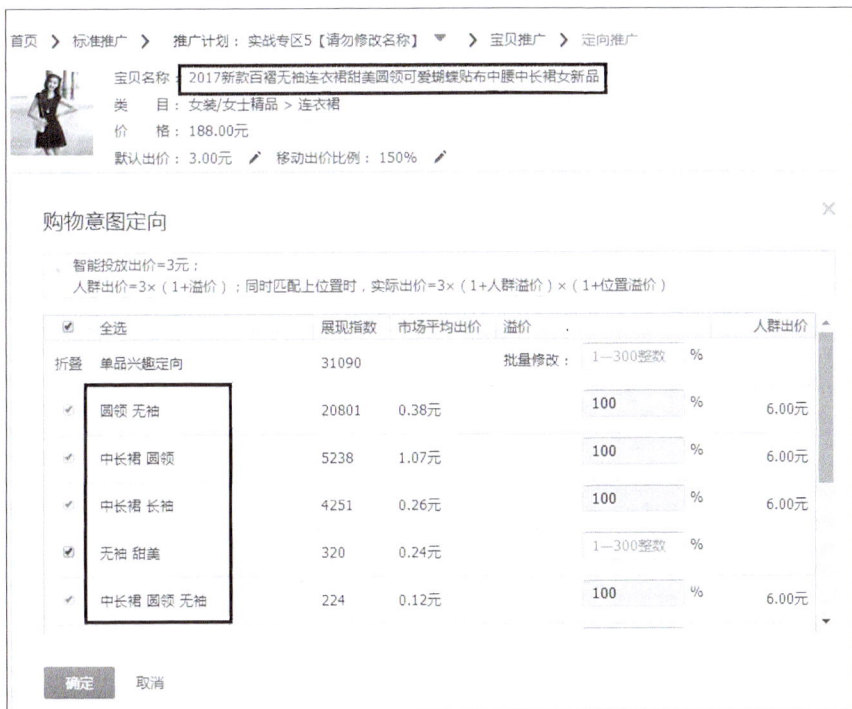

图 4.17 购物意图定向

如图 4.17 的案例所示，由于标题中带有"中长裙""圆领""无袖"等关键词，所以系统自动延伸了一些其他的二级词或者三级词，是一个由粗到细的过程，本质上是一个关键词组合推广。它的优点是自动挖掘买家意向与需求，较精准，流量也不错，但缺点在于全部由系统推荐，所以对于匹配的词可以提高溢价，不匹配的，则可以选择不开启。

2. 展示位置

展示位置分为 PC 端和移动端两块。PC 端主要有我的淘宝 _ 已买到的宝贝、淘宝收藏夹 _ 热卖单品、我的淘宝首页 _ 猜我喜欢、我的淘宝 _ 物流详情页及我的购物车 _ 掌柜热卖，移动端的展示位置主要有手机淘宝首页 _ 猜你喜欢和手机淘宝消息中心 _ 淘宝活动，如图 4.18 所示。

图 4.18　展示位置

移动端的两大展示位，对于直通车主图创意有特殊的需求，要求主图干净整洁并且无推广语或者少推广语，具体要求如下：

➢ 浅色背景图：可以使用场景图，但避免色调过深。

➢ 无推广语：推广语即大块的标签贴。

➢ 无边框、无水印。

➢ 少文字。

➢ 图片清晰度高，不会显得模糊。

如果达不到这样的要求，可能无法上传创意主图，也开通不了这两个位置的定向推广。

PC 端还是传统的五大位置，卖家可以在相对应的位置找到直通车展示，展现指数越大，竞争可能会越激烈，所以提高溢价会显得更加重要！

3. 定向推广的技巧

① 定向推广对于宝贝权重要求比较高，建议选择店铺基础销量好、流量大、点击率高的宝贝开启，新品则不建议。

② 人群投放中的购物意图定向是根据宝贝标题和属性，精确定位目标客户，因此宝贝标题和属性填写准确，会大大提升这类人群数量。

③ 一般开启展示位置定向后一到两天获取不到移动端优质位置的流量，这是因为淘宝对于创意图片的审查比较严格，待审查完毕，会有打钩的标志，此后才可获取稳定流量，再根据数据进行溢价调整。

4.2 投放设置

进行直通车的推广，并不仅仅是创建好计划就可以了，还需要进行投放设置，主要包括设置日限额、设置投放平台、设置投放时间及设置投放地域。

4.2.1 设置日限额

日限额的设置十分有必要，尤其是对于预算有限的中小卖家，一定要设置好日限额，超预算的花费将是无法承受的。

在设置日限额时，可按照实际需求选择"标准推广"或"智能化均匀投放"，如图 4.19 所示。"标准推广"指的是系统会根据投放设置正常展现推广，但可能会因过早到达日限额而提前下线；"智能化均匀投放"指的是系统根据流量变化及日限额，在设置的投放时间内均匀展现推广，不会因为过早到达日限额而错过晚些时候的流量。一般新手在开通直通车推广初期，无法判定访客高峰期时间段，建议选择"智能化均匀投放"，待摸索到规律之后，再根据实际情况选择"标准推广"，自行设置日限额。

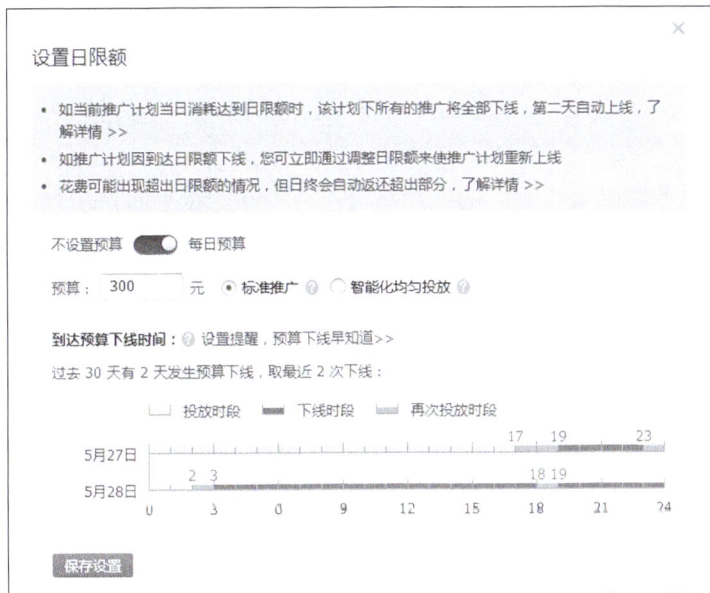

图 4.19 设置日限额

4.2.2 设置投放平台

阿里巴巴旗下有一个专门的广告平台，叫做阿里妈妈。阿里妈妈和全网的网站都有着紧密的合作，如图 4.20 所示。于是，我们的直通车广告除了在淘宝站内投放之外，还能在淘宝站外进行投放，如图 4.21 所示，选择开启站外投放即可。

图 4.20　合作网站

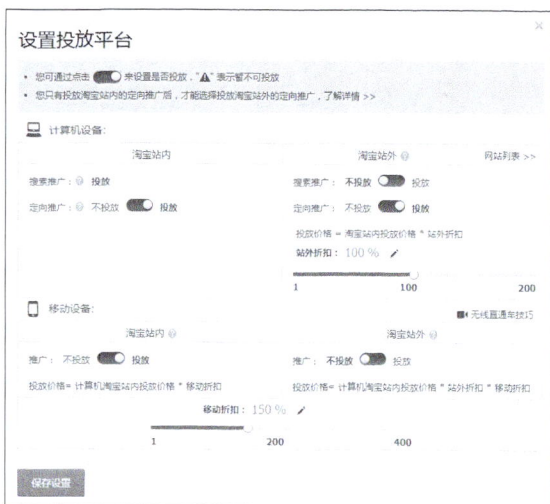

图 4.21　设置投放平台

4.2.3　设置投放时间

　　投放时间的设置也是非常重要的，访客通常什么时间来，强大的竞争对手主要在哪个时段投放，都是需要了解的。要选择在自身店铺产品访客的高峰期加大投放力度，在竞争低谷期如夜间降低出价，这样直通车的推广才会变得更加高效。

　　如图 4.22 所示，在设置投放时间时，有"全日制投放""行业模板""自定义模板"三种选择。因为宝贝在不同时段的流量和转化可能有所不同，切勿轻易尝试"全日制投放"，如果想针对各时段设置不同的折扣出价，建议新手根据自身店铺类目所属行业选择"行业模板"，待摸清楚规律之后，再选择"自定义模板"进行投放时间的设置。

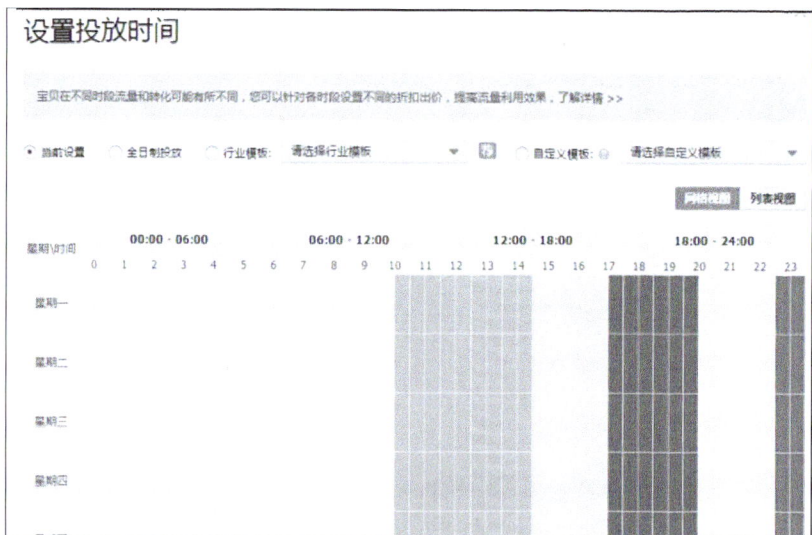

图 4.22　设置投放时间

4.2.4　设置投放地域

投放地域也是必须选择的。不同的省市，对产品的偏好也有不同。卖家可根据不同地区的点击率、转化率来判断是否值得在此地区投放直通车。地域选择可精确到按行政区划分的地级市，这点还是非常人性化的，如图 4.23 所示。

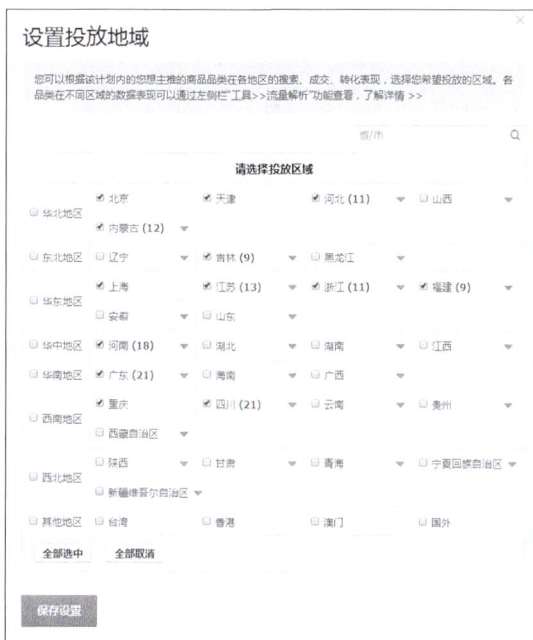

图 4.23　设置投放地域

4.3　移动端直通车

从 PC 端电商到移动端电商，最大的变化就是使用的设备变了，屏幕变小了，使用的习惯也随之改变了。在进行直通车推广时，关键词的设置也要随之做相应的改变。

不是添加了关键词就能在移动端展现，一定是要带手机图标的词，只有带有手机图标的关键词才有可能在手机淘宝展现，如图 4.24 所示。因为手机打字不方便，相对电脑搜索，手机搜索的词汇也少很多。这点要特别注意。

因移动端的屏幕小，广告位少，竞争更激烈，一般都需要比 PC 端出价高，所以移动

图 4.24　手机图标

折扣可设置稍高一些，最高可设置至400%。即PC端出价1元，若设置400%的移动折扣，也就意味着移动端出价为4元，如图4.25所示。

图4.25　移动折扣

4.4　案例分享

案例：直通车精选人群助店铺快速提高销量

在线下，同样一个类目的商品，我们可以通过不同的购买场所来区分不同的购物人群，比如"羽绒服"，在批发市场购买羽绒服的多是喜爱物美价廉的人群，在大商场购买羽绒服的多是高消费的人群，而无论是喜欢物美价廉的还是崇尚大牌的消费者，他们的需求属性类目都是羽绒服，我们可以通过不同的经营场所来划分这两类消费人群。

但是，在淘宝同样搜索"羽绒服"这个词背后的人群可能是完全不一样的。他想要购买什么样的羽绒服，他本身所属的人群以及他想购买羽绒服的价格款式和版型，我们都是不知道的，那么直通车的人群定向在此刻就显得很重要了。通过下面的案例，我们来看一下如何通过精选人群的添加来帮助店铺快速引流。

某淘宝集市店铺，主营多肉类目，经过多年的经营，信用等级已积累至一皇冠，但目前店铺遇到销售瓶颈，店铺的流量和转化虽比较稳定，但增长缓慢，店铺没有进行人群的定向投放，如图4.26所示。

图4.26　某淘宝集市店铺

想为店铺的直通车推广添加精选人群，首先需要了解店铺的访客特征，可以参考数据分析工具——生意参谋中的访客分析功能。在生意参谋的访客分析的访客对比里面可以直观地看到店铺访客的性别、年龄和消费层级等相应属性的比例情况，再根据这些属性的比例的表现情况来有效结合到直通车的人群优化里面，对直通车的人群优化进行更精准的投放，如图 4.27 所示。

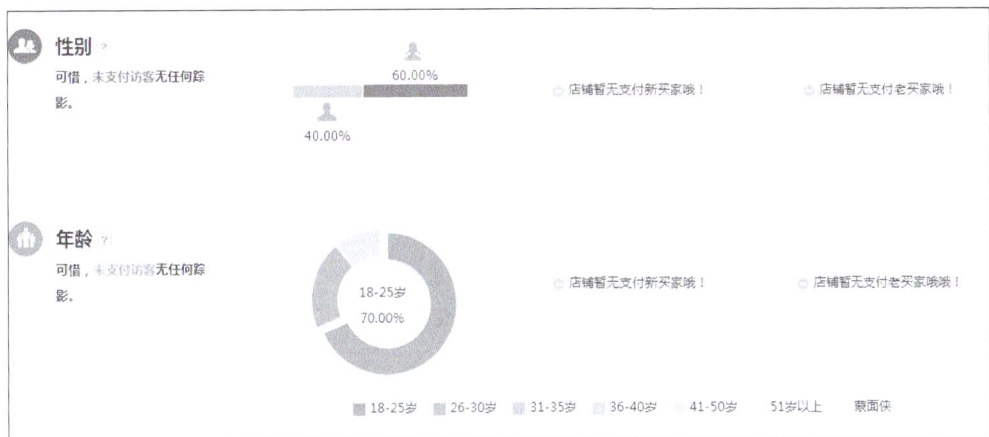

图 4.27　生意参谋

通过生意参谋了解到访客特征后，在添加精选人群的时候就可充分利用这些信息。添加精选人群前，首先需要了解精选人群投放的基本投放原则。

① 日常基本投放。包括优质人群投放、人口属性人群投放、天气人群投放等，这些是基本的也是比较重要的投放，是需要重点关注的地方。

② 竞争投放。包括相似店铺的访客投放，浏览过同类店铺商品的访客投放，购买过同类店铺商品的访客投放；这几个是进阶投放，可以适当选择投放，并且根据数据的表现情况做出及时的调整和优化。

③ 活动投放。包括节日投放和付费推广 / 活动人群的投放，在活动期间进行相应的投放效果最好，若在活动期间加大投放力度，比如"双 11"期间的人群定向投放就很好地体现了活动投放的效果。

明确了精选人群的基本投放原则，就可以根据自身的投放需求添加相应的人群。现在这家淘宝集市店铺进入了发展瓶颈期，需在保证基本日常投放的情况下，添加竞争投放，才有可能为店铺提高销量，如图 4.28 所示，其中优质人群、天气人群和人口属性人群是基本日常投放，同类店铺人群是竞争投放。

在添加精选人群时，还需设置相应的溢价比例。溢价比例是根据投放原则来进行相关投放的，并且要根据数据的表现情况及时做出调整和优化，此店铺对不同的人群设置的溢价比例如图 4.29 所示。

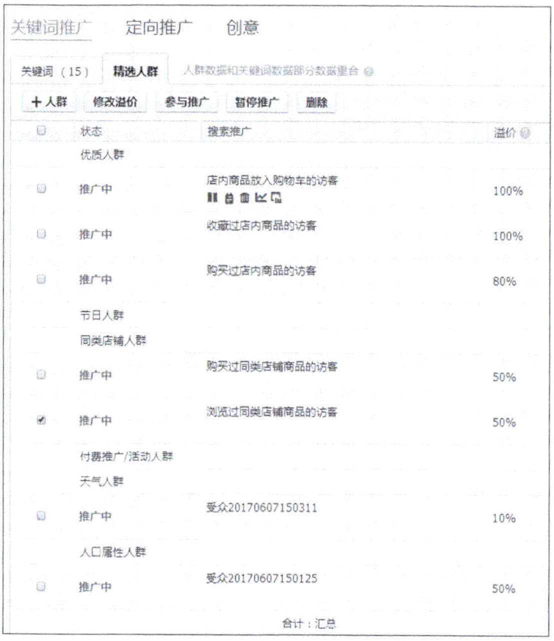

图 4.28　基本日常投放和竞争投放

图 4.29　溢价比例

① 日常基本投放：溢价比例可调高，加购收藏都在 20%，天气属性在 25% 左右，人群溢价在 28%。

② 竞争投放：溢价比例可降低一些，浏览访客以及相似店铺访客都在 8%，购买过店铺商品的访客在 10% 以下。

③ 活动投放：根据活动的相关性进行溢价；可先适当给出中间价格，后期再根

据数据的变化进行调整，此处选择的是 15% 的溢价比例。

添加完精选人群后，一定注意观察后期的数据，根据数据的实时变化情况，可对溢价的比例做出相应的调整。

① 日常基本投放：加购收藏的溢价幅度虽然比较大，但是覆盖的人群比较小，所以点击和成交情况不大理想，后期可把溢价幅度调整到 25% 再看下效果；天气属性和人群属性的数据还不错，上升比较多，所以相应的可把溢价加到 30%。

② 竞争投放：点击率和投入产出都有，说明投放是有效果的，后面可根据情况适当提高出价比例到 12%，对没有点击量的定向人群可以删除。

在淘宝官方活动期间，可以增加节日人群投放，比如在"双 11"期间后台会有一些关于"双 11"的活动定向人群的投放位置，这也是需要我们充分挖掘和利用的地方，而且效果会非常好。

此外，建议一些日限额较少，并且使用人群定向进行投放的店铺，如果发现很大部分的消耗都是来自人群定向的，则可以根据数据的表现情况进行实时的调整，降低溢价比例或者对转化不好但消耗比较大的定向停止投放。

精选人群作为辅助直通车推广的一种工具，能够帮助直通车车手对流量进行精准化的定位和选择，加上合适的溢价，便能获得最大的转化和利润。

➡ 本章总结

- 创建宝贝推广时，需编辑创意图片、设置关键词并出价、添加精选人群。
- 店铺推广主要包括选择页面、设置关键词和编辑创意 3 个步骤。
- 进行定向推广时，需明确 4 种不同的定向方式以及两块展示位置。
- 投放设置主要包括设置日限额、设置投放平台、设置投放时间以及设置投放地域。
- 无线直通车需添加带有手机图标的关键词，并设置移动折扣进行出价。

通过本章的学习，相信大家对直通车推广的搭建步骤已经有所了解，快快登录直通车创建属于你的账户吧！

➡ 本章作业

1. 简述为关键词设置初始价格的 5 种方法。
2. 详细说明定向推广 4 种定向方式的特点。
3. 详细说明店铺推广的创建步骤。
4. 从关键词和出价的角度，简述如何进行移动端直通车推广。
5. 详细说明精选人群的基本投放原则。
6. 请登录课工场，按要求完成预习作业。

第 5 章

直通车选词选款

- ❖ 熟知选择关键词的角度
- ❖ 掌握选择关键词的方法
- ❖ 掌握直通车选款的原则
- ❖ 掌握测款的思路、指标与步骤
- ❖ 掌握定款的指标与步骤

万事开头难，就好比直通车开通初期的选词选款。

很多卖家在选词这块不太注意，想着多做一些词，哪个词好再投哪个词。其实不然，对于直通车推广，选词至关重要。选择不同的关键词，其展现和点击都是不一样的，也影响着最终的转化。本章主要从选词的角度和方法出发，详细讲解如何选择合适的关键词进行直通车推广。

另外，是选择应季的商品、好评多的商品，还是选择收藏量高的商品？进行直通车推广，不仅仅是依靠主观选款拍脑门决定，还需一切依靠数据，进行数据化选款。本章详细介绍了选款的步骤，测款的思路、筛选指标，测款的步骤，以及定款的指标和步骤。

学完本章内容，你将会发现，直通车选词选款并不是那么难，你也能完成从"小白"到直通车优秀车手的蜕变！

```
                              确定推广目标
                                          热门搜索词
                              选择关键词的角度  符合买家习惯的词
                                          精准属性词
                                          优势组合词
                                          直通车系统推荐
                                          生意参谋
                                          淘宝下拉框
                  选择关键词    选择关键词的方法  你是不是想找
                                          流量解析
                                          TOP排行榜
                                          第三方工具
                                          智能匹配
                              关键词的匹配模式  精确匹配
第5章 直通车选词选款                            广泛匹配
                              选款原则
                                          测款思路
                  选款      测款  测款指标
                                          测款步骤
                              定款  定款指标
                                          定款步骤
                  案例分享    某女装店铺选款分析
```

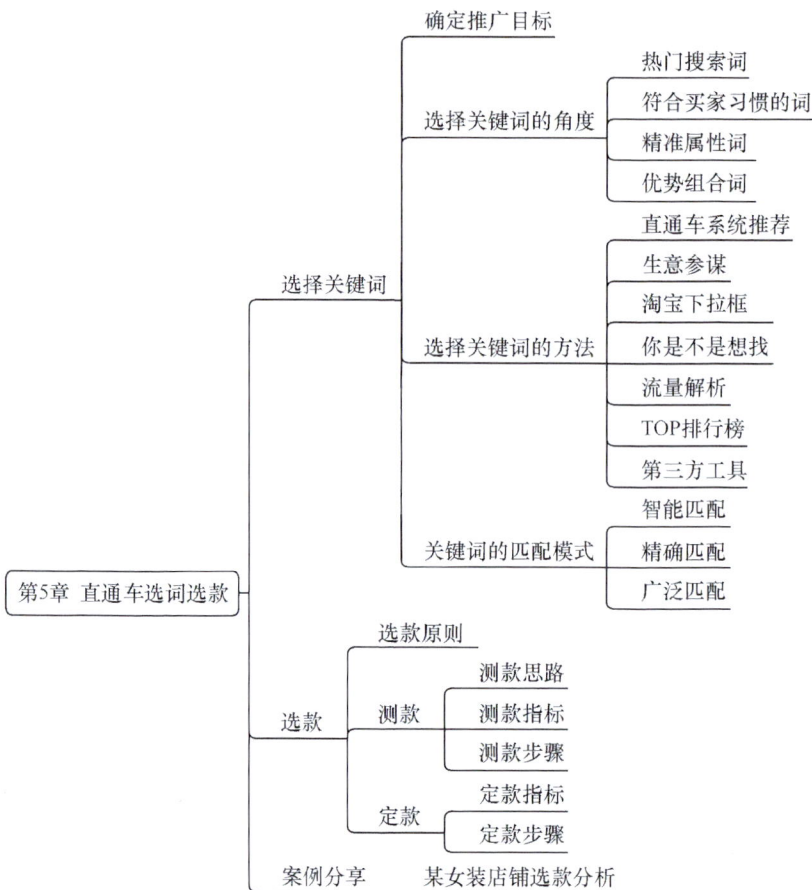

5.1 选择关键词

　　关键词的选择是直通车推广的一个核心技术。选择不同的关键词，宝贝的展现位置、点击率、转化率、投入产出比等都是不一样的。如图 5.1 和图 5.2 所示，当买家在淘宝搜索不同的关键词"坚果"和"零食"时，都可看到良品铺子旗舰店的直通车推广宝贝，但因为搜索的关键词不同，其展现位置一个排在右侧第一名，另一个则排在右侧第二名。

　　那应该选择什么样的关键词进行直通车推广呢？首先需要确定淘宝店铺开通直通车推广的目标，然后再考虑关键词。

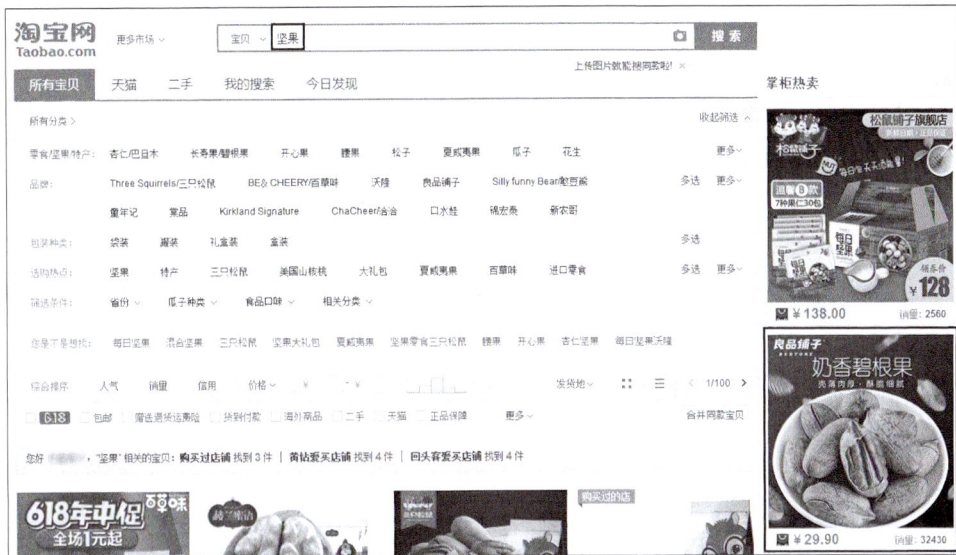

图 5.1　关键词"坚果"

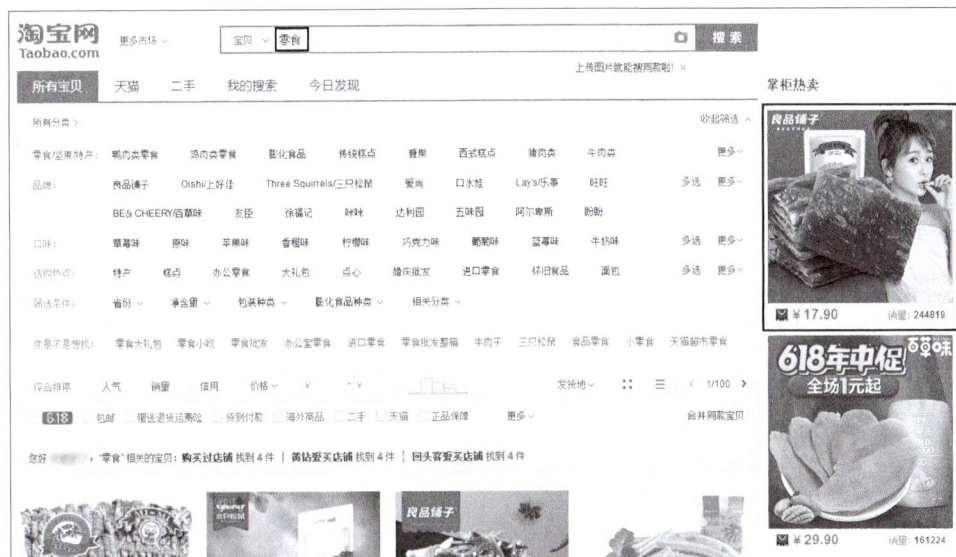

图 5.2　关键词"零食"

5.1.1　确定推广目标

淘宝店铺开通直通车推广无外乎两大推广目标：品牌导向和效果导向。

品牌导向，即推广目标为树立品牌形象，提升品牌知名度，获得更多的有效曝光量。

效果导向，即推广目标为提升转化率，提高店铺的销售量。

根据推广目标的不同，选择关键词的侧重也有所不同。如推广目标为品牌导向，也就是为了引流，在选择关键词时，可重点选择热门词，如"女装""男装"等，如图 5.3 所示，这类关键词的特点是搜索量大，主要作用就是带来流量；另外也可以选择一些相对精准的大流量词，如"连衣裙""男裤"等，这类关键词相对精准一些，流量也大，可以在保证流量的基础上获得一些销量。如推广目标为效果导向，在选择关键词时，则需重点选择精准词，如"雪纺连衣裙 中长款""童袜夏季薄款"等，如图5.4所示，这类关键词的特点是搜索量较小，但流量较精准，转化率较高。

图 5.3　关键词"女装"

图 5.4　关键词"雪纺连衣裙 中长款"

5.1.2　选择关键词的角度

根据不同的推广目标，需要选择不同的关键词。另外，在选择关键词时，可从以下角度考虑。

1. 热门搜索词

在选择关键词时，可先看下这个词的搜索热度是否高，比如季节词、活动词、核心词等。夏季来临，又到了穿各式各样连衣裙的季节。"雪纺连衣裙""连衣裙夏季新款""夏装"等词的搜索热度越来越高。如图 5.5 所示，从 4 月起，"连衣裙"的阿里指数就一直居高不下。

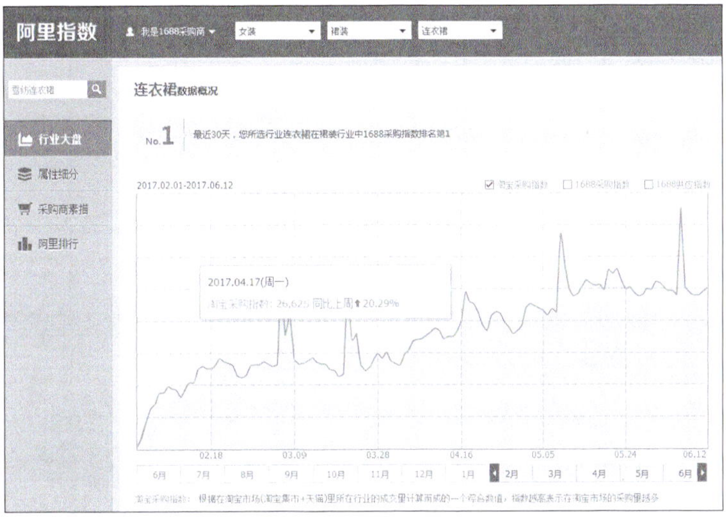

图 5.5　阿里指数

另外在淘宝官方活动期间，与活动相关的字眼也会成为热门搜索词。淘宝店铺参加"双 11"活动，在活动前期，最主要的工作就是引流，为活动预热。这时就可添加如图 5.6 所示带有"双 11"字眼的关键词，如"双 11 大促""双 11 来啦""双 11 包邮"等。

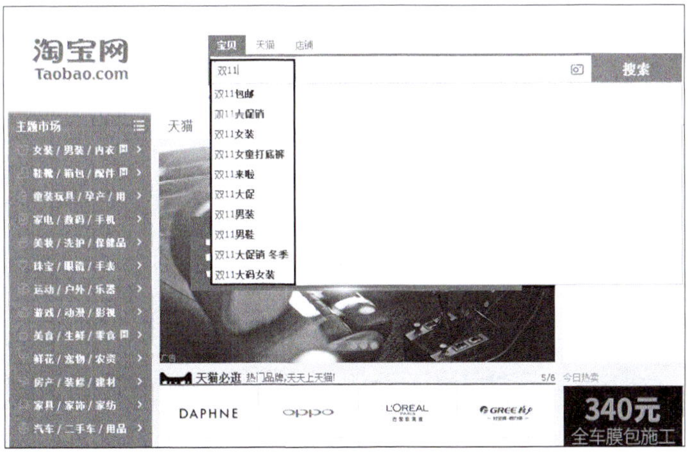

图 5.6　活动词

2. 符合买家习惯的词

站在买家的角度思考，买家会搜索什么样的关键词，如"显瘦长裙""新款显瘦"等。

3. 精准属性词

寻找能精确表达商品本质，直击买家购买需求的关键词，如"短袖纯色雪纺衬衫""豹纹开衫"等。

4. 优势组合词

可以从热门搜索、买家搜索习惯、精准属性等不同角度选取关键词并组合，也可添加至直通车推广中。

5.1.3　选择关键词的方法

选择关键词的方法很多，下面逐一进行介绍。

1. 直通车系统推荐

新建计划、上新宝贝，并添加完创意之后，系统会根据产品的类目、标题、创意标题、产品属性等给卖家推荐一些关键词，如图 5.7 所示。

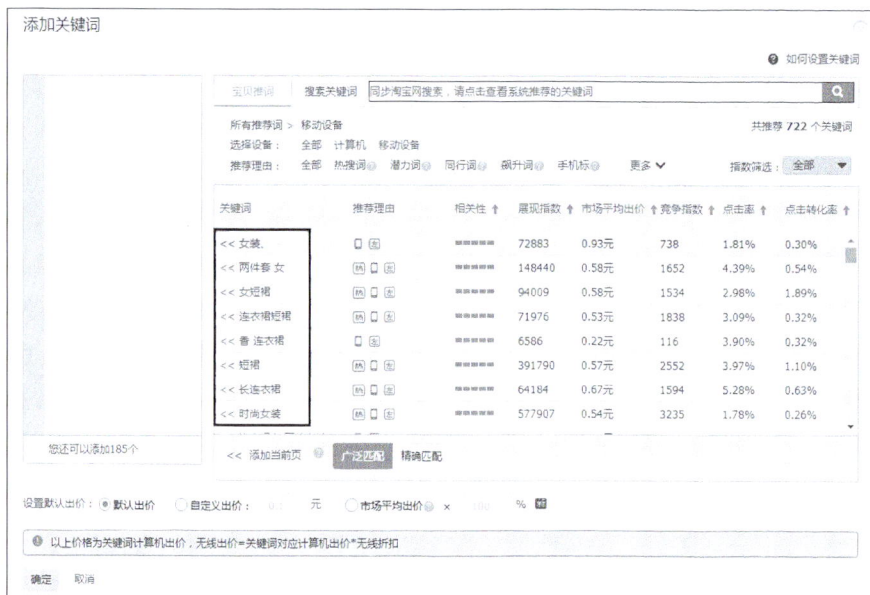

图 5.7　系统推荐词

其中系统推荐词是很多直通车车手都会用的，并且系统都会给予分类，打标词是需要重点分析的，我们来看下每一个打标词的具体含义：

> 同行词：同类店铺所购买的、投入产出比较高的关键词；
> 热搜词：展现指数较高的关键词；
> 手机标：有机会在手机淘宝和淘宝客户端搜索结果中展示的关键词；
> 置左词：有机会在淘宝网 PC 端搜索结果的左侧展示；
> 质优词：点击转化率和投入产出较高的关键词；

> ➤ 潜力词：有一定展现量且市场平均出价或竞争指数较低的关键词；
> ➤ 锦囊词：在移动端自然搜索排序中推荐的关键词；
> ➤ 飙升词：近期搜索量快速增长的关键词。

那么该怎样对这些词进行选取呢？

打标词是相对优质的，但并不意味着打标的关键词都要添加到直通车账户里，具体要分析每个打标词的含义，不同推广时期着重培养不同类的关键词。

小李经营着一家主营类目为连衣裙的淘宝店铺，在开通直通车推广的初期，因预算较少，较重视引流的精准性，那么在选择直通车系统推荐的关键词时，则可多添加"质优词""潜力词""置左词"等打标词，如图 5.8 所示的"女连衣裙""女连衣裙 红"等关键词，前期能以有限的费用达到更好的产出，好的排名才能给店铺引入大批流量。

图 5.8 质优词

另外要分析"同"关键词是否跟自身宝贝相关，如果相关就尝试投放，观察其在计划中的表现，如果跟宝贝不相关，如关键词"女裤"，与小李店铺的主营类目连衣裙不相关，那即使投放了效果也不会好，同类店铺用着好不一定对你的店铺也适合，还需不断测试。

现在淘宝移动端流量占比越来越大，如果直通车推广主攻移动端，那么就可以多添加"锦囊词"和手机标关键词，这样更符合移动端用户群搜索习惯，投放效果也会更好。

选取关键词时还可以根据需求对一些指标进行筛选，如图 5.9 所示。类目大、关键词多的可以选取相关性满格，展现指数在 1000 ～ 7000，竞争指数低于 400，点击率大于 2%；类目小、关键词少的可以把条件放宽一点，但是最终选出来的词都要在 6分以上，条件好的可以更高。当然，这些数据只是一些参考，具体还要根据账户数据而定。

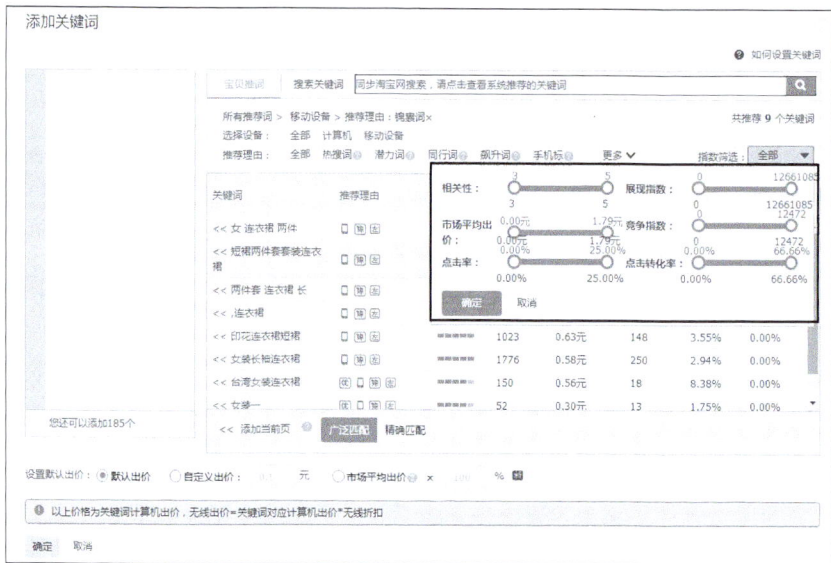

图 5.9　指数筛选

2.　生意参谋

生意参谋是一款数据分析工具，利用生意参谋也可以选择关键词进行直通车推广。进入生意参谋主页面之后，在导航栏里有个"流量"选项，点击之后在左侧的菜单栏中出现"访客分析"，选择"访客对比"，在最下面会看到"关键词TOP"，选择最近30天的数据，可以看到店铺访客最近30天最常搜索的词，如图5.10所示，把这些词加进直通车进行测试，分数高的保留。

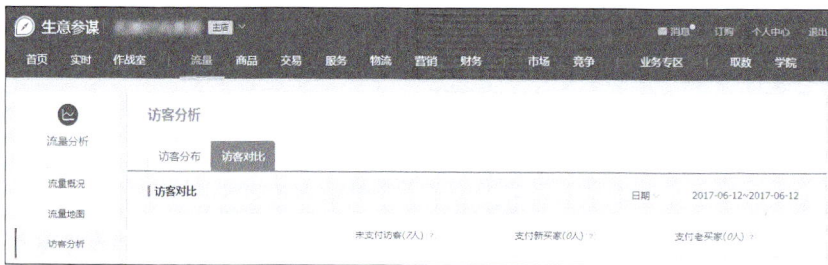

图 5.10　生意参谋

3.　淘宝下拉框

当买家在淘宝首页搜索框中输入某个关键词时，下拉框会根据与关键词的相关性、搜索热度等推荐许多关键词，如图5.11所示，直通车车手则可以把下拉框中与自家宝贝相关度较高的关键词添加至直通车账户中。多输入几个相关的关键词，如"洗发水""洗头膏"等，还可以获取更多的关键词。

4.　你是不是想找

在淘宝搜索结果页面，"你是不是想找"中的关键词搜索量也是较大的，如图5.12所示。

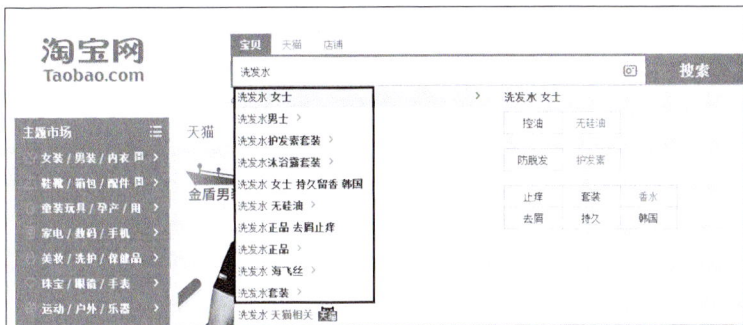

图 5.11　淘宝下拉框

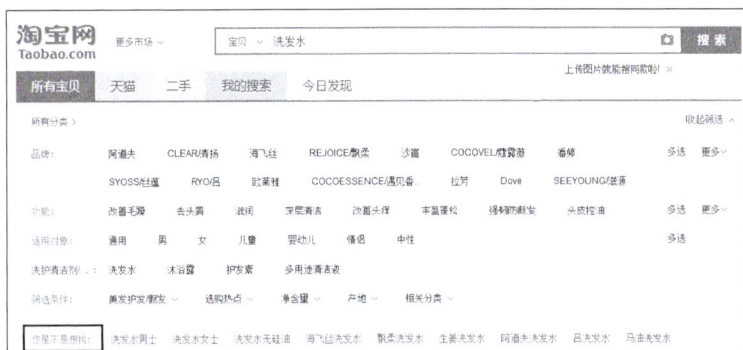

图 5.12　你是不是想找

5. 流量解析

进入直通车，在左侧菜单栏有个工具选项，下拉框里有“流量解析”，在这里输入宝贝的主要关键词，点击查询之后会出现一些信息，包括“市场数据分析”“推广词表下载”“数据透视”“线上推广排名”。添加关键词时，可以根据“推广词表下载”中“相关词分析”和“相关类目下的热门词”提供的关键词选择一些合适的进行测试，如图 5.13 所示。

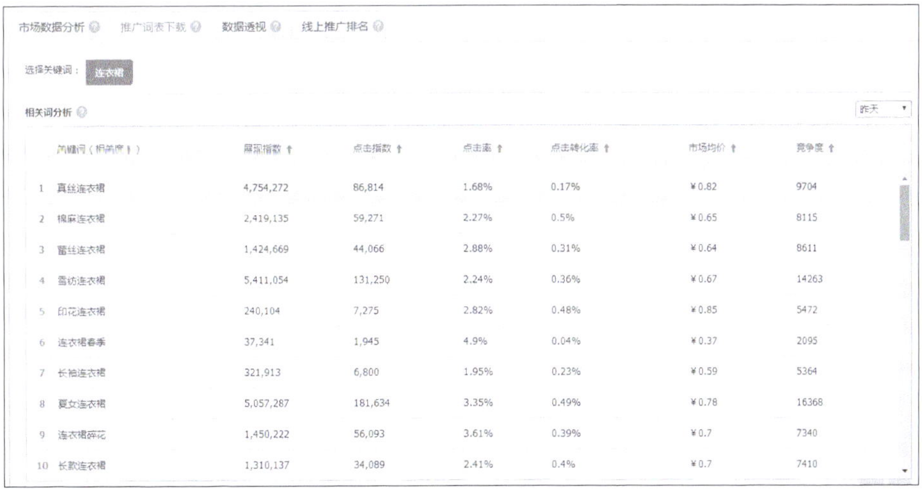
市场数据分析　推广词表下载　数据透视　线上推广排名

选择关键词：连衣裙

相关词分析　　昨天

	关键词（相关度）	展现指数	点击指数	点击率	点击转化率	市场均价	竞争度
1	真丝连衣裙	4,754,272	86,814	1.68%	0.17%	¥0.82	9704
2	棉麻连衣裙	2,419,135	59,271	2.27%	0.5%	¥0.65	8115
3	蕾丝连衣裙	1,424,669	44,066	2.88%	0.31%	¥0.64	8611
4	雪纺连衣裙	5,411,054	131,250	2.24%	0.36%	¥0.67	14263
5	印花连衣裙	240,104	7,275	2.82%	0.48%	¥0.85	5472
6	连衣裙春季	37,341	1,945	4.9%	0.04%	¥0.37	2095
7	长袖连衣裙	321,913	6,800	1.95%	0.23%	¥0.59	5364
8	夏女连衣裙	5,057,287	181,634	3.35%	0.49%	¥0.78	16368
9	连衣裙碎花	1,450,222	56,093	3.61%	0.39%	¥0.7	7340
10	长款连衣裙	1,310,137	34,089	2.41%	0.4%	¥0.7	7410

图 5.13　流量解析

6. TOP 排行榜

淘宝的 TOP 排行榜是一款绿色小巧的辅助软件，提供最权威的购物排行，所有数据均来自淘宝网官方，其分类齐全、数据细化，具有很高的参考价值，如图 5.14 所示。在选择关键词时，可根据自身店铺所在的类目，参考"搜索上升榜"和"搜索热门排行"，寻找与自家宝贝相关性较高的关键词添加至直通车账户中。

图 5.14　TOP 排行榜

7. 第三方工具

除了使用淘宝的官方工具选择关键词，还可尝试使用第三方工具来选择关键词。如直通车车手常用的看店宝和开车精灵。看店宝每周更新移动端 TOP20W 关键词表和 PC 端 TOP20W 关键词表，如图 5.15 所示。开车精灵提供的关键词都是当前淘宝网买家正在搜索使用的词，还给出了全网的点击指数、全网均价、匹配度等参考数据，更提供人性化的针对性选词、出价，是非常方便实用的，而且还有淘词功能，可以淘出精准的词。根据每款宝贝，开车精灵会把这个类目下面用户搜过的关键词全部展示出来，然后按照不同的维度供用户筛选，如图 5.16 所示。

图 5.15　看店宝

图 5.16　开车精灵

另外还有很多直通车组词的软件工具，其实有些词并非买家的搜索习惯词，搜索量很低甚至没有，这些工具说白了只不过比用 Excel 组词方便点。所以对于直通车推广来讲，关键词要尽量选择买家搜索的词，只有买家正在搜索的词才是真正有用的词。

5.1.4　关键词的匹配模式

每个买家的想法不同，搜索习惯也不同，直通车车手不可能把所有买家的所有搜索词都添加至账户中作为关键词进行推广。因此就需对关键词设置相应的匹配模式，以便在预算充足、较易转化的情况下，获得更多的流量。

在直通车账户推广不同的产品需要采用不同的推广策略，关键词的匹配模式也有所不同。直通车中关键词的匹配模式有智能匹配、精确匹配与广泛匹配 3 种。

1. 智能匹配

智能匹配即根据推广宝贝的特点，系统智能选择账户中未添加且适合该宝贝的关键词，如图 5.17 所示。一般情况下，不建议使用智能匹配，因其十分不精准。

图 5.17　匹配模式

2. 精确匹配

精确匹配即买家搜索词与所设关键词完全相同（或是同义词）时，推广宝贝才有机会展现。比如为关键词"女装两件套"设置精确匹配，其符号为"【】"，如图 5.17 所示。只有当买家搜索"女装两件套"时，此账户中的关键词"女装两件套"所对应的宝贝才有机会展现。

热门搜索词的搜索量较大，竞争更激烈，相应的价格也会较高，建议对这类关键词使用精确匹配。

3. 广泛匹配

广泛匹配即买家搜索词包含了所设关键词或与其相关时，推广宝贝就有机会展现。比如"修身韩版连衣裙"这个关键词，如果你设置的是广泛匹配，那么有人搜索"修身"的时候你的宝贝会出现，搜索"韩版"的时候你的宝贝会出现，搜索"连衣裙"的时候你的宝贝也会出现，搜索"修身连衣裙""韩版连衣裙"你的宝贝都会出现。

而"夏季修身韩版雪纺连衣裙"之类的精准长尾词，因搜索量较少，竞争不大，相对来说价格较低，可使用广泛匹配来吸引流量。

关键词是直通车的根基，了解得越深入透彻，调整的时候才能越有方向。关键词的选择决定以后调整的方向，所以一定要慎重，不管是店铺自然流量还是付费流量，关键词都是我们要重点把握的。宝贝核心引流关键词权重高，搜索排名、直通车竞价排名都会靠前，这样我们所需的流量才能吸引到位。

5.2 选款

某家主营童车的淘宝店铺，现主推两款宝贝，如图 5.18 所示。图中的宝贝一点击率为 0.5%，宝贝二点击率为 1.2%，假设转化率是 5%，那么在展现量为 10 万的情况下，它们一天就会相差 35 笔订单，那么一个月下来就会相差 1000 笔。我们再细想一下，如果每月多了 1000 的销量，你是不是和快递也好谈价格了？和供应商也好谈价格了？你是不是也能赚更多的钱了？

一个受到买家喜爱的宝贝，不仅让直通车为你带来了高点击率从而提升了你的质量得分，从另外一方面来说，在自然搜索方面，你也能获取更多的流量了。

图 5.18　两个宝贝

所以说，并不是所有的宝贝都适合进行直通车推广，并不是所有的宝贝进行直通车推广都可以带来流量。直通车是付费推广，为了以更小的投入获得更大的效益，就需要谨慎选款。

5.2.1　选款原则

不同的选款原则适用于不同的店铺卖家。如果是新手卖家并且是首次开通直通车推广，主要是主观选款，这时可参考以下原则：

- 符合市场需求：做推广的商品首先市场需求一定要大，没有市场也就没有推广的必要。
- 无违规降权：违规降权的商品对自然流量和直通车推广效果会有很大的影响，不建议选择推广。
- 收藏量：商品的收藏也决定了商品的受欢迎程度，后期收藏的买家更有可能转化成为客户。
- 是否应季：应季的商品能够保证商品的畅销度，尤其是季节性明显的类目。
- 保证利润空间：利润过低的产品不适合推广，起码推广盈利比较困难，要选择有一定利润空间的商品。
- 有特色：能够保证商品的独特性，提高客户黏度。
- 库存：没有一个充足稳定的货源，爆款是推广不起来的，必须保证供应链稳定。
- 产品质量：产品质量一定要过关，否则后期推广差评太多会严重影响推广。

对于较成熟的店铺，宝贝已经有了一定的销量，在进行直通车推广选款时，则需客观选款，即数据化选款，其目的就是通过数据对比挑选出需重点培养的宝贝进行直通车推广，借助的工具主要是生意参谋。

数据化选款主要有测款和定款两个步骤。

5.2.2　测款

直通车最大的特点是可以直观地反馈更真实的数据，由于直通车流量的可控性和柔韧性，我们可以通过直通车得到想要的流量，直通车也会给我们数据反馈，这样就能达到我们测款的目的。

前一阶段的选款主要是分析对比自己商品跟市场同类商品的竞争度，从而选出店铺中更具优势的商品，测款阶段则是分析对比店铺内部各商品的竞争度了。毕竟一个店铺商品很多，不可能每款商品都做推广，一是资金不允许，二是也没有那么多精力分散顾及到每一款商品。因此，需要通过测款来确定未来能给店铺带来更多效益的商品，从而通过推广这些商品来带动整店效益。

1. 测款思路

在使用直通车测款时，不同的卖家也需要不同的测款思路。

中小卖家因推广资金有限，需要找准流量来源。做推广更多的是为了盈利，精准流量对于小卖家来说更经济。投放以精准类目词为主，而不是选择类目级别大词，包含宝贝属性的精准长尾词是测款中主要关键词。如"连衣裙夏中长款""修身韩版连衣裙"等。

而大卖家为了抢占更多市场，最终目的是做到类目前几名，需要很大的流量支撑，所以大卖家最终测试和抢占的还是大流量词。大卖家要通过大爆款争做类目老大，投放也以大词为主，因为最终要抢占的还是大词的流量市场。测款要多用属性大词，而不是过于精准的长尾小词。如"连衣裙夏""雪纺连衣裙"等属性大词就包含了以上精准长尾词的相关性，只要用好这些词，那么精准长尾词也会随之取得很好的效果。

因为导向的结果不同，大小卖家的测款思路也不同。小卖家更想做到小而美，争取更多细分市场流量，但是很难成为类目老大。大卖家投放费用相对庞大，风险也较高，但最终若能成功打造爆款，所获取的利润也是非常可观的，小卖家则望尘莫及。

2. 测款指标

无论大中小卖家，在测款时均需参考以下几个指标，才可找到自己最适合直通车推广的商品。

➤ 点击量：花钱更多的宝贝，证明买家对这个商品感兴趣。

➤ 点击率：点击率更高的宝贝，说明更符合买家的购买意向。

➤ 转化率：转化率更高的宝贝，说明更符合买家的购买诉求。

3. 测款步骤

在使用直通车进行测款时，需创建单独的测款计划，步骤如下：

第一步：选择所测商品，添加至新建的计划中。在添加关键词时，大小卖家应根据自己的产品选词，小卖家以精准长尾词为主，加入两三个属性大词；大卖家则以属性热词为主。

第二步：关键词出价设置应比行业高出 20%，测款期间要确保足够流量获取。

第三步：时间流量高峰期提高折扣，其他时段可不投放。如图 5.19 所示，某类目的行业高峰期是 10 点至 16:30 和 18 点至 24 点，那么在测款时，投放时段只设置在这两个时间段即可，其他时间段无需设置；地域除去点击率排名最后的 10 个地区和产品生产集中地关闭不投放外，其他地域全部开放。

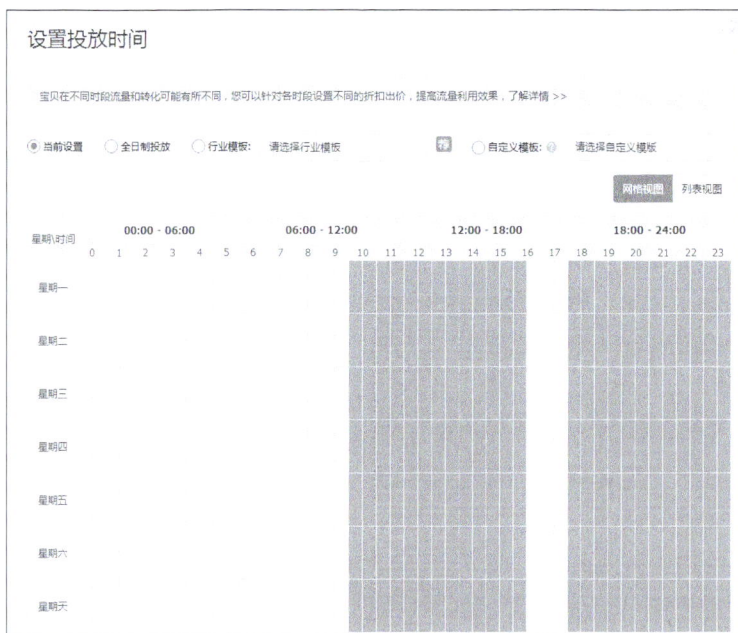

图 5.19　时段设置

第四步：关键词实时监控。测款期间每个时段的流量都很重要，需要多观察，以便实时调整。结合"省油宝"领航版实时监控，可以实时跟踪关键词数据变化，方便及时调整优化，同时它提供的数据报表也比较全面，可以帮助卖家做选款分析。

> **注意**
>
> 测款期间同类目产品推广标题尽量保持一致，以避免标题差异对测试结果的影响。
>
> 推广创意图片结构可以保持类似，尽量选用整洁清晰的宝贝图片。
>
> 测款期间不需要有"养词"提升质量分的操作，因为当前的目的是给每款足够的流量，让直通车给予数据反馈，从中得出哪款更具潜力。要确保每款获取足够的点击量，如果只有几十个点击量并不足以判定此款的好与坏，所以必要的时候需要采取高折扣引流。
>
> 测款可以使用"省油宝"软件推广，再结合长尾词和热词的自动选词出价，测款的准确性更高，也比较省时省力。

5.2.3 定款

引流大概进行一周到两周，直通车就会有较为准确的数据反馈，对这段时间的直通车报表数据进行分析对比，来最终确定款式。下边就来看下需要分析对比哪些数据。

1. 定款指标

定款数据指标可在直通车后台报表和生意参谋中查看，如图 5.20 所示。

① 对商品点击率数据进行对比。在排除推广图片影响的前提下，点击率直接反映了买家对产品的兴趣程度。点击率更高的产品，说明其款式、风格更符合买家的需求，背后的市场需求也更大。点击率高对后期自然流量的提升也非常有帮助，在自然搜索展示中，商品的点击率越高，相应的会提升产品权重，自然流量也会随之增加，所以点击率是非常重要的一个指标。

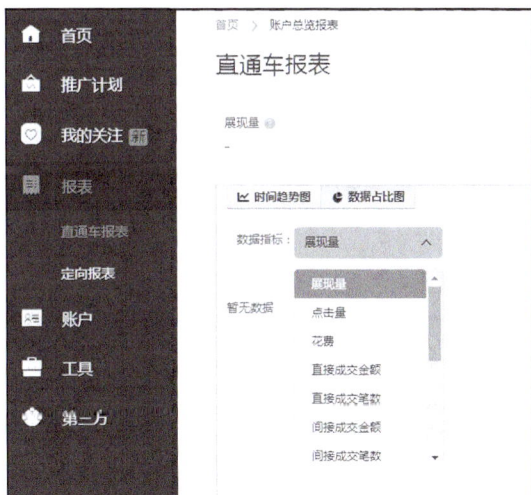

图 5.20 直通车报表

② 对商品转化率数据进行对比。转化率是判断直通车推广后期是否盈利的重要标准，虽然测款期间不能过度看中转化率数据，但也不能完全不看。转化率对商品权重提升非常重要，没有动销的产品就算点击率再高，慢慢也会后劲不足，难以维持。

③ 转化率除了受直通车投放效果的影响，更大程度上还取决于商品详情页的描述以及店铺运营的配合，所以在测款之前一定要对商品详情页做优化。商品主图要能全面

展示产品，详情页要有正确的引导，才能最大化体现产品价值。

④ 对商品收藏加购率数据进行对比。收藏加购也是衡量一个商品是否受欢迎的非常好的数据指标，在测款期间收藏加购数量越多，表明商品背后存在的潜在买家越多，添加收藏和加购的买家在后续成交转化的概率通常在 10% 以上，是对测款期间转化率的一个重要补充。

⑤ 对商品客户反馈情况进行对比。客户反馈除了点击率、转化率、收藏这些数据上的反馈，还有客户下单前的咨询反馈以及后期成功交易后的评价反馈。买前咨询率高说明购买意向大，产品更受买家青睐。交易成功后的评价能看出这款商品跟买家期望的实际反馈，从中我们可以看出产品长期推广的潜力价值。

⑥ 对商品浏览时间数据进行对比。商品浏览时间反映的是产品详情页的效果，时间要在 3 分钟以上，才能说明产品的详情页合格。但浏览时间也不是越长越好，时间过长表明买家犹豫不决，有可能是对产品价格或者性价比等方面有过多顾虑，这时候就需要对比产品竞争度。

⑦ 对商品访问深度数据进行对比。访问深度是商品对引入流量是否有更多价值的体现，如果买家只看了一个产品之后就关闭页面，一方面说明产品跟买家预期相差过多，另一方面说明店铺关联推荐做得不够。适当的产品关联能充分利用引进流量，也能给买家更多选择。借助"省油宝"领航版数据报表查看间接商品成交数据，我们可以根据数据去设定关联营销，以及寻找潜力款商品。

2. 定款步骤

在定款时，可参考以下步骤：

第一步：在直通车后台获取报表数据，获取位置如图 5.20 所示。

第二步：获取测款期数据，采用以上指标即可。

第三步：加工数据，得出定款维度数据。在加工数据时，可使用 Excel 电子表格进行。

第四步：选出主推商品。

通过选款、测款、定款的步骤，就可以选出想要进行直通车推广的商品，但并不是就此一劳永逸了，仍需对直通车推广进行数据观察并优化，以便获得效益更大化。直通车选款的具体步骤请参考 5.3 节"案例分享"。

5.3 案例分享

一般常见的直通车问题要么是出价很高，无展现，无流量；要么是点击不多，均价过高；要么是质量分满分，CPC 降不下来；要么是有点击，但转化率低。于是，我们查看各种优化帖子，学习各种"一夜质量上十分"经验，请教各路大神，结果该怎样还是怎样。殊不知，技巧只能解决表象问题，绝没有解决本质问题，只有解决了根源问题，才能从根本解决以上常见问题。

这些问题的根源其实就是选款！款式在一定程度上决定了直通车点击率和转化率的

高低，所以江湖传言，选款选对了就是成功了一半。

案例：某女装店铺选款分析

某主营女装的淘宝店铺，店铺很小，除掌柜外仅有两个客服，店铺内的商品单价也较低，如图 5.21 所示。

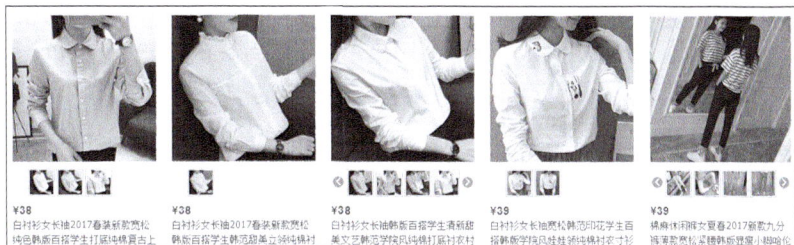

图 5.21　某淘宝店铺

二月底三月初，春装盛行，这时候推春装，在专业人士眼里其实已经晚了。店铺掌柜不是专门做运营和产品的人员，只能去周边各大市场跑货、挑货，经过一个星期，挑选了 35 款女装，半身裙，衬衫，套装都有，成本在 15 ～ 30 元，决定采取低价走量的方式。

接下来，就是进行直通车的测款，主要步骤如下：

1. 设置投放平台

店铺掌柜在进行直通车测款时，测的是 PC 端，而不是移动端，如图 5.22 所示。很多卖家都是两个同时测，一看点击率很高，就觉得是好款，殊不知移动端点击率远远高于 PC 端，这样会造成点击率虚高的假象，而且移动端点击率受位置影响非常严重，鉴于此：测款的时候务必关闭移动端推广。

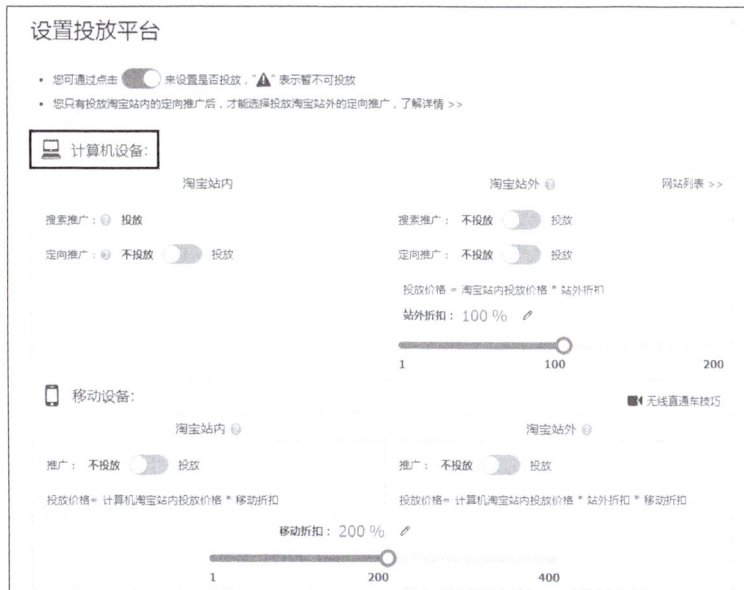

图 5.22　投放平台设置

另外，测款的时候必须保持尽可能一样的外部环境，这样测出来的结果才准确，所以同种商品的投放地区、时间模板务必一模一样。

2. 选择关键词

因为店铺掌柜选了 35 款宝贝，如果采用精准测款恐怕半个月都测不完，所以采用了广撒网测款法。选择 30 ～ 60 个词，不需要精选，只要符合产品属性即可。以女衬衫为例，如图 5.23 所示。

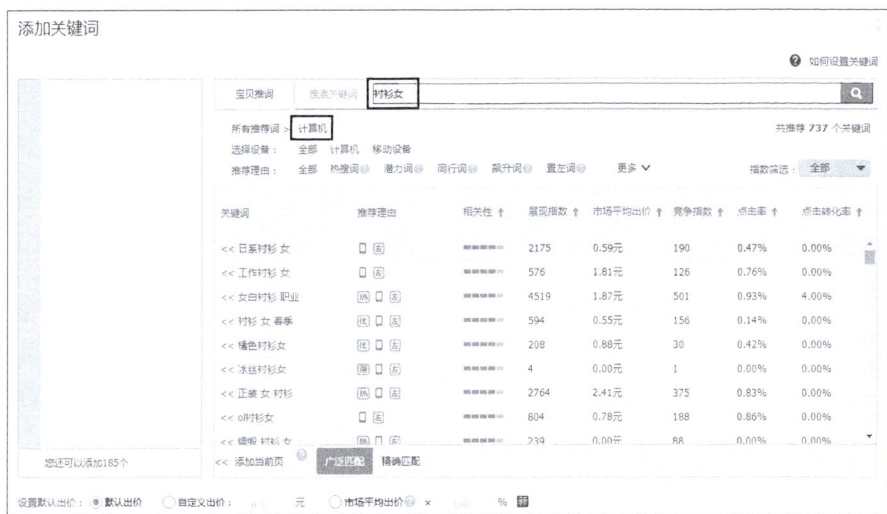

图 5.23　添加关键词

因为是小店铺，所以不要选择热门大词，如"衬衫"，应尽量选择符合自己产品特征的词，可按照相关性从高到低的排序进行筛选。还需注意的是，在选择设备时，需选择"计算机"。另外，也可以通过生意参谋中的市场行情来选择相应的关键词。

3. 设置匹配模式并出价

选择完关键词之后，设置成广泛匹配，全部出价 1 元，如图 5.24 所示。为了快速产生流量，可稍微提高些价格，如果预算不足，低一些出价也可以，无非就是数据搜集得慢一些。但在测款期间，因时间有限，仍建议出价高一些。

4. 推广创意图片

为了防止图片文字对点击率的影响，要选择无文字的原始图片，并且直通车标题要写成一样。直接把 4 张创意图、模特图、平铺图、不同颜色的图放进去，我们以模特图为主要目标进行数据监测。因为有模特的图才是我们以后力推的主图，测款对比的也是带有模特的主图。当然，图片都是平铺的，可依照平铺图为标准去对比。

5. 选款

3 天后，有了部分数据，再根据数据选款。因为此店铺掌柜出价高，3 天足够了。一般 7 天基本都能查看到相应的数据情况。

第一，我们看到有数据的款和没有数据的款。

35 款宝贝，有的有数据有的没数据，这是为什么？因为在你上架之后，淘宝已经根据产品数据、属性数据、主图同款数据等做出了判定，没数据的就是竞争力小的，删掉就行了，不用犹豫。

图 5.24　匹配模式及出价

第二，看有数据的款，并与同类目产品做比较。

因为我们之前就保证同类目产品外部条件都是一样的，所以直接互相对比即可，只看点击率，如图 5.25 所示。点击率相当的时候再看收藏，或者看加购数据。

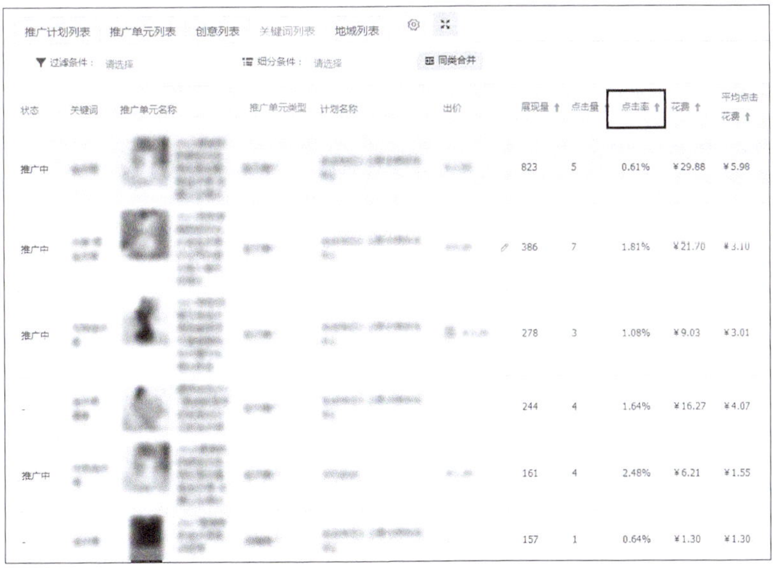

图 5.25　点击率

比如女士衬衫，PC 端平均点击率在 0.5% ~ 0.8%。共有 8 款女士衬衫，其中只有 2 款点击率不错，一款 0.9%，另一款 1.5%。直接选择 1.5% 点击率的，0.9% 的作为顺位款。继续看其他款，最终半身裙选出一个 1% 点击率的，职业套装选出一个 1.2% 点击率的。

最后选出来 3 个点击率不错的，找一个潜力最好的作为主推款，其他的作为次推款。

6. 定款

选定的 3 个主推款，质量分 6 分以下的扔掉，主图都添加一些优惠信息，继续推广 2 ~ 3 天（还是没开移动端）。这时候结果如下：

➤ 衬衫：点击率 1.71%，收藏率 7%

➤ 半身裙：点击率 0.95%，收藏率 3%

➤ 套装：点击率 1.13%，收藏率 3%

由以上数据可知，衬衫的点击率和收藏率都是最高的，显然就是主推款。因为衬衫有不同颜色，故边加大衬衫的直通车推广，边测试不同颜色的点击率，选出点击率最高的颜色作为宝贝主图更换。

这时候，就可以正常进行直通车的推广，并要注意后期数据出现波动及时调整和优化。

➜ 本章总结

- 选择关键词时，可选择热门搜索词、符合买家习惯的词、精准属性词和优势组合词。
- 选择关键词的方法主要有直通车系统推荐、生意参谋、淘宝下拉框、你是不是想找、流量解析、TOP 排行榜和开车精灵等第三方工具。
- 关键词主要有智能匹配、广泛匹配和精准匹配 3 种匹配模式。
- 直通车选款时主要遵循主观和客观两方面的原则。
- 针对不同的卖家要使用不同的测款和定款思路。

➜ 本章作业

1. 请根据自身类目，从不同角度选择与产品相符合的关键词，数量要求在 30 个左右。

2. 举例说明选择关键词的不同方法。

3. 简述直通车选款的原则。

4. 针对不同卖家，简述测款和定款的思路及步骤。

5. 请登录课工场，按要求完成预习作业。

第 6 章

直通车推广优化

技能目标

❖ 掌握直通车推广优化的常用名词及术语
❖ 掌握直通车推广优化的常见问题
❖ 掌握如何优化质量得分
❖ 掌握如何优化点击率

本章导读

　　直通车的数据分析是直通车推广中较为重要的一步，其目的很明确，就是通过直通车推广的各项数据指标分析出淘宝直通车推广存在的问题，从而进行优化，以提高投入产出比。如果不根据直通车推广的数据进行分析优化，就无法找出直通车推广存在的问题，也就没有办法提高直通车推广的效果，所以直通车车手一定要坚持对直通车推广进行数据分析，并实时进行优化，才能实现花更少的钱获得更好的推广效果。

　　本章主要介绍在进行直通车数据分析时，常用到的术语及名词解释、常见的推广问题，以及在进行直通车数据分析优化时最重要的质量得分优化和点击率优化的方法及技巧。

　　通过本章的学习，你将会很快实现你的直通车推广高手梦！

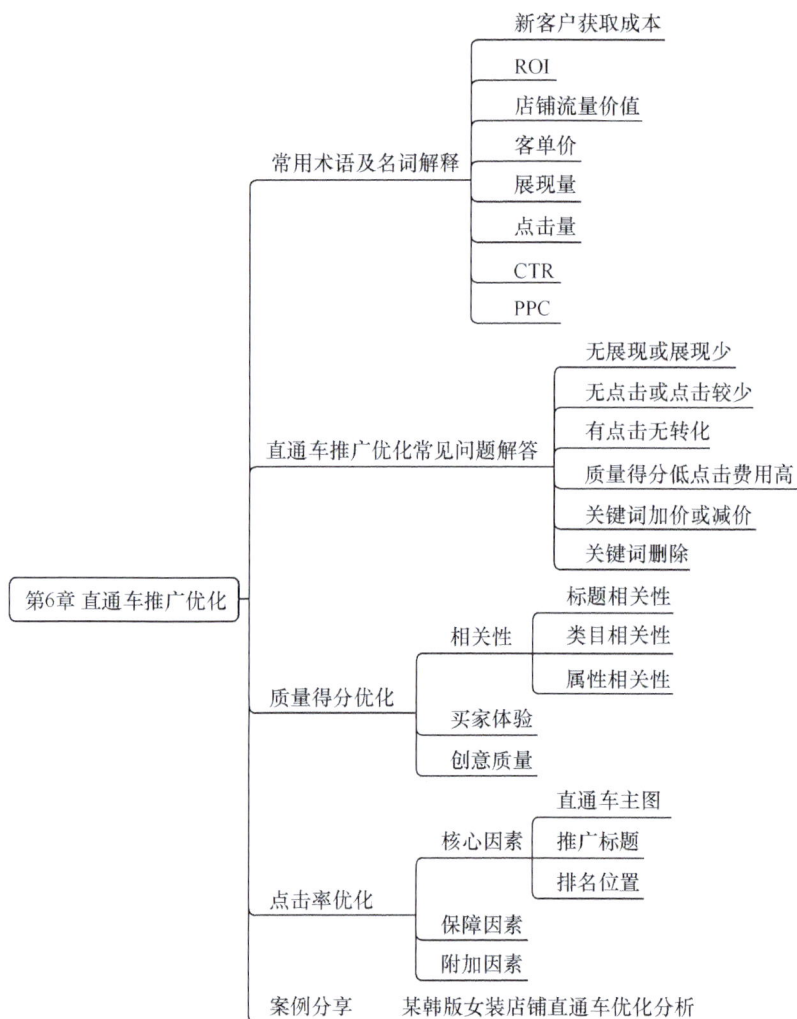

6.1 常用术语及名词解释

　　在一些直通车知识交流论坛或专区，常常看到如图 6.1 所示的帖子，帖子中提到的 CTR、转化率、客单价或 ROI 等专业术语，直通车推广新手往往一头雾水。不了解这些专业术语或名词的含义，就没有办法去学习帖子中的知识，所以在学习直通车推广优化知识前，我们先来了解一下推广优化常用的术语及名词解释。

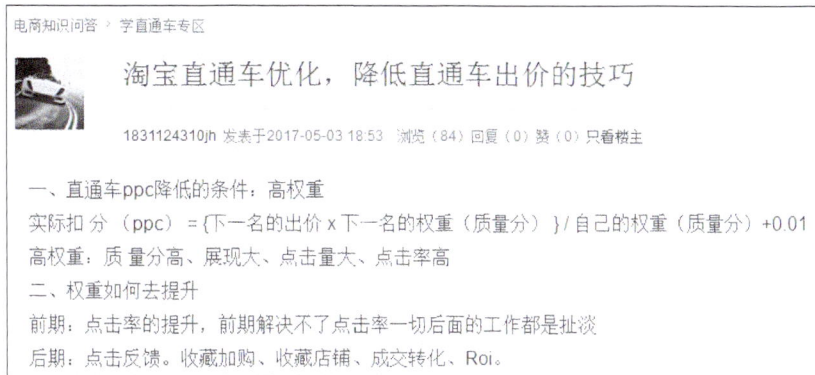

图 6.1　知识交流

1. 新客户获取成本

新客户获取成本＝直通车点击单价/直通车点击转化率。假设直通车点击单价为 1.5元，点击转化率为 3%，那么获取一个新客户的广告成本就是 50 元，也就是说直通车50 元的投放才能带来一个新客户成交。

2. ROI（投入产出比）

ROI= 销售额/直通车费用，盈利＝销售额×毛利率－直通车费用。这个公式可以转化一下，即：盈利 =(ROI×毛利率－1)/直通车费用。也就是说，如果 (ROI×毛利率－1) 得出的数字为正，则说明目前是盈利的，反之则是亏损的。

3. 店铺流量价值

店铺流量价值＝客单价×店铺成交率。假设产品客单价为 120 元，成交率为2%，那么一个流量就能产生 2.4 元的成交额。如果毛利为 30%，成交率不变，一个流量带来的利润就是 0.72 元，即控制引入一个流量不高于 0.72 元，这个流量就是盈利的流量。

4. 客单价

客单价即店铺每一个买家平均购买商品的金额，也即平均交易金额，客单价＝销售额/买家数。要想提高客单价，可多使用关联营销。比如买家购买一条裤子，如果关联营销还是裤子，那么店铺的客单价是不会提高的；如果推荐一款可搭配穿着的上衣或者鞋子，并且附送包邮、满减等优惠，客单价自然就提高了。

5. 展现量

展现量即宝贝展现在买家面前的次数。比如搜索某个关键词，宝贝展示在第二页，如果一个买家搜索这个关键词，并翻到了第二页，就算这个词一次展现量；如果一个买家搜索了这个关键词，然后直接点击跳到了第五页，是不算这个词的展现量的。因为宝贝所在的第二页没有被打开，买家没有看到该宝贝。在直通车推广中，展现是免费的，只有买家看到并且点击查看了该宝贝才会扣费。

6. 点击量

点击量即推广宝贝在淘宝直通车展示位上被点击的次数。

7. CTR

CTR 即点击率，宝贝展现后的被点击比率，CTR= 点击量 / 展现量。

8. PPC

PPC 即平均点击花费，PPC= 直通车费用 / 点击量。

6.2 直通车推广优化常见问题解答

在进行直通车推广优化时，常遇到一些比较常见的问题，我们在这里做统一解答。

6.2.1 无展现或展现少

无展现或展现少，意味着看到店铺推广宝贝的买家少、流量少，直接影响着后期的点击量，甚至转化量。如图 6.2 所示，某主营项链类目的店铺，在宝贝"毛衣链"的推广过程中，"钥匙项链 毛衣链 韩""钥匙项链女锁骨""爱心钥匙项链"等关键词的展现量较少甚至没有，究其原因，主要有以下 3 个方面。

	状态 ▼	全部 ▼	关键词 ↑	计算机质量分 ↑	移动质量分 ↑	出价 ↑	展现量 ↑	点击量 ↑	点击率 ↑
	推广中		智能匹配	-	-	0.66元	53	0	0%
☐	推广中		钥匙项链 毛衣链 韩	7分	-	1.00元	-	-	-
☐	推广中		钥匙项链女长	7分	-	2.13元	-	-	-
☐	推广中		钥匙项链女锁骨	10分	-	0.73元	3	0	0%
☐	推广中		爱心钥匙项链	7分	-	0.98元	4	0	0%
☐	推广中		银毛衣链 长款 秋	7分	-	1.26元	5	0	0%

图 6.2 展现量

① 推广关键词与主推宝贝相关性较差；

② 关键词出价低；

③ 关键词太冷门，即很少有买家搜索，甚至没有买家搜索此类关键词。

找到原因之后，我们就可以进行相应的修改或优化。从图 6.2 中可以看出，宝贝是"毛衣链"，推广的关键词也都是与毛衣链相关的，所以可先排除相关性差这个原因。然后查看相应的关键词的搜索，比如关键词"钥匙项链 毛衣链 韩"较长，一般买家很少搜索这么长的关键词，我们可以将其拆分为"钥匙项链 韩"和"毛衣链 韩"两个关键词进行投放，最后尝试对所有的关键词提高出价，继续观察其后续数据，继续优化。

6.2.2　无点击或点击较少

有的直通车车手说，我的直通车推广的展现量很高了，但是点击量很低，甚至没有人点击。也就是说，有很多买家看到你的推广宝贝，但是没有点击，这会是什么原因呢？一般原因主要有以下 4 个方面：

① 产品类目选择不合适，上衣放在裤子的类目里面，别人没点还好，点了转化率也会低，但不排除有人在买裤子的时候突然买了件上衣，但是概率不大；

② 推广图片设置得不够有吸引力；

③ 推广标题设置得不够合理；

④ 匹配模式不合理。

如图 6.3 所示，关键词"毛衣链 长款""银毛衣链"的点击量都较少，我们可首先排查其类目是否放错，然后修改其匹配模式为精确匹配，在其推广标题中加入对应的关键词，最后查看推广图片是否有吸引力。在设置推广图片时，直通车车手一定要站在买家的角度去想，"遇到这样一张图片，我会点击吗？"，如果自己都控制不住要点击，那就没问题，其他买家也会点击的。

状态	全部	关键词	计算机质量分	移动质量分	出价	展现量	点击量	点击率
推广中		智能匹配	-	-	0.66元	53	0	0%
推广中		tiffany 项链	9分	-	0.82元	8,074	69	0.85%
推广中		钥匙项链	10分	-	1.59元	6,215	113	1.82%
推广中		毛衣链 长款	8分	-	0.98元	4,860	18	0.37%
推广中		钥匙吊坠	10分	-	1.95元	2,685	31	1.15%
推广中		蒂芙尼钥匙项链	9分	-	1.71元	2,263	22	0.97%
推广中		钥匙毛衣链	9分	-	0.85元	1,610	12	0.75%
推广中		t家 项链	10分	-	0.80元	942	16	1.70%
推广中		银毛衣链	10分	-	1.16元	563	1	0.18%

图 6.3　点击量

6.2.3　有点击无转化

展现量提高了，点击量也有了，却没有转化量。无转化也就意味着没有销售额，前期做的所有工作都白费了。在直通车推广中，我们可以通过查看投入产出比来观察转化的情况，如图 6.4 所示。

状态 ▼	全部 ▼	关键词 ↑	计算机质量分 ② ↑	移动质量分 ② ↑	出价 ↑	展现量 ② ↑	点击量 ② ↓	点击率 ② ↑	花费 ② ↑	投入产出比 ② ↑
推广中		智能匹配 ②	-	-	0.11元	1	0	0%	¥0.00	-
推广中		🖥 双面耳钉	7分	8分	0.35元	2,591	179	6.91%	¥140.18	0
推广中		🖥 珍珠耳钉	7分	9分	0.20元	1,760	68	3.86%	¥48.71	0
推广中	■	🖥 珍珠耳钉 韩国	6分	8分	0.20元	1,179	39	3.31%	¥28.91	4.08

图 6.4 转化

到了转化的阶段，买家基本都是在查看宝贝的详情页或者与店铺客服咨询。所以想要提高转化，就要从这两方面来考虑。

① 提高店铺客服的销售能力，一般是通过培训其掌握相应的话术与技巧来实现。

② 从买家的角度策划设计宝贝详情页，主要包括但不限于以下几个方面：

➢ 抓住首屏黄金 90 秒，主要包括主图、价格、销量、评价等；

➢ 增加宝贝细节图和实景图的可信度，并多方位展示；

➢ 文字和图片要搭配得当，让人赏心悦目；

➢ 价格的定位要准确，性价比高；

➢ 买家的好评度，店铺的动态评分（可将好评截图放到宝贝详情里）；

➢ 款式是否是行业内热捧的；

➢ 体现出信誉和质量保障；

➢ 体现出宝贝尺码、款式和颜色的多样化，让买家有多种选择；

➢ 使用促销手段，比如包邮、满就送、限时折扣、换购、抽奖、特价、搭配减价等；

➢ 宝贝详情描述长度适中。

6.2.4 质量得分低点击费用高

关键词的搜索排名取决于质量得分与出价两个要素，卖家都希望用较低的费用获得较靠前的搜索排名，这时就需要依靠较高的质量得分。如何提高质量得分，这是直通车推广优化中较重要的内容，我们单独拿出来进行讲解，详情请看 6.3 节"质量得分优化"。

6.2.5 关键词加价或减价

对于直通车推广关键词出价的调整，不外乎加价或减价两种。那什么情况下应该加价？什么情况下应该减价呢？

① 有的关键词展现量较低，但点击量较高，说明买家对此类词的关注度较高，推广效果较好，这时就可适当提高关键词的出价，提高其排名位置，以便增加其展现量，让点击量更高，获得更大收益。但需注意的是，对此类关键词进行加价时，并不是无限制的，一定要实时观察其展现和点击情况，因为对关键词加价了，相应的花费也会增加，要控制在预算内；相反，如果有的关键词展现量较高，但点击量较少，我们在排除了上文提到的种种原因外，可适当地对关键词进行减价，以减少不必要的损失。

② 转化率或 ROI 较高的关键词，则可考虑加价；反之，转化率较低的关键词，则

可考虑减价。

③ 平均点击花费较高的关键词，如图 6.5 所示，首先我们先判断此类关键词后期的转化如何，如果转化效果较好，排名位置又符合预期，可稍微降低价格继续观察，如果转化效果不好，甚至没有转化，则可较大幅度减价。

展现量 ↑	点击量 ↑	点击率 ↑	花费 ↑	平均点击花费
11	1	9.09%	￥12.86	￥12.86
1,310	11	0.84%	￥118.54	￥10.78
445	3	0.67%	￥17.98	￥5.99
144	3	2.08%	￥17.22	￥5.74
220	4	1.82%	￥14.99	￥3.75
64	6	9.38%	￥21.33	￥3.56

图 6.5　平均点击花费

6.2.6　关键词删除

前期在直通车推广中添加关键词时，因没有数据辅助，并不知其推广效果如何。在直通车推广一段时间后，我们则需要对关键词进行处理，那么哪些关键词可以被删除呢？

① 7 天无展现 30 天无点击，且出价高没有排名的关键词。这类词往往搜索量小，买家不关注，且无转化，直接删除即可。

② 质量得分持续低的关键词。如果经过优化，关键词的质量得分还是持续过低，也可删除，如果不删除的话，还会影响整个计划里其他关键词的质量得分。

③ 30 天内有点击但无成交的关键词，同样的道理，转化才是最重要的，无转化即可删除。

④ ROI 持续低的关键词，也可删除。

⑤ 重复的关键词。因为淘宝的搜索页面只会显示一个账户的两个广告，也就是说你这个关键词重复添加了 4 次，但最终只会展示两次。因此应删除掉重复关键词，避免资源浪费。

对于直通车的推广优化来说，较重要的也是较难的就是质量得分的优化和点击率的优化。

6.3　质量得分优化

我们知道，在直通车推广中，搜索排名取决于质量得分和出价两个因素，在同等出价的情况下，质量得分越高，综合排名越高；在排名一致的情况下，质量得分越高，点击价格越低。卖家都想以较低的价格获得较靠前的排名，所以对于质量得分的优化是直通车车手必须掌握的内容。

在点击直通车关键词的时候，我们从图6.6中可以清楚地看到影响质量得分的因素主要有相关性、买家体验和创意质量。那么在进行质量得分优化时，我们就可以从这几个方面入手。

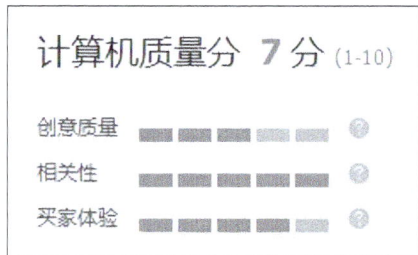

图6.6　质量得分

6.3.1　相关性

相关性主要包括标题相关性、类目相关性和属性相关性。

1. 标题相关性

标题相关性指的是直通车推广标题中是否包含所设置的关键词。推广标题与对应的关键词的相关性越高，质量得分也会越高。

如图6.7所示，推广宝贝的标题名称为"喇叭袖上衣淑女短袖休闲小衫荷叶边宽松

图6.7　标题与关键词的相关性

雪纺衫2016夏装新款"，其推广的关键词有"大码白衬衫 女""气质衬衫""欧美衬衫""雪纺衫"。推广标题中包含关键词"雪纺衫"，相关性较高，所以关键词"雪纺衫"的质量得分为10分，而"大码白衬衫 女"与其相关性不是很高，所以质量得分明显低于关键词"雪纺衫"。直通车车手在设置推广标题及相应的关键词时，一定要注意相关性，最相关的关键词要多设置。比如推广一款雪纺的连衣裙，可以将"雪纺连衣裙"拆分成3个中心词"雪纺""连衣裙""雪纺 连衣裙"，然后分别按照这3个中心词去添加一系列更精准的关键词。

另外在添加关键词时，我们尽量使用直通车系统推荐的关键词，并按其相关性进行从高到低排序，然后逐个添加。并且尽量把主推的关键词添加到宝贝标题和创意标题中，以达到提高质量得分的目的。

2. 类目相关性

从买家的搜索购买行为习惯，我们会归纳总结得出大部分买家期望看到的宝贝所属的类目和属性，直通车会优先展示这些类目属性下的宝贝。

直通车车手需要做的是，首先检查宝贝发布的类目是否正确。很多卖家对自身宝贝

的定位很模糊，容易将宝贝的类目发布错误，这个时候，关键词的质量得分是会很低，所以首先要检查一下店铺的宝贝类目有没有发布错误。

3. 属性相关性

关键词质量得分的高低与宝贝的属性非常相关。

无论是什么类目，在发布宝贝时，均需填写宝贝属性，填写的内容与宝贝所属类目有关。如图 6.8 和图 6.9 所示，在发布儿童玩具类目和女包类目时，其属性有很大差别，但在填写时，不仅要如实填写还要填写完整，质量得分才会高。比如买家在搜索女包时，使用了关键词"单肩包"，即使直通车的推广关键词设置了"单肩包"，但在填写女包属性时填写的是"斜挎包"，"单肩包"这个关键词的质量得分仍会偏低。

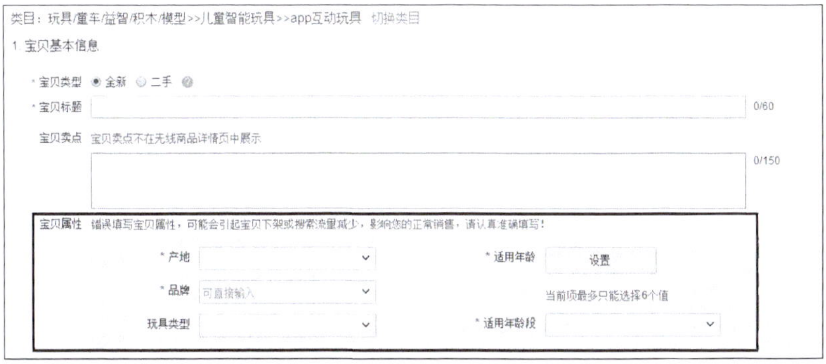

图 6.8　儿童玩具类目

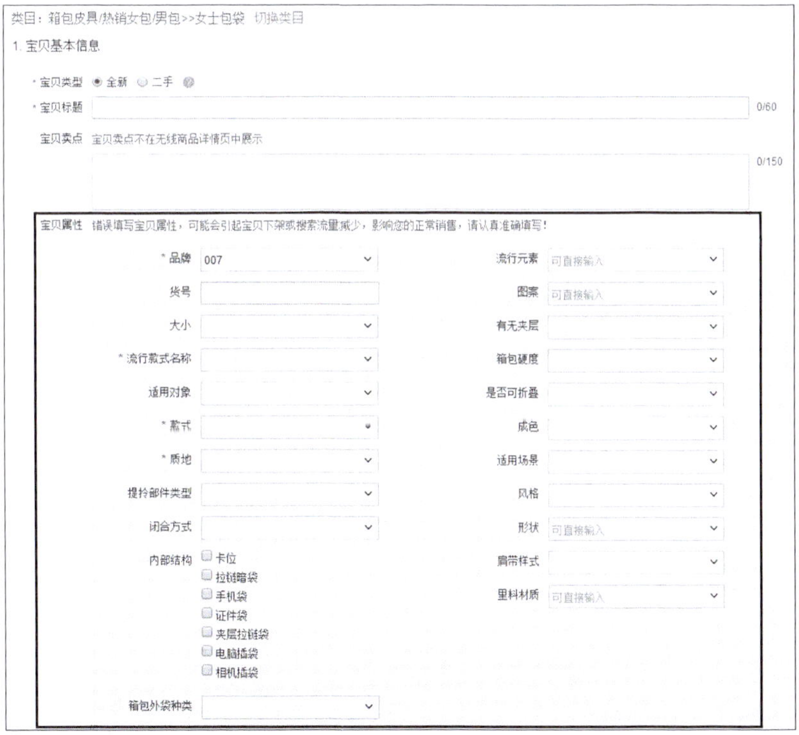

图 6.9　女包类目

6.3.2　买家体验

宝贝的点击率的高低，最终的转化率，买家对于宝贝单品的收藏量，是否加入购物车，都对关键词的质量得分有一定的影响，建议直通车车手从客服的转化能力、宝贝的详情页和关联营销等多方面来提高点击转化，进而提高关键词的质量得分。

6.3.3　创意质量

推广创意是我们呈现推广宝贝特色的核心内容。创意图片的清晰度、背景色、尺寸大小等都影响着创意的质量。

如图 6.10 所示，第一个和第四个宝贝的创意图片模糊不清，让买家没有点击的欲望，关键词的质量得分也就不会很高。所以创意图片一定要清晰美观、醒目，并且可以适当添加促销信息，以吸引买家的注意力。

图 6.10　创意图片

现在大多数的买家都是通过移动端淘宝进行购买，所以建议在移动设备上上传相对清晰的创意图片，以更好地呈现产品的特色，吸引买家点击。

除了以上提到的相关性、买家体验和创意质量，还有其他影响质量得分的因素，如直通车推广时间的长短、推广的连续性等都会影响到质量得分。所以在进行直通车推广时，一定要保持直通车推广的连续性，也就是要做 24 小时推广，建议直通车车手在买家访问高峰期可设置较高的出价折扣，而在访问低谷期（如深夜），则可以设置较低折扣，保证推广不下线即可。

6.4　点击率优化

对于直通车推广，有了点击，店铺才有转化的前提；点击率较高的宝贝，可为爆款或主推款做选款参考；点击率提升，可以提高质量得分降低推广成本。所以对于点击率进行优化，势在必行。

下面我们主要从核心因素、保障因素和附加因素 3 个方面来对点击率进行优化。

6.4.1 核心因素

影响点击率的核心因素主要有直通车主图、推广标题和排名位置 3 个，因为这 3 个方面是首先被买家看到的。

1. 直通车主图

在优化直通车主图时，我们可以从宝贝颜色、图片背景、图片清晰度、创意卖点、促销信息、引导点击和主图测试等方面考虑。

（1）宝贝颜色

在淘宝搜索结果页面，每页的右侧有 12 个直通车展示位，底端有 5 个直通车展示位，宝贝颜色能否在 17 个展示位中脱颖而出将直接影响宝贝的点击率，如图 6.11 所示。

图 6.11　宝贝颜色

如果宝贝有多种颜色，我们可以用几个不同颜色的图片来测试点击率，采用点击率最好的宝贝作为主图。

（2）图片背景

图片的背景也会影响点击率，如图 6.12 所示，3 个店铺所售卖的连衣裙都是属于清新文艺风格的，但第一个店铺使用的是山崖的背景，与连衣裙的风格格格不入，所以在 3 个店铺中，其月成交量也是最低的。

图 6.12　图片背景

（3）图片清晰度

作为直通车的推广图片，清晰度是最为重要的。如图6.13所示，虽同为女装，前三个店铺的推广图片中的宝贝清晰可见，甚至可以看到某些细节，但第四个店铺中的宝贝，背景凌乱，宝贝都看不清，更别说细节了，买家几乎没有点击的欲望，更何谈后期的转化。

图6.13　图片清晰度

（4）创意卖点

为了吸引买家的点击，我们可在主图上添加宝贝的核心竞争力，突出与其他店铺的差异。如图6.14所示，其推广宝贝为男鞋，在其他店铺使用中规中矩的"鞋"作为主图时，该店铺把男鞋设计为跑车的形状，体现了差异化，更容易吸引买家的点击。

图6.14　创意卖点

另外，我们还可以在推广主图上添加适当的促销信息，如"买二送一""限时三折"等。

如果通过以上方法选出不只一张主图图片，我们则可以在直通车推广中进行主图测试，最终确定最合适的那张图片作为主图进行推广。

2. 推广标题

如图6.15所示，除了推广主图可以体现宝贝的相应信息之外，推广标题对推广宝贝来说也是极其重要的。

图 6.15　推广标题

在编写推广标题时，可以从宝贝属性、促销元素、数字元素和情感主张 4 个方面来考虑。

宝贝属性可以参考宝贝的面料、款式、风格等，把诸如"纯棉""镂空""真皮"等属性词添加至推广标题中。

促销元素包括包邮、买就送等，如果组合使用，效果会更好。

人们往往对数字较敏感，所以可以在推广标题中添加一些数字元素。如图 6.16 所示，使用了"12 期免息 0 首付"等字眼，达到了吸引买家的目的。

另外，还可利用买家的情感需求，通过一定的心理暗示，达到提高点击率的目的，如图 6.17 所示。

图 6.16　数字元素

图 6.17　情感主张

3．排名位置

不同的位置，其点击率也是有所不同的。如图 6.18 所示，是某一类目的宝贝点击率随排名变化的情况。我们应根据自己的预算以及需求，找到最适合的排名位置。

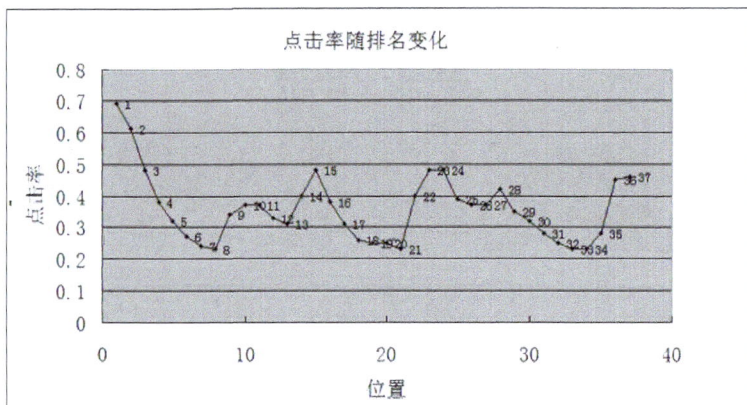

图 6.18　点击率随排名变化

6.4.2　保障因素

点击率优化的保障因素主要体现在宝贝款式和关键词两个方面。

直通车测款是非常普遍的一种优化手段。款式如果受欢迎，点击率自然就高；反之，就不应该主打这个款式，如图 6.19 所示。

状态	计划名称	计划类型	日限额	展现量	点击量	点击率	花费	平均点击花费
推广中	移动-副计划	标准推广	￥1,000.00	176,996	9,109	5.15%	￥6,486.11	￥0.71
推广中	移动-爆款计划	标准推广	￥1,900.00	150,350	5,719	3.80%	￥5,374.90	￥0.94
推广中	移动-手搜款	标准推广	￥800.00	181,563	9,785	5.39%	￥3,920.56	￥0.40
推广中	(省油宝长尾A)1104	标准推广	￥800.00	887,061	10,952	1.23%	￥5,541.64	￥0.51
推广中	PC-爆款计划	标准推广	￥500.00	163,454	1,142	0.70%	￥1,348.72	￥1.18
推广中	定向计划	标准推广	￥200.00	163,479	278	0.17%	￥274.32	￥0.99
推广中	PC-副计划	标准推广	￥300.00	245,639	1,572	0.64%	￥1,281.93	￥0.82
推广中	(省油宝长尾B)1615（新）8.5	标准推广	￥500.00	291,683	5,093	1.75%	￥2,659.22	￥0.52
	（合计）			2,260,225	43,650	1.93%	￥26,887.40	￥0.62

图 6.19　点击率

有些关键词的点击率就是高，因此选词十分重要。如何找到点击率高的词，可参看第 5 章"直通车选词选款"。

6.4.3　附加因素

如果想要提高点击率，在选择推广宝贝时，尽量选择销量高，价格有优势，有知名度的品牌货，点击率自然就上去了。

6.5 案例分享

案例：某韩版女装店铺直通车优化分析

　　某家主打韩版女装类目的店铺，偏韩版小清新风格，款式较为大众，单价较低。在未做直通车的数据分析之前，掌柜一直强调是由于店铺中过于大众化的产品导致转化率偏低，进而造成直通车数据较差。现在我们针对其直通车推广的数据，来找找具体的原因以及相应的优化方法。

1. 店铺存在问题

　　我们先来看看该店铺 8 月份的直通车推广数据，如图 6.20 所示。

花费	点击量	平均点击花费	三天成交金额	三天成交笔数	三天收藏量	三天点击转化率
122,464.09	111,868	1.09	99,135.98	1,571	5,858	1.40
（元）	（次）	（元）	（元）	（笔）	（次）	（%）

关键词转化数据简报（2016-8-1至2016-8-31）

图 6.20　直通车推广数据

　　从这张简单的数据截图当中可以看出：月点击量在 11 万，平均每天点击量在三四个。PPC 也在 1 元左右，相当于每天花费 4000 元左右，ROI 不到 1:1，点击转化率 1.4%，收藏成本为 20.9 元。

　　从基本数据可以看出该店铺主要存在 3 大问题：

　　（1）PPC

　　该店铺 PPC 需要 1.09 元，在日投入三四千元的情况下这个数据其实还是有降低空间的。有人会问，为什么价格做到 1 元还算高？主要原因有二：第一，首先女装类目的 PPC 本来就不高；第二，在点击量这么高的情况下，首先要做的是优化点击率，提升质量得分，降低 PPC。

　　（2）转化率

　　转化率应该是该店直通车操作中最严重的问题，但是店铺掌柜却一直将原因归咎于产品本身，而忽视了直通车的精准性，所以接下来的优化也看重在提高转化率上。

　　（3）客单价

　　客单价虽然不能从推广数据当中直接看出，但是可以通过"成交金额 / 成交笔数"计算得出直通车成交的客单价为 63 元。客单价直接影响到投入产出比，也就是常说的流量价值。每一个流量带来的产出提升了，ROI 自然提升。

　　由以上数据可以总结得出，目前店铺存在的主要问题是：流量基数较大，但不精准，导致投入产出不成正比。优化方向：在保证原有流量的基础上，提高转化，降低 PPC，提高投入产出比。

2. 优化步骤详情

（1）第一步：选款

目前店铺主推宝贝是一件针织开衫，价位中等，如图 6.21 所示。此宝贝的优势在于受众面很广，劣势也在于受众面过广面临激烈竞争。这类产品一般销量提升多且快，由于买家的从众心理，所以推广好的前提是转化率要高，在同类同价位产品中要有购买转化优势。该宝贝的整体拍摄视觉还不错，能够抓住买家眼球。目前该宝贝的月销量大约在 3700，属于小爆款范围。

此款宝贝在该店铺中流量占比大，但是由于单价相对较低，所以导致 ROI 也较低。由于该宝贝已经形成了小爆款规模，对店铺的影响明显，所以我们选择继续推广该爆款。那么如何拉升客单价呢？唯一可以做的就是选择单价稍微高一点的商品做辅助推广，但是单价不易太高，因为 69 元的爆款单价决定了商品的受众群体。正所谓"价格的作用是把目标人群集中在一起"，我们集中了很大一批消费水平在 69 元左右的顾客，却去推一款 168 元的商品，显然毫无意义，但是又想提高客单价，所以在选择推广宝贝的时候一定要注意商品价格。在众多稍高于这款单品价格的商品中，我们选出 3 款通过直通车进行点击和转化测试，计算出利润率和转化率等指标，最终选定如图 6.22 所示的这款宝贝作为辅助推广宝贝。

¥69.00 包邮　　　　3696人收货

韩版宽松长袖防晒衣女2017夏季新款
冰丝针织开衫薄款空调衫外套潮

图 6.21　主推款

¥79.00 包邮　　　　482人收货

白色外搭防晒衫冰丝针织开衫女夏季
小披肩薄款超薄外套短款七分袖

图 6.22　辅助款

这款商品一经推出也在短时间内见到成效。刚推出就成交了 482 件，俨然已经是小爆款，等其之后再发力，必将形成一个新的大爆款。但由于主要成交量目前还是在之前推广的宝贝上，所以客单价只是小幅度上涨，等这个宝贝起量后肯定会慢慢提升。

（2）第二步：选词

选词策略需要根据店铺的具体情况来做判断，这里主要针对以上优化方向做出调整。即从词的精准性方面着手，首先看下店铺原有的转化关键词，如图 6.23 所示。

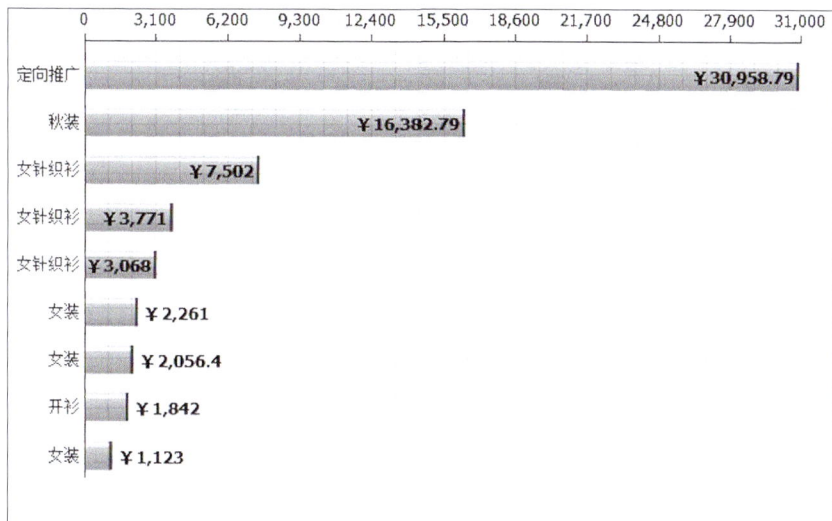

图 6.23 原有的转化关键词

　　成交的词主要来自于大词和定向推广的计划，这样的情况存在的主要问题在于转化率低、竞价高，这一点毋庸置疑。大家都知道"女装"和"开衫"这些词，流量很大，但是竞争也很激烈，转化率也较低。考虑到女性消费者的购物习惯，不一定非得放在前面，放到后面也会有流量，而且流量也是可观的，硬要放到前面去，就会导致整体投入产出比不到 1 : 1，直通车亏了血本。

　　在制造爆款初期，大词可以快速提升流量，但是转化率相对较低。当宝贝销量有了一定基数的时候，就要采取另一种策略：让流量精准化来提高转化率，并且降低 PPC。

　　首先关键词要进行大换血，降低原来主要流量来源的"女装""开衫"等大词出价，把这部分推广预算用于精准关键词的投放上。在拖后排名的同时，大词的流量势必要降低。怎样解决这个问题也是个关键。我们以行业搜索和成交比较好的属性词为核心，搜索相关关键词，加入更多的精准关键词来弥补大词损失的流量。这样在保证流量的基础上，才能提高精准流量的占比，其主要目的是减少高价泛词的推广预算，降低 PPC，并且长尾词的优点即众所周知的流量精准性强，转化率也会随之上升。

　　总之，在对直通车进行推广优化时，首先目的要明确，从现有直通车数据着手分析店铺的投放瓶颈。有的直通车推广是为了提高流量，有的直通车推广是为了增加利润，有的直通车推广是为了提高 ROI，在不同的阶段应该做不同的考虑。

　　然后对症下药，分析出现数据缺陷的各种可能性，不要只停留在表面数据上。案例中这个店铺之前转化率低，掌柜只考虑到可能是产品各方面的问题，而忽略直通车选词本身的问题。

→ 本章总结

- 直通车推广优化常用的术语及名词解释：展现量、ROI、CTR 等。
- 直通车推广优化常见的问题：无展现或展现少、无点击或点击少、有点击无转化等。
- 影响质量得分的因素以及优化方法。
- 影响点击率的因素以及优化方法。

通过本章的学习，相信大家对直通车的推广优化有了更进一步的认识，为了早日实现你的直通车推广高手梦，快快去统计直通车相关的数据，尝试做推广优化吧！

→ 本章作业

1. 简述直通车推广中无展现或展现少的原因以及解决方法。
2. 简述直通车推广中无点击或点击少的原因以及解决方法。
3. 简述影响质量得分的因素以及优化方法。
4. 简述影响点击率的因素以及优化方法。
5. 请登录课工场，按要求完成预习作业。

第 7 章

钻展基础设置

技能目标

❖ 了解什么是钻展
❖ 掌握如何完成钻展计划的投放
❖ 能够判断店铺是否适合钻展推广
❖ 掌握新店钻展的推广技巧

本章导读

　　钻石展位（以下简称钻展）推广是一种按照展现付费的推广模式，相对直通车按点击付费推广费用的高涨，钻展这种按展现付费推广的方式在价格上有了明显的优势。以前只有大卖家才用得起的、动辄日耗上万元的图片展示广告，也逐渐被中小卖家作为必备引流手段广泛使用。尤其是在阿里大数据日臻完善的今天，钻展通过精准定向的核心，精准锁定目标顾客人群，实现全网高效精准的大数据营销。

　　本章将主要介绍钻展推广工具的功能和推广计划的投放，以及如何快速判断店铺是否适合钻展推广。通过对本章内容的学习，你将对钻展这种定向推广方式有一个全面准确的认识，并能掌握基础的钻展广告投放操作，为玩转钻展营销打好基础。

第7章 钻展基础设置
- 全网打尽的图片广告
- 钻展推广介绍
  - 钻展的基本原理
    - 钻展展现逻辑
    - 钻展定向原理
    - 钻展扣费原理
  - 钻展的广告形式
    - 展示广告
    - 移动广告
    - 视频广告
    - 明星店铺
  - 钻展的准入条件
  - 钻展的开通流程
    - 报名
    - 考试
    - 等待审核
- 钻展的投放设置
  - 资源位介绍
    - 重点资源位
    - 如何选择优质资源位
  - 创意制作
    - 如何快速制作创意
    - 优质创意速成秘诀
  - 淘积木落地页
    - 新建页面
    - 编辑页面
    - 保存和发布
    - 与创意关联
  - 创建推广计划
    - 选择营销目标
    - 设置推广计划
    - 设置推广单元
    - 添加创意
- 快速判断店铺是否适合钻展推广
  - 热门问题解答
    - 钻展费钱吗
    - 什么影响钻展的效果
    - 钻展推广能加权吗
    - 钻展的转化率不高会影响宝贝权重吗
    - 钻展和直通车有什么区别
  - 如何快速判断店铺是否适合钻展推广
    - 适合开展推广的店铺
    - 不适合开展推广的店铺
- 案例分享 新手玩转钻展投放

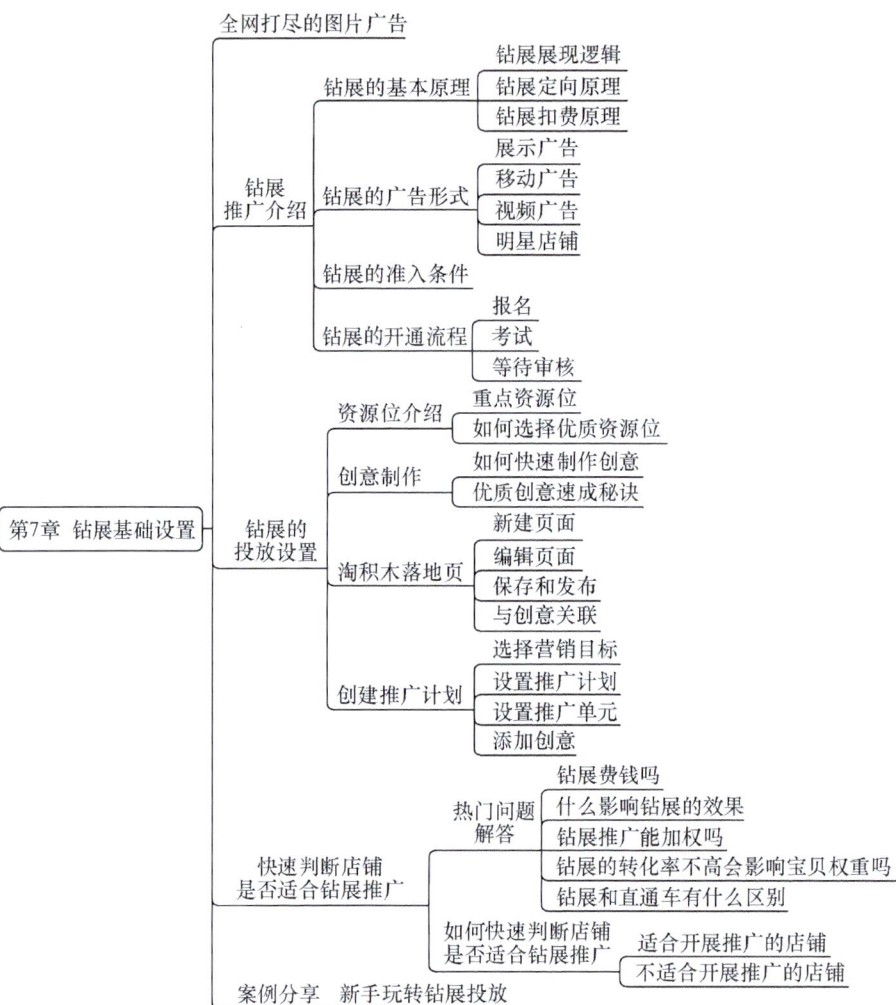

7.1 全网打尽的图片广告

在我们生活的这个世界，充满了各种各样的广告。在广袤的农村，很多道路的红砖墙上都印着"生活要想好，赶紧上淘宝""养猪致富铺马路，发家致富靠百度""发家致富靠劳动，勤俭持家靠京东"等不同互联网公司的宣传语，这就是常说的刷墙广告。在通往城市的高速路上，随处可见各种大型的户外广告牌，这些广告牌绝非是千篇一律的，而是极具地方特色的，如当地的支柱产品、旅游产品、汽车 4S 店的广告，等等，就像各地的风俗一样，很难在两个地市看到相同的广告。

进入到了城市，没有了田园的乡土气息和宁静，面对的是繁华的喧嚣世界。无论是公交站还是地铁站，都有着各种各样绚丽的灯箱广告。时刻提醒着你，京东"6.18 大促"又要开始了，小米手机又出新品啦，美国大片又要上映了。这些广告就如同这座城市的生活节奏，变化极快，它们尽量地去挖掘从它们面前匆匆路过的繁忙人们的需求：该下单抢好货了，又可以换个带双摄像头的手机了，周末可以去星美影城感受下速度与激情的刺激了。

除了农村的刷墙广告、高速路上的户外广告、城市里的灯箱广告之外，我们每天还要主动和被动阅读无数的广告。只是这些广告隐藏得更深，分布得更广。在你浏览新浪微博时，在你阅读今日头条时，在你刷朋友圈时，不经意间会有很多橱窗式的图片内容出现在你的页面里，有的是你最近需要的服务，有的是你最近收藏加购过的产品。你对它们的出现感到意外却并不反感，因为你确实需要。它们就是无处不在、全网打尽的互联网图片广告。

如图 7.1 所示就是淘宝卖家在今日头条 App 上投放的图片广告。图片广告将要表达的意图框定在某一景象的静止瞬间，以其造型的直观性、色彩的真实性、光影的对比性而具有可读性强、可视性高，容易获得认同等特点。图片广告既有其艺术的共性，又有其商业的个性，更有其视觉传播的特性，并作为视觉语言让人不假思索地接受。更重要的是，它是借助阿里大数据精准定向的广告，可实现全网高效、精准的数字化营销。

图 7.1　今日头条广告

7.2 钻展推广介绍

淘宝天猫的卖家要想利用图片广告做好全网精准营销，就离不开钻展。钻展是面向全网精准流量实时竞价的展示推广平台，支持按展现收费（CPM）和按点击收费（CPC），以精准定向为核心，为卖家提供精准定向、创意策略、效果监测、数据分析等一站式全网推广投放解决方案，帮助卖家实现全网精准的广告投放。

7.2.1 钻展的基本原理

钻展的核心是精准定向，加入钻展的卖家可以"获取全网精准流量，包括淘宝网首页、天猫首页和移动端等站内资源位和各大视频、门户、社区网站等全网优质流量资源；精准定向目标人群，通过群体定向、访客定向、兴趣点定向和DMP定向等多种定向方式，圈定目标客户，精准展现广告。实现数据分析、效果监控：全网大数据让你投放有理有据，全面效果监测让你随时了解投放效果，及时调整投放策略；达成营销目标，不论是需要在短时间内为店铺营销活动和销量引流，还是需要面向目标客户积累多次品牌印象，提升品牌价值，都可以通过钻展丰富的展现形式实现。"

1. 钻展展现逻辑

钻展推广按照出价顺序高低展现在站内站外。系统将各时间段的出价，按照竞价高低进行排名，价高者优先展现，出价最高的预算消耗完后，轮到下一位，以此类推，直到该小时流量全部消耗完，排在后面的将无法展现，如图7.2所示。

广告展示的优先权——价高者得（但不要盲目出价）

购买到流量计算公式：**预算/CPM单价*1000=买到流量数**

客户	CPM 每千次展示出价	预算	购买到PV	展示顺序
A	5元	500	10W	2
B	3元	1000	33W	3
C	7元	800	11W	1
D	2元	3000	150W	4

C客户预估购买的PV数：800/7*1000≈11w
A客户预估购买的PV数：500/5*1000≈10w
....

图 7.2　钻展展现逻辑

卖家能获得的总流量＝总预算÷CPM千次展现单价×1000。在同样的预算下，千次展现单价越高，获得的流量反而越少，因此我们需要在保证出价能展现的基础上，合理竞价。

2. 钻展定向原理

如图7.3所示，每个访问淘宝的访客，都会有搜索、浏览、收藏、购买等各种行为，淘宝系统会根据这些行为为访客打上各种标签。如一个访客在淘宝上经常购买美白面膜，那么就会为她打上"美白面膜""女性"等标签。

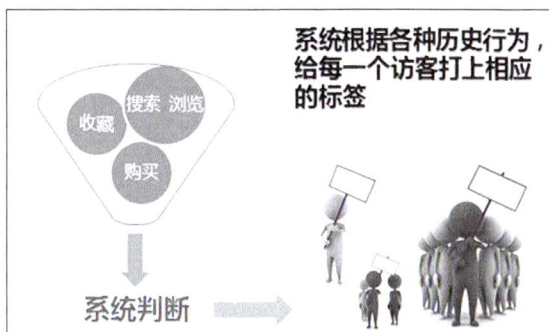

系统根据各种历史行为，给每一个访客打上相应的标签

图 7.3　钻展定向原理

在设置定向时，我们可以通过钻展系统来圈定这些已打上标签的人群，从而实现只把我们的广告创意展现给这部分访客的目的。因此，每个行为不同的访客，在同一时间打开钻展的广告位，看到的广告都是不一样的。通过合理定向，可以把你的广告展现给你想要的人群，获得精准的流量和高效的广告效果。

3. 钻展扣费原理

钻石展位支持按展现收费（CPM）和按点击收费（CPC）两种扣费模式。

（1）按展现收费（CPM）——精准化圈定人群

按照 CPM 竞价收费，即按照每千次展现收费，点击不收费。按照竞价高低进行排名，价高者优先展现。

假如你出价 6 元，那么你的广告被访客观看 1000 次将收取 6 元。

钻展系统会自动统计展现次数，并在钻展后台报表中给予反馈，不满 1000 次的展现，系统会自动折算收费。

实际扣费 = 按照下一名 CPM 结算价格 +0.1 元。实际上你的钻展扣费永远都是小于或等于你的出价的。

（2）按点击收费（CPC）——点击成本可控

按照 CPC 竞价收费，即展现免费，点击收费。点击付费投放模式下将把"点击出价"折算成"千次展现的价格"。折算后的 CPM 出价与其他商家进行竞争，价格高的优先展示。

公式：CPM=CPC×CTR×1000

CPC 是你自己在后台设置的出价，CTR 即点击率，是一个系统预估值，受多种因素影响，主要影响因素有：资源位、定向、创意，系统会参考卖家历史投放数据，若为新卖家且从未投放过钻展，系统则会参考此类目同一级别相关店铺的数据。其中在创意上，建议商家使用之前投放过 CPM 且点击率比较好的创意，来提升预估 CTR。

竞价成功后，按照下一名 CPM 结算价格 +0.1 元作为实际扣费的 CPM 价格，根据

Chapter 7

公式换算成点击扣费 CPC。即根据公式 CPM=CPC*CTR*1000，推算出 CPC=CPM/1000/CTR。

举例：卖家 A 设置的"点击出价"是 0.8 元，预估 CTR 是 5%，参与竞价的 CPM=CPC*CTR*1000=0.8*5%*1000=40 元。也就是说，用点击付费模式设置的出价是 0.8 元，实际是以 40 元的 CPM 参与竞价，最后根据 CPM 出价高低进行展现排序。

假设下一名的结算价格为 29.9 元，卖家 A 投放结算的 CPM 价格即为 29.9+0.1=30 元。再利用实际扣费的 CPM 价格，换算出实际扣费 CPC=30/1000/5%=0.6 元，数据报表里的点击单价则显示为 0.6 元。

7.2.2　钻展的广告形式

了解完钻展和它的基本原理之后，我们还需要了解一下具体的钻展广告形式，以便于全面地应用钻展推广。钻展的广告形式主要分为展示广告、移动广告、视频广告和明星店铺。

1．展示广告

展示广告是钻展最为基本的、应用最为广泛的以图片为展现形式的定向推广广告。展示广告的优势，主要体现在以下几个方面。

① 超大流量：覆盖全国 80% 以上的网购人群，淘宝内外几十亿的海量流量。

② 精准定向：提供多种精准定向方式，锁定目标人群。

③ 出价灵活：支持展现付费（CPM）和点击付费（CPC），流量更精准，成本更可控。

④ 一键推广：日常销售，活动营销，维护老顾客，引入新顾客等不同场景定制个性化营销策略，提升推广效果。

⑤ 高效创意：千套模板多维推荐，轻松打造优质创意，系统智能择优投放，测图测款全程托管。

⑥ 精准优化：报表界面数据清晰明了，粒度诊断，为你量身打造优化方案。

2．移动广告

移动广告是通过移动设备（手机、平板电脑等）访问 App 或网页时显示的广告，形式包括图片、文字链、音频等。移动广告突破了电视、报纸等传统广告的覆盖范围，在受众人数上有了很大超越，并且移动广告可以根据用户的属性和访问环境，将广告直接推送至用户的手机上，传播更加精准。

平时我们在优酷、爱奇艺等视频网站上观看电视剧或综艺节目时，片头片尾的视频广告就是钻展的移动广告，点击广告会跳转到天猫的购物页面。移动广告的优势在于移动设备使用者众多、流量大、全天候 24 小时精准覆盖移动用户。

3．视频广告

视频广告是钻石展位为获取高端流量打造的品牌宣传类商业产品。广告商可以通过视频广告，在视频播放开始或结束时展现品牌宣传类视频，如图 7.4 所示。视频广告具有曝光环境一流、广告展现力一流等优势，再配合钻石展位提供的视频主题定向，能够获取到更精准的视频流量。

图 7.4　视频广告

4. 明星店铺

明星店铺是钻石展位的增值营销服务，按千次展现计费，仅向部分钻石展位用户开放。开通明星店铺服务之后，可以对推广信息设置关键词和出价，当有用户在淘宝网宝贝搜索框中输入特定关键词时，你的推广信息将有机会在搜索结果页最上方的位置获得展现，在进行品牌曝光的同时赢得转化。

举例：当我们在淘宝 PC 端、移动端或 UC 浏览器神马搜索"茵曼"这个关键词时，搜索结果页最上方的位置会展示茵曼旗舰店的广告，如图 7.5 所示。

图 7.5　明星店铺

7.2.3　钻展的准入条件

钻展作为一种全网投放的付费推广方式，要求非常严格。对于淘宝和天猫店铺在资质上的要求也有所差异。

无论是淘宝还是天猫，要想开通钻展，主营类目必须在钻展支持投放的主营类目范围内；另外在没有违反《淘宝规则》的前提下，对淘宝店铺一般会有信誉等级和动态评分的要求；天猫店铺只要未违反《天猫规则》，动态评分达标即可开通钻展。

开通钻展的准入条件官方会根据需要不定时更新，请关注相应的官方规则动态。

> **注意**
>
> 　　药品、医疗器械、成人用品、保健食品等不可以进行钻展推广；运动户外、家装建材、珠宝饰品、数码电器及虚拟商品等类目只开放天猫店铺推广，不支持淘宝店铺推广。

7.2.4　钻展的开通流程

钻石展位开通流程分为 3 步：报名，考试，等待审核。

第一步：报名。

报名入口：http://zuanshi.taobao.com。在页面最下方，点击"报名"即可。

如果报名成功，即提示请参加考试；如果报名不成功，系统会给出具体拒绝原因，可改正以后继续报名。

第二步：考试。

在报名成功以后，请参加考试，考试 70 分及格，考试不及格，报名不成功。

第三步：等待审核。

隔周的周一，考试成绩合格并且审核通过的掌柜将会开通钻石展位权限，审核不通过的掌柜则不能开通。通过的账号可以使用淘宝账号登录，查看钻石展位服务系统；第一次充值需要大于等于 300 元，后期续费充值需要大于等于 200 元。钻展单次充值上限是 50 万元。

钻展的开通流程和充值金额也会随着淘宝规则的变化而改变，具体请以官方规则为准。

7.3　钻展的投放设置

在成功开通钻展之后，我们就可以进入到钻展广告投放工作中了。不过钻展广告的投放涉及站内站外的无数个橱窗广告位。每个广告位的规格都不一样，就像实体店铺，门脸大小不同，悬挂的招牌大小也不一样，需要量身定做。另外，钻展广告的创意图片只有通过淘宝小二的审核后，才能成功实现广告投放。

那开通钻展后，是先新建计划再提交创意，还是先提交创意再新建计划？

其实有两种方法：

① 先提交创意审核，审核通过后在计划管理页面新建营销计划—设置定向—添加资源位—添加审核通过的创意进行投放；

② 直接新建计划，在计划管理页面新建营销计划—设置定向—添加资源位—添加创意（选择本地），计划完成后创意为待审核状态，审核通过后即可投放。

为了保证钻展计划的及时投放，建议提前制作好创意提交审核，通过后再创建推广计划。

所以在创建钻展计划前，我们需要先学习资源位和创意图。

7.3.1　资源位介绍

资源位是钻展投放的一个专有名词，通俗来讲，资源位就是展示位，即网页上包含图片、文字、视频等信息的固定尺寸的展示区域。

1. 钻展的资源位

钻展的重点资源位可以分为三大类：站外优质资源位、站内优质资源位和无线资源位。

① 站外作为全网流量的重要来源之一，对于钻石展位和全网营销来说都有着重要的意义。凤凰网、新浪微博、优酷网和网易网是站外优质流量的四大阵地。

凤凰网日均覆盖用户数（UV）超过 3400 万，月度覆盖用户数超 2.6 亿，一直稳居中国第四大门户网站。凤凰网用户的月均收入、家庭经济状况、受教育程度、管理层和专业人员的比例、单个访问者浏览的页面 PV/UV 比、日均有效浏览时间等指标在中国互联网门户网站中均处于领先水平。

新浪微博是国内首家类 Twitter 网站，以微博客形式进行社交信息传递。作为互联网 2.0 时代的象征性产品，其流量覆盖 PC、手机两个领域，是一种社会化信息平台，是人们日常生活、娱乐的一部分。

优酷网稳居视频行业网站 TOP1，日均 PV 亿万级，占视频行业市场份额的 70%。

网易是中国领先的互联网技术公司，在开发互联网应用、服务及其他技术方面，网易始终处于国内业界的领先地位。其免费邮箱市场占有率名列榜首，用户黏度大。

② 站内优质资源位流量优质，点击率和转化率都非常好。

站内 _PC_ 网上购物 _ 淘宝首页焦点图 2、图 3、图 4 均是日均流量超 5000 万，点击率超 2% 的优质资源位。站内 _PC_ 网上购物 _ 淘宝首页焦点图右侧 Banner 二是日均流量超 2500 万，点击率超 1.5% 的优质资源位。

③ 无线资源位，虽然移动端资源位数量非常有限，但是流量巨大。无线 _ 网上购物 _App_ 淘宝首页焦点图日均流量超 3 亿，点击率高达 8%。

有一家专门卖手表的企业店铺，主营价格 200 ～ 600 元的男士腕表。在开始钻展推广的时候选择的是凤凰网上的资源位，点击率不错，可是成交一般。经过访客人群画像分析，发现未成交的访客基本都属于 1000 元以上的高消费人群。于是改成在新浪微博和优酷网上投放钻展广告，由于这两个网站的访客以年轻人为主，消费层级也和店铺产品相符，成交量有了显著提升。

2. 如何选择优质资源位

俗话说得好，选择不对努力白费。选择好的资源位是操作钻展时制胜的前提。先选择好要投放的资源位，才能按照尺寸要求制作相应的创意，这是开始钻展的第一步。

如图 7.6 所示,钻展所有的资源位都可以在"资源位—资源位列表"下面查看。选择资源位最主要看两点:日均可竞流量和点击率(CTR)。寻找 CTR 高且日均展现也较高的展位,可以加入收藏,进行投放测试,如果效果不错再进行长期投放。

选择优质资源位分为两个步骤:选择资源位、查看资源位信息。

(1)选择资源位

首先选择站内的资源位,即名称带有"网上购物"的资源位。该类资源位少而精,预算不大的话投放的资源位数量不要超过 5 个。

具体的操作方法:首先勾选"网上购物",然后查看行业数据并勾选"本行业",按照综合推荐指数排序,最后选择排名靠前的资源位。钻展系统可根据可竞流量、点击成本、千次展现成本和竞争热度等多个数据维度按照最适合你的行业的资源位进行排序。

(2)查看资源位信息

在每个资源位中可以查看媒体信息、创意要求以及日均展现量、点击率等数据。如图 7.7 所示,需要特别注意资源位可以投放的广告主类型、类目限制和创意等级,以及是否仅限淘宝网店铺投放、是否仅限个别类目、创意等级是否需要一级等。

图 7.6　资源位列表　　　　　　　　图 7.7　资源位信息

关于创意分级,其实是指钻展根据每个媒体广告位的不同要求,将卖家提交的创意区分为不同的等级(目前 1 ~ 4 级),以便匹配投放对应的资源位。卖家可以在创意通过审核后进行查看。

> **注意**
>
> 有不少卖家选择了自己中意的资源位投放后,却一直都没有流量,很可能是不符合资源位的投放要求。比如,因为选择的创意等级不符合该资源位"一级创意"的要求。

以上就是选择优质资源的基本方法。对于钻展新手，如果不知道应该怎么选择资源位，可参考图 7.8，推荐的几个流量充足、点击率相对较高、投放性价比较高的资源位来选择。

广告位名称	尺寸	推荐理由
无线_网上购物_App_淘宝首页焦点图2	640×200	流量充足、效果好、钻展最黄金的资源位
无线_网上购物_App_淘宝首页焦点图2	640×200	
PC_网上购物_淘宝首页焦点图2	520×280	
PC_网上购物_淘宝首页焦点图3	520×280	
PC_网上购物_淘宝首页焦点图4	520×280	
PC_网上购物_淘宝首页焦点图右侧banner二	170×200	流量充足、价格相对较低、性价比高
PC_网上购物_淘宝首页3屏通栏大banner	375×130	
PC_网上购物_阿里旺旺_弹窗焦点图2	168×175	

图 7.8　新手资源位

小周经营的男包店铺从来没有开通过钻展，不知道该如何选择资源位进行广告投放。经过同行高手的指点，小周选择了转化高、流量大的站内无线资源位——无线 _ 网上购物 _App_ 淘宝首页焦点图，只定向和自己产品相关的男性群体，获得了不错的引流和转化效果。

7.3.2　创意制作

如果说选择优质资源位是做好钻展推广的第一步，创意制作就是做好钻展推广的第二步。

大概是淘宝平台不想把付费广告讲得太过直白，于是给展现在各个资源位上的各种广告图片起了一个非常好听的名字，美其名曰"创意"。其实这里的创意是指通过图片制作软件，比如 Photoshop 设计出的放置在网页上的图片，以给访问者视觉印象，传达店铺理念、产品及品牌等信息。相对于淘宝客、直通车，钻展更依赖于创意，所以创意的制作对于推广至关重要。

1. 如何快速制作创意

以前钻展投放有着很高的门槛，只有那些财大气粗的大卖家，依靠自己或者外包的设计师，付出很高的代价制作出优质的广告创意，才能玩好钻展。现在囊中羞涩的中小卖家也可以快速制作出质量不错的创意，他们依靠的就是钻展后台的"创意模板库"。

创意模板库内提供多套高点击率创意模板，一步就可以轻松制作出优秀创意。另外，部分资源位还有特殊制作要求（如部分信息流资源位），务必使用模板制作。

操作步骤：首先进入创意模板库，找到所需模板，然后在线编辑素材内容，完成制作并上传提交审核。

① 如图 7.9 所示，可以根据需求进行尺寸、类目、场景、风格等的筛选，再根据自己推广的目的，选择模板。

比如小武的店铺是卖女装的，店内的一款牛仔裙成功报名了淘抢购活动，在选择创意模板时，类目选择"女装"，营销场景选择"促销"，构图选择"单品构图"，设备选择"无线设备"，这就完全符合了小武参加无线单品促销活动的条件。

图 7.9　创意模板筛选

对于喜欢的模板可以收藏，方便后续快速找到自己需要的模板。

② 点击"开始制作"，根据投放资源位尺寸的要求进行尺寸的筛选，确定好尺寸后开始进行创意编辑。首先点击宝贝图片进行更换，图片支持自由移动、翻转等，然后点击文案进行编辑，最后调整背景色，LOGO 可根据自己的需求进行更换或者关闭。这样只需要编辑一次就可以设计出多张不同尺寸的创意，非常高效。

③ 编辑完成后进行下一步基础信息的填写，其中 PC 连接、无线连接形式必须填对，否则无法保存。保存后等待审核，此时多个尺寸的创意是一个包的形式，点击"查看全部尺寸"可以看到包里各种尺寸创意的审核状态。

创意审核通过后，就可以顺利地进行钻展计划的创建了。由于创意模板库中有大量优秀的创意模板、专用模板、活动模板，所以大部分中小卖家都会首选创意模板库进行创意制作。

2．优质创意速成秘诀

对于中小卖家来说，没有美工快速搞定一张钻展创意图似乎是不可能完成的任务。尤其是天猫首页焦点图 Banner，会对创意有一些特定的、更为严格的规范要求，卖家制作的创意需要完全符合规范才能审核通过。其中一条是背景必须保证是规定的颜色。如何统一背景？可以通过抠底图来实现。抠底图，就是将宝贝主体从原始的宝贝图中分离出一张背景透明的宝贝图。如图 7.10 所示，钻展后台创意模块中又新增一款抠图利器，可一键搞定天猫首页焦点图。

图 7.10　抠图模板

为了提高卖家的创意审核通过率和创意制作效率，钻展将 PC 天猫首页焦点图、PC 淘宝首页焦点图右侧 banner 二的规范，制作成创意模板。卖家只需要准备好一张干净的宝贝图，想好推广文案，即可快速生成一张或多张创意。除了天猫首页焦点图，也支持 PC 淘宝首页焦点图右侧 banner 二、淘宝 PC 首页焦点图、淘宝无线首页焦点图等资源位。

一键抠图，创意快捷制作的步骤如下。

① 在钻展后台创意模块中找到"智能抠图创意"，选择需要推广的宝贝，系统会自动抓取该宝贝下的宝贝图与文案。

② 选择一张干净的宝贝图，系统会自动抠图。图片需要是一张白底图或者背景干净的棚拍图。为了避免创意被拒绝，尽量不要上传街拍图和商品主体被遮盖的图片。

③ 编辑符合创意的文案。

④ 勾选心仪的创意，在页面右下角点击"一键保存"。

非常简单的 4 个步骤，就能快速搞定一张首页焦点图，连抠图的花费都省掉了。小王的店铺经营男裤，就是发现了钻展后台"智能抠图创意"这个新鲜"玩意儿"，轻松把纯色背景的男裤模特图做成了漂亮的钻展创意。把创意尺寸缩放到 600 像素左右，还可以插入到无线详情页，当作宝贝促销海报，效果也相当好。

7.3.3　淘积木落地页

投放广告，找到了需要的资源位，制作好与之匹配的创意图，就该考虑落地页的问题了。因为我们投放广告的目的就是为了引流，把流量导引至我们的产品页面。

钻展有专门的一个制作落地页的工具，功能十分强大，它就是"淘积木"，顾名思义，即像搭积木一样简单地创建钻展落地页。

淘积木是面向全网卖家的落地页制作工具，凭借阿里妈妈海量的营销数据和业务团队出色的技术能力，为卖家提供可视化编辑、智能千人千面、品牌传达、海量模板等一站式落地页制作解决方案，帮助卖家实现全链路收藏 / 加购提升、营销诉求表达升级等目标。

在落地页制作方面，淘积木提供了轮播图、倒计时、宝贝组件等丰富的营销组件，同时提供了覆盖多类目的模板，帮助卖家在制作页面的时候实现自由制作、提升效率。同时在钻展后台，上传创意时可以很方便地将淘积木页面链接选中，实现投放计划中创意与落地页最便捷的关联。当创意投放后，依然可以进行再次编辑，发布后实时生效。

使用淘积木快速制作落地页步骤，如图 7.11 所示。

图 7.11　使用淘积木制作落地页流程

1. 新建页面

进入淘积木，点击左侧菜单"我的落地页"，再点击"创建新页面"，然后选择合适的模板，点击"开始制作"，在对话框中输入合适的页面名称。

2. 编辑页面

首先添加合适的组件，然后根据需求编辑组件，最后预览页面，点击"保存"即可完成。

3. 保存和发布

当编辑完成后，可以进行保存。服务器将记录本次编辑的内容，如需修改，可以再次编辑。在保存完对页面全部内容的编辑后，可以进行发布。

4. 与创意关联

发布后的页面需要与创意绑定方可进行投放。在"创意管理"下点击"本地上传"，选择"淘积木链接"选项，选中用于投放的页面即可，如图 7.12 所示。

钻展投放之后，可以在后台查看与淘积木页面关联的创意数据来了解反馈的情况。淘积木落地页

图 7.12　创意关联

是无线钻展投放的超级利器，无论是中小卖家还是大卖家，都十分适用。

如图 7.13 所示，中小卖家比较适合选择页面简洁、背景单一的"大促热卖""店铺上新"和"微淘营销"这样不需要美工制作，就能自行编辑的智能模板。一定要添加优惠券、倒计时这样的模块，增加紧迫感，促进转化。大卖家有自己的美工，在图片设计上占有先天优势，还可以选择"自定义类型"的智能模板，添加"智能宝贝""视频组件"和"互动组件"。智能宝贝可以实时计算展示什么样的信息才能获得最佳的点击率和转化率，视频组件可以搭建营销场景激发买家购买欲，互动组件里的收藏有礼和加购有礼会自动识别买家的相应行为，打开宝箱给买家发放优惠券，促进成交，如图 7.14 所示。

图 7.13　落地页模板

图 7.14　互动组件

7.3.4　创建推广计划

当我们选择好资源位，制作好创意和落地页之后，就真的只是万事俱备只欠东风了。这东风就是创建推广计划。创建钻展推广计划主要分为 4 个步骤：选择营销目标、设置推广计划、设置推广单元、添加创意，最后保存计划，即可轻松搞定钻展推广计划。

1. 选择营销目标

进入"计划"，点击"新建推广计划"。可以选择"全店推广"或"单品推广"。

对于钻展新手，由于对定向圈定人群并不熟悉，比较适合使用"全店日常销售"和"全店拉新"的系统托管计划或系统推荐计划。

对于经验丰富的钻展操盘手，已经对目标人群有了清晰的把控，比较适合使用"全店自定义"和"单品自定义"，自主设置基础出价及定向人群、资源位溢价，满足个性化、多元化的营销需求。

2. 设置推广计划

（1）填写计划名称，选择出价方式、每日预算、投放日期、投放方式

计划名称可根据推广需求命名，便于日后计划管理和查看数据报表。

出价方式分为"按点击付费（CPC）"投放模式和"按千次展现付费（CPM）"投放模式。按点击付费，即按图片单次点击出价，展现不另外付费；按千次展现付费，即按图片千次展现出价，点击不另外付费。

在预算比较充足的条件下，建议选择 CPM 出价；反之则选择 CPC 出价。

投放方式分为尽快投放和均匀投放。尽快投放指当遇到符合定向条件的流量时，计划就会参与竞价，直到计划预算全部消耗完毕。均匀投放则是指系统将预算平均分配到每个小时，每个小时预算用完的时候计划自动暂停，到下一个小时再开启，保证每个小时都有展现。

需要短时间内快速大量引流，比如参加淘抢购活动，适合采用尽快投放。日常的引流则选择均匀投放就好。

（2）地域和投放时段的设置

可以参考自身店铺顾客的成交地域和成交时间高峰来做设置。新店没有相关数据，则需要借助生意参谋的市场行情功能，设置行业成交地域和成交时间高峰。

3. 设置推广单元

一个计划可以添加多个不同的推广单元。在推广单元中，我们需要填写单元名称、设置定向人群、选择投放资源位和设置出价，重点是设置定向人群。

（1）填写单元名称

单元的名称可根据推广宝贝或页面来命名，便于日后管理和数据分析。

（2）设置定向人群

目前钻石展位有类目型定向—高级兴趣点、相似宝贝定向、智能定向、营销场景定向、访客定向、群体定向和通投。

➢ 类目型定向—高级兴趣点：近期对某些购物兴趣点有意向的人群，是旧版兴趣

点定向的升级版。

➢ 相似宝贝定向：近期对指定宝贝的竞品宝贝感兴趣的人群。

➢ 智能定向：系统根据卖家店铺或宝贝为其挑选的优质人群。

➢ 营销场景定向：按用户与店铺之间更细粒度的营销关系划分圈定的人群。

➢ 访客定向：近期访问过某些店铺的人群。输入若干个店铺的旺旺 ID 后，直接定向这些店铺的访客。

➢ 群体定向：对某些一级类目感兴趣的人群。

➢ 通投：不限人群投放。

一般来说定向的精准度为营销场景＞访客＞智能＞相似宝贝＞类目型＞群体＞通投。对于钻展新手，建议重点设置访客定向和营销场景；如果人群圈定的数量比较少，可添加相似宝贝和类目型定向；不建议做群体定向和通投，因其流量不精准，效果差。

（3）选择投放资源位

可以选择已收藏的位置或者直接搜索。

（4）设置出价

参考各个定向上每个资源位的建议出价即可，在投放过程中再按照获取流量多少来调整。

4. 添加创意

从创意库中选择已经审核通过的创意进行添加，保存该推广单元，并且在一个计划中可以创建更多推广单元。

5. 完成

点击"下一步"完成，一个计划就创建完成了。

7.4 快速判断店铺是否适合钻展推广

随着近年来钻展的热度越来越高，"我的店铺到底适不适合开钻展推广？"成为很多卖家都有的疑惑。卖家都认为钻展很费钱，但淘宝又越来越重视钻展，不知道是否应该投钱进去。为了更好地解决卖家们的疑惑，快速判断自身店铺是否适合投放钻展，我们先来解答几个卖家们普遍关心的热门问题。

7.4.1 热门问题解答

1. 钻展费钱吗

如果你有这个疑问，说明你对钻展一无所知。钻展的消耗是由很多因素决定的。其中最主要的因素有定向圈定的人群数量、资源位和出价。在一个流量充足的资源位上，定向足够的人群，出相对于竞争对手较高的价格，并且计划的预算设置得足够高，消耗才会高。不满足这 4 个条件中的任何一个消耗都不会高。所以实际上钻展的消耗是可控的，你既可以每天消耗几十元甚至几元，也可以每天消耗几百万。所以投放钻展不一定就费钱。

2. 什么影响钻展的效果

很多因素都影响钻展的效果，比如：类目、产品、销量、竞争对手、店铺本身基础、视觉、评价、品牌、定向、出价、资源位、创意、时间、季节、促销力度等。做钻展就像做店铺优化一样，每一个因素都要考虑好，任何一个因素考虑不周都得不到最佳的效果。

如果只说一个因素，那就是操盘手。因为对于买家而言，店铺、产品、行业都是确定的，做得好与坏全看钻展操作人员。

如果非要讲几个因素，那就是定向、款式和创意。定向代表着你把广告给谁看，给需要的人最重要。款式代表着你的产品有没有市场，有没有竞争力。创意代表着你能不能正确地展示你的产品并成功吸引买家。

3. 钻展推广能加权吗

钻展推广带来的权重没有直通车的高，但肯定是有权重的，准确点讲更多的是店铺权重。而且这个权重会越来越大，因为作为精准的定向引流工具，钻展越来越被淘宝所重视。

4. 钻展的转化率不高会影响宝贝权重吗

钻展的转化率确实会经常不如直通车和自然搜索高；但也有比直通车和自然搜索高的时候，尤其是在钻展精准定向的情况下。自然搜索权重的转化率目前根本不计算钻展流量的转化率，所以钻展的转化率是不影响宝贝自然搜索权重的。钻展通过精准引流为宝贝带来精准流量，

可以增加店铺/宝贝人气，提升店铺和宝贝权重。

5. 钻展和直通车有什么区别

（1）相同之处

① 都是引流工具，都对店铺人气有助力。

② 有成交都是因为客户有需求。

（2）不同之处

① 直通车是被动搜索，而钻展是主动出击。

② 直通车主要是关键词定向，转化能力强；钻展是人群定向，流量精准，可以抢直接竞争对手的流量，但转化能力稍弱。

③ 直通车转化好是打造爆款的利器，钻展流量大是打造品牌的首选。

④ 直通车需要慢慢优化质量得分，很多小类目流量有限；钻展立即可以操作，流量几乎可以没有上限。

⑤ 全网大型活动的时候，钻展的竞争比直通车还要激烈，变化幅度非常大。

⑥ 钻展创意比直通车对美工的要求更高。

⑦ 钻展创意能发挥的空间更大等。

通过对以上 5 个卖家们普遍关心的热门问题的解答，相信你对钻展的理解一定变得更全面了。接下来就可以介绍快速判断店铺是否适合钻展推广的方法了。

7.4.2　如何快速判断店铺是否适合钻展推广

接下来介绍如何快速判断店铺是否适合钻展推广。

1. 适合开展推广的情况

① 如果你是有实力的品牌商，肯定需要做，比如茵曼旗舰店，大众所熟知的淘品牌，适合钻展推广。

② 如果你要做大型活动，肯定需要做，因为钻展非常适合做活动，而且不需要缓冲期。

③ 如果你是很有格调的店铺，比如生活在左旗舰店，主打天然材质手工制作的个性女装，就适合钻展推广，因为钻展定向十分精准而且回报率高。

④ 如果你预算太多花不出去，也需要做，因为相对于其他渠道的流量，钻展和直通车都是官方力荐的便利、优质、可操作空间大的推广工具。

⑤ 如果你有专业的钻展操盘人才，可以测试 7 天以上，很可能钻展的回报率比直通车还高。

2. 不适合开展推广的情况

① 如果你是新店，而且产品同质化较严重，市场上很容易找到类似的商品。

② 如果你的产品没有任何竞争优势，销量也不高。

③ 如果你的店铺推广预算太少了，直通车推广可能更适合你。

④ 如果你经营的是饰品、家居小件，销量不高的男装、男女鞋、男女包，这几个都是很难做钻展的类目。

⑤ 如果你的产品客单价很高，但是店铺视觉很差、销量很少。

⑥ 如果你做的是全淘宝没有卖家做的产品，没有钻展行业数据，也不适合做钻展推广。

以上是专业钻展操盘手长期积累的经验，非常适合没有投放过钻展的卖家参考。

小李的背包店铺一皇冠了，平时付费推广主要是依靠淘宝客和直通车，直通车每天的预算在 500 元左右。由于店内的背包全部都是帆布材质，质量好，设计也很独特，每月都参加两三次站内的促销活动，月销售额在 15 万元左右。小李早就想开通钻展拉升流量，但始终没有付诸行动。小李该不该开通钻展推广呢？

为了进一步更为严谨地判断小李的店铺是否适合钻展推广，我们需要做一个简单的测试，根据最终的测试结果来判断是否适合进行钻展推广。

在钻展后台建立一个按点击付费（CPC）的计划，设置如下。

① 日预算设置 300 ～ 500 元，暂不超过直通车的单日预算。

② 投放方式选择均匀投放，以测试每个时段的展现反馈。

③ 投放地域选择常用地域，不做地域优化，以免影响自然数据精度。

④ 投放时段选择全选。

⑤ 定向选择智能定向，系统会根据店铺人群特征推荐的优质人群。如果智能定向圈定人数少于 1 万，就选择访客定向，添加人群相关度高的两个店铺旺旺 ID。

⑥ 出价填写建议出价的 1.2 倍，如果没有展现就提高出价，消耗很快就降低出价。

⑦ 创意使用模板库里的行业优秀模板编辑，文案一定要简洁明了、突出卖点。

投放当天观察点击率，第二天观察后台全店推广报表的收藏、加购成本和回报率。结果发现小李的钻展投放加购成本很低，回报率很高，说明他的店铺十分适合钻展推广，可以增设钻展推广专员，增加投放预算、精细化操作以获得更好的推广效果。

当然，如果数据表现很差就停掉钻展，但建议做钻展测试至少持续 1 周，以保证数据的客观性。

7.5　案例分享

钻展在升级为"智钻"即智能的钻展之后，陆续做了很多的升级改革变化，比如：增加了按点击付费，升级了智能定向和兴趣点定向。对此，许多卖家，尤其是刚刚接触钻展的新手，可能会一头雾水，不知从何下手。怎样才能突破钻展第一次的投放，至关重要。在这里分享一个三钻店铺投放钻展的案例。

案例：新手玩转钻展投放

如图 7.15 所示，这是一家三钻店铺，主营潮流童装，月销售额 25 万元，面向的人群比较年轻化，根据店铺定位和产品风格最终确定进行整店推广。

店铺类型 .	店铺等级	类目	月营销额
C店	**三钻**	童装	25万
日均流量	钻展日限额	其他推广方式	
2800	300	**直通车**	

图 7.15　三钻店铺

1. 钻展投放思路

计划投放钻展时，店铺正在做夏款产品上新的预热，这时就需要钻展投放配合店铺做好预热，结合好时间节点做到人群拉新和转化，再配合一些优惠促销活动，提升店铺流量和销量。根据店铺的流量需求和可承受的广告费用，确定日预算 300 元。

2. 钻石展位的选择

在店铺预算有限的情况下，综合日均可竞流量和点击率两个维度分析。我们首先选取流量最大、覆盖人群最广、点击率最高的资源位置进行投放，因为移动端流量大、点击率高，所以我们选择"无线 _ 流量包 _ 网上购物 _ 手淘 App_ 手淘焦点图"，如图 7.16 所示。

资源信息		媒体信息	可裂变尺寸	创意要求	日均可竞流量 ↓↑	点击率 ↓↑
	无线_流量包_网上购物_手淘app_手淘焦点图 广告主类型：淘宝集市商家和天猫商家 可投放类目：不限 创意最低等级 ⑦：一级	淘宝网	-	多尺寸 ① 单张图片	319,762,956	8.94%
	无线_流量包_网上购物_触摸版_爱淘宝焦点图 广告主类型：淘宝集市商家和天猫商家 可投放类目：不限 创意最低等级 ⑦：二级	爱淘宝	-	多尺寸 ① 单张图片	26,066,314	1.28%
	无线_流量包_网上购物_触摸版_淘宝首页焦点图 广告主类型：淘宝集市商家和天猫商家 可投放类目：不限 创意最低等级 ⑦：一级	淘宝网	-	多尺寸 ① 单张图片	8,480,686	1.86%

图 7.16　无线资源位

3．创意图片及落地页面

创意图使用创意模板库中优秀的行业模板编辑即可，注意图片一定要突出 3 个核心：

① 文案主题突出明确；

② 创意图片色彩搭配合理，不宜颜色过多；

③ 排版布局有层次。

4．时间地域的选择

通过分析生意参谋，综合最近 30 天的访客时间段分布，设定投放时间段，周一到周五为早晨 8 点到午夜 24 点，周六周日因为是周末休息故投放时间拖后一个小时，为早晨 9 点到凌晨 1 点，如图 7.17 所示。

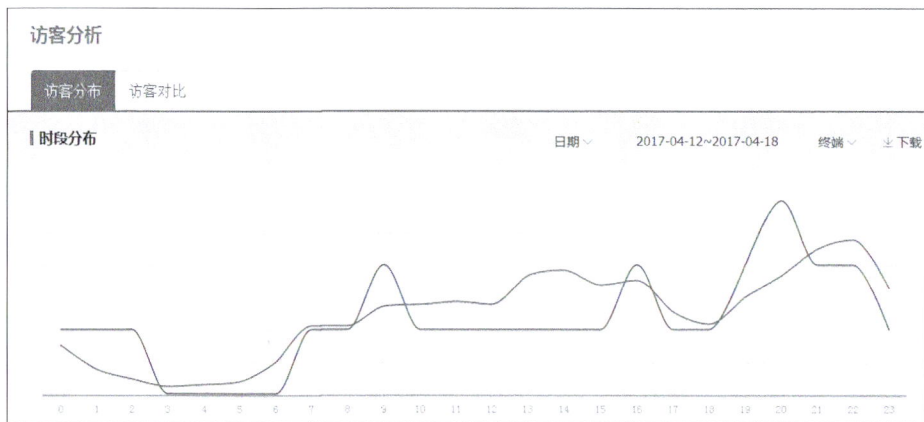

图 7.17　访客分析

如图 7.18 所示，通过生意参谋的地域分布来筛选投放地区，不能简单参考访客的占比，流量大的地区不一定转化效果好，要通过下单买家数量来选择，同时必须参考这些地区的下单转化率，转化率很低的地区就不要去投放了。投放地区以精准为主要原则，投放地域 10 个左右，由于本身预算较少，应把有限的预算花费在效果最好的地区。

地域	访客数	下单转化率
浙江省	164	8.54%
江苏省	76	2.63%
山东省	49	0.00%
广东省	39	0.00%
河南省	37	2.70%
湖北省	36	8.33%
福建省	34	2.94%
上海市	33	0.00%
安徽省	28	3.57%
北京市	24	0.00%

图 7.18　地域分布

5．定向的选取

由于预算有限，我们选择点击成本可控的 CPC 付费方式。考虑到投入产出比，我们选择转化好的访客定向进行圈人。

访客定向主要为拉新客户，培养更多的潜在用户，从竞争对手那里抢流量。自主店铺圈定人数 10 万～ 25 万为最佳，太少没有展现，太多人群不精准。工作的重点就是找出自主添加的店铺。

（1）找自主添加店铺的方法

① 在店铺搜索中搜索自己店铺 ID，找到相似店铺。

② 搜索店铺主推宝贝标题来寻找相似宝贝，找到相似店铺。

③ 通过生意参谋竞争情报筛选竞争店铺。

（2）定向竞争店铺的参考标准

① 宝贝、店铺风格相似。

② 宝贝单价相似。

③ 店铺等级相似。

④ DSR 评分相似。

⑤ 主推的产品销量差别不能太大。

⑥ 店铺现阶段主推的产品相似。

先找到 20 家左右相似的店铺，然后再根据定向竞争店铺的参考标准进行筛选，最终保留 5 ～ 10 家店铺进行访客定向的添加。

6. 出价

访客定向需要根据圈定人数的不同出价做调整，第一次出价大于市场平均价格的 20%，投放 1 个小时左右，观察计划的消耗情况，消耗快的降低价格，消耗慢的提高出价。

只要把握好以上 6 点，新手投放钻展也并非一件难事了，只要明确推广的目的，勇敢迈出第一步，及时总结经验做出调整，就一定可以做好钻展的投放。

➜ 本章总结

- 钻展的基本原理：按展现付费的精准定向广告。
- 钻展的准入条件及开通流程：报名，考试，审核。
- 如何选择优质资源位，主要看日均可竞流量和点击率。
- 如何快速制作创意及一键搞定天猫首页焦点图。
- 使用淘积木快速制作落地页。
- 新建推广计划的具体流程：选择营销目标，设置推广计划，设置推广单元，添加创意。
- 如何快速判断店铺是否适合钻展推广。
- 新手如何玩转钻展推广。

通过本章的学习，相信大家对钻展推广已经有了一个全面的了解，登录淘宝卖家中心，进入钻石展位推广平台，从资源位、创意、淘积木开始熟悉后台功能，开启你的钻展推广之门吧！

➜ 本章作业

1. 简述钻展的定向原理。
2. 简述钻展的重点资源位。
3. 简述如何选择优质资源位。
4. 简述使用淘积木制作落地页的步骤。
5. 简述如何判断店铺是否适合钻展推广。
6. 登录课工场，按要求完成预习作业。

第 8 章

钻展创意营销

技能目标

❖ 了解创意规划的内容
❖ 知晓创意排版和文案编写技巧
❖ 明确不同类目素材选择的特点
❖ 掌握创意图的测试方法

本章导读

很多新手卖家投放钻展一段时间后，会发现自己的推广效果非常令人失望。没有像传说中那样引入大量的新顾客，也没有实现预期的销售增长。于是就陷入迷茫之中，问题出在了哪里？又该从哪里下手来走出推广不力的困境呢？

本章将主要介绍钻展推广中最重要的核心因素之一：创意。如何做好创意，提升点击率，实现大量引流？通过对本章的学习，你将对钻石展位创意规划和制作技巧有一个全面且深刻的认识，并能通过对经典案例的学习掌握玩转优秀创意的不同方法。

```
                              钻展投放后的烦恼
                                              对创意的理解及推广定位
                                     创意规划  创意排版
                                              文案编写
                                              女装类目
                                   创意素材的选择 运动类目
                                              家电类目
                      玩转钻度创意               季节型创意
                                   时效性创意的制作 节日型创意
第8章 钻展创意营销                                时事型创意
                                   创意点击率达到10%的秘诀
                                              准备两张同尺寸的创意图
                                              选择测试的展位
                                   创意图测试   定向目标人群
                                              出价
                                              投放地域和时段
                      案例分享    如何用一张宝贝主图设计出优秀创意
                              女王节创意制作
```

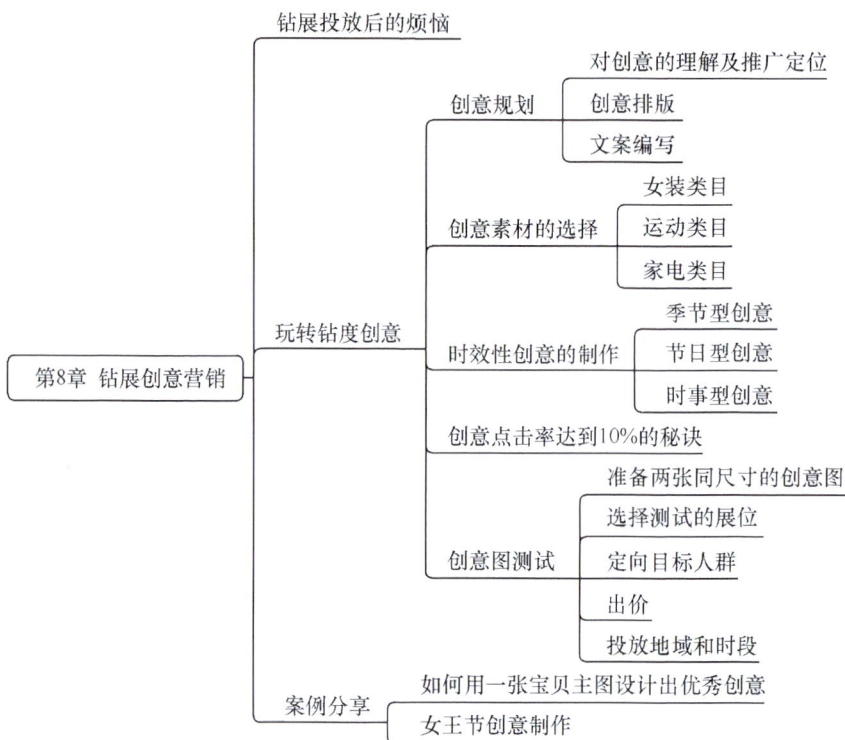

8.1 钻展投放后的烦恼

　　卖家小夏投放钻展两周了，每天的预算都能顺利花完，但他却陷入了迷茫之中。大家不都说钻展引流无上限，可以快速拉到新顾客吗？为什么自己的钻展投了2000元，却只引入了不到300个访客？

　　烧掉2000元之后，小夏搞明白一个道理，钻展虽然是点击不收费，可它按展现付费。即使没有一个人点击广告，也照样得乖乖付费给平台。所以要想成功引流，点击率高才是硬道理。创意的质量直接决定了能否打动访客点击，所以创意质量一定要高。

　　为了成功引入流量，不让每天的预算白白浪费掉，小夏决定勤学苦练，掌握制作优秀高点击率创意的技巧。

8.2 玩转钻展创意

通过卖家小夏投放钻展的故事，我们体会到了不会操作钻展还真烧钱。创意的好坏直接决定了你是否可以吸引点击，导入流量。一句话，钻展创意对于钻展的投放很重要，直接关系到引流成本的高低。

8.2.1 创意规划

我们在做任何事情之前，都需要先做一个整体的规划。规划出整体的架构，再进一步填充，让其变得丰满，这样做的好处就是整体方向不会错，工作效率非常高，钻展创意的制作也不例外。

1. 对创意的理解及推广定位

开通了钻展你就真的对钻展的各个方面清晰理解了？推广前你有做过推广的定位吗？如果没有，就继续往下看。

（1）钻展创意图片的重要性

要想做好创意的规划，就首先要明确它的价值。创意图是钻展的灵魂，买家接触店铺的第一步就是通过点击自己想要或者喜欢的创意图片进入，继而浏览店铺产品，最终买下产品或者收藏加购宝贝或店铺，为店铺积累销量，提升店铺的权重。

下面举个关于创意文案的例子，来更直观地感受一下创意图片的重要性，如图 8.1 和图 8.2 所示。

在同一资源位进行投放，人群相同的情况下，创意图片的排版一样，文案不一样，转化的效果是不一样的。根据真实的后台数据反馈，图 8.1 消耗了 14.14 元，点击率为 3.64%，投资回报率为 33.30%；而图 8.2 消耗了 19.83 元，点击率为 2.73%，投资回报率为 49.82%。

图 8.1　创意文案 1

图 8.2　创意文案 2

　　两张图片对比，一张图片的文案用了减龄女装，一张图片用了中老年。试想，如果是你，会更偏向于哪张图片呢？毫无疑问是减龄女装，人人皆有爱美之心，无关年龄与性别。作为一个中老年人，或者作为子女去购买中老年衣服，都希望这件衣服除了舒适外，还穿上显得年轻漂亮，明显"减龄"二字是更抓住了买家的心理的。由此可见：相同的产品，一样的排版，文案编写的不同，是直接影响创意图片在钻展投放转化的重要因素，但千万别忘记创意图片的排版也是影响因素之一，后面会有相应的举例。

　　（2）了解要推广的产品及推广的目的

　　① 了解你所要推广的产品的特性。

　　一件产品，如果你不知道它的用途和特点，不知道它有什么拍摄角度，你又怎么知道创意的排版要怎么做比较好呢？文案要怎么写才能吸引买家的眼球呢？所以，做创意图片的第一步，就是先了解清楚你所要推广的宝贝的特性是什么。要了解产品的定位，以及产品销售所要面对的客户群体。

　　② 清楚推广的目的。

　　要想做好创意图片，你就要明确自己的推广目的是什么？推广全店，还是打造单品爆款？如果是全店的推广，则在创作创意图片时可以用多款宝贝作图，文案也要针对全店的推广去写；如果是打造爆款，就只用单品宝贝作图，围绕该宝贝相关的一些信息构思文案。

　　另外，我们还要清楚自己有多少钻展预算，根据预算的多少来决定推多少个广告位、准备多少个创意。

　　2. 创意排版

　　创意的排版直接影响图片的美观性，是否赏心悦目，吸引眼球往往一看便知。常见的排版构图方法有以下几种：

　　① 左图右文，如图 8.3 所示。根据人们从左向右的浏览习惯，优先展示产品，再对

产品进行描述。

② 左文右图，如图 8.4 所示，就是左边放文字，右边放产品或者模特。大部分的创意图构图都符合这个原则。为什么要左边放文字，右边放模特或者产品？其实创意图都是对产品起到一个暗示作用，而我们主要靠文字来获取信息，所以文字一般情况下要放在创意图比较显眼的位置，而左文右图的构图原则正符合这个原理。

图 8.3　左图右文

图 8.4　左文右图

很多人采用这种构图的时候，喜欢把左边的文字写成三四行，但建议文案不要超过3 句。第一句写吸引眼球的噱头，第二句写吸引点击的理由，第三句作为行动指令的按钮，引导点击。

③ 通栏广告，如图 8.5 所示，由于特别细长，是一个非常难做的广告位。通过查看淘宝大量点击率较高的通栏素材，并经过不断的测试，发现通栏广告采用产品或模特放两边、中间放文字的手法，效果会非常不错。

图 8.5　通栏广告

④ 舍图求字，就是重点突出文字。因为淘宝对素材的审核本来就非常严格，卖家如果做不出非常高品质的图片，干脆让用户主要依托文字来获取产品信息，而不是产品。只要用户知道你卖什么就可以，产品只是起到一个暗示的作用，如图 8.6所示。

⑤ 精准数据，在前面曾说过"其实创意图都是对产品起到一个暗示作用，而我们主要靠文字来获取信息"。有一类文字买家会格外敏感，那就是"数字"。如图 8.7 所示，直接把凉席的重量精确到小数点后一位，以此来突出产品质量。

在设计创意图时，我们需要明白所有交易其实都是在人和人之间完成的，所以要充分理解消费者的需求和特点，只有满足消费者的需求，适应消费者的喜好，你规划的图片才会有点击率。

图 8.6　舍图求字

图 8.7　精准数据

3．文案编写

我们可以从以下三方面来着手准备文案编写的内容。

（1）优惠促销信息

要紧抓买家的需求，如果产品的客单价是在 100 元以下或者高客单的产品优惠力度很大，文案首选优惠促销信息。比如：一件产品是 39 元包邮，买一送一，那比较注重性价比的客户就会被吸引。一件化妆品原本卖 500 元，现在打 5 折，对于这个产品的老客户来说，现在买入肯定是最好的时机。

（2）产品功能属性

产品属性比较独特，或者功能比较强大、新潮的情况下，可以用产品的功能来进行文案的编写。比如：电脑主机的配置是八核 CPU、16GB 大内存等，就可以用于文案的写作。

（3）善用网络热词

网络热词是很能引起人们共鸣的，在撰写创意文案的时候，善用网络热词，能为你的图片增色不少。比如：2016 年非常流行的词——洪荒之力，就可以运用起来。举个例子：质量有所保留？已经用尽洪荒之力。

综上所述，可见创意图片是钻展推广的重要基础，要是基础都没有打好，钻展转化怎么能实现呢？要想做好钻展图，首先要了解你所要推广的产品的特性，还要清楚地知道推广的目的是什么，选择适合自己创意的排版构图方式。写文案时，可运用优惠促销信息、产品功能，善于使用网络热词等方法。规划好这些内容，就能建立起创意制作的整体架构了。

8.2.2　创意素材的选择

巧妇难为无米之炊，想做好创意，就要找到适合的素材。

在选择素材时，我们需要注意选择的钻展创意素材的主色调尽量与店铺贴近，还有就是选择与店铺格调一致的钻展创意素材，即图与店铺风格契合。

为了更好地迎合消费者的需求和喜好，我们需要结合人群选择钻展创意素材。因为不同消费人群的关注点不同，如价格、风格、产品的实用性等；新客户、老客户，对产品的需求也不同，如新客户可能会考虑产品"风格款式""质量""折扣力度"等，而老客户可能会考虑"款式的上新""店铺会员活动"等。另外，购买人群与产品针对的人群很可能是不一致的，如中老年人的产品，可能购买者是他们的子女。所以我们应该针对不同的人群，选择不一样的素材。

接下来我们具体介绍下女装类目、运动类目、家电类目素材的选择。

1. 女装类目

如图 8.8 所示案例：这是一张 MG 小象女装的创意素材，是一张针对老客户的素材，背景简单直接地用店铺几款新品平铺，文案结合"每一件都美哭了"的关键字突出上新。对于一家女装店铺的老客户们来说，他们关注的既不是产品的质量，也不是产品的价格，而是店铺的新品上新和店铺活动。鉴于这点，选择的素材要侧重给店铺带来更多的转化，同时又可以维护住老客户。

图 8.8 女装素材

2. 运动类目

当今社会，运动成为老年人的休闲娱乐活动之一，但并不是所有父母都会上网购物，一般都是由子女帮父母购买。我们可以针对这一特殊性，对子女这个人群做一批素材，如图 8.9 所示。不只是运动器具才可以针对这个人群选素材，运动服、表演服等产品也可以针对子女这个人群选素材。

图 8.9 针对子女素材

我们还可以结合产品的材质做一批运动类目的素材，对于想购买产品的消费者来说，他们对产品的材质会有一定的要求，如图 8.10 所示全碳素球拍的素材。

图 8.10 全碳素球拍素材

3. 家电类目

对于家电类型的创意素材，我们可以结合人群在文案上加以优化。对于家电，每个消费者都有自己喜欢的品牌，一般购买的时候都会直接搜索自己想买的品牌。这时候，则是要突出产品的利益点，吸引消费者的眼球。如"1 元约回家"等，如图 8.11 所示。

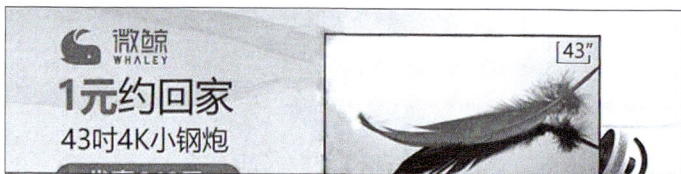

图 8.11　家电素材

另外，在创意素材的选择上要注意产品图片的清晰度，尽量展现出产品本身的特点和质感，能清晰地展现产品是最基础的要求。

在无数张创意图中，一张创意图在消费者眼中停留的时间不过几秒钟。而钻展的投放是很昂贵的，消费者的浏览时间也很宝贵。所以针对人群选择对应的素材，准确迎合消费者需求，可以增加店铺的转化率和回头率，以及带来很好的口碑传播。

8.2.3　时效性创意的制作

作为一名淘宝运营，一年到头会有过不完的节，搞不完的促销活动。针对不同的时节、不同的活动，如何才能制作出好的钻展创意呢？平时只要多观察、多记录、多留意，就能很好地制作出时效性创意素材，从而提高创意的点击率。接下来我们看下季节型创意、节日型创意和时事型创意的案例。

1．季节型创意

现在很多用户购物时对季节因素的考虑也非常多，因此我们在设计创意的时候适当加入些季节元素会让用户对产品的体验更好。例如，我们在春季做单反相机的钻展推广，可以在创意文案上突出"致意春季，寻找春天的美"。如图 8.12 所示，6 月推广雪纺连衣裙，我们就突显"夏日风尚，Free Style"。如图 8.13 所示，9月推广一款运动鞋，我们就着重突出"秋季新品上市，中国运动生活代表性品牌"。圣诞节前推广一款毛衣，文案就可以写成"毛衣特辑，温暖悸动"，然后配一个可爱雪人的图片。

2．节日型创意广告

现在的节日非常多，如端午节、中秋节、国庆节、圣诞节等，每个节日相对应的饮食及礼品都有不同。在创意设计时根据大家熟悉的节日习惯去设置创意，会更吸引眼球。如图 8.14 所示，想借助圣诞节搞促销引流，首先要突出圣诞元

图 8.12　夏日风尚

素，比如圣诞树、雪人、圣诞老人等；还要有多层级的促销力度宣传，比如"全场保暖，低至 2 折"等。这样就能很好地借助节日气氛，引入流量，带动销量。

图 8.13　秋季新品

图 8.14　圣诞节创意

春节到了，人们都纷纷踏上归途，这个时候虽然网购会减少，但是竞争也减少。如图 8.15 所示，创意上包含"过年不打烊，把健康带给家人"的文案就属于非常好的情感营销，能触动游子的心，在点击反馈和转化上都非常得好。

图 8.15　春节创意

3. 时事型创意

大家有没有想过，可以使用最近的网络流行语、网络热图和时事热点作为创意出发点，来引发用户的共鸣。如图 8.16 所示，这种时事型的创意图，相比季节型、节日型，会更加具有趣味性和可读性，是非常值得推荐的一种创意手法。

图 8.16　时事型创意

四季不停地更替，节日也来了又去，移动互联时代的时事型话题更是层出不穷。以上讲到的只是冰山一角，只能起到借鉴的作用，更多更好的时效性创意的产出，更需要实时的创新。

8.2.4　创意点击率达到 10% 的秘诀

各类钻展的干货非常多，但不可能每种都适合你。如果说通过 10 个技巧就能让你的钻展创意图点击率达到 10%，是不是有些不可思议？下面就以女装类目为案例来说说钻展，其他类目可参照。

① 关于钻展创意，最重要的一定是要主题突出、素材清晰、细节明显，让人一看就知道图片上卖的是什么。比如你是卖衣服的，而模特身上的其他东西更明显，会让人误以为你是卖帽子或项链的，这类人点击进来会大量流失，而且会留下访问过你店铺的痕迹，对你以后钻展定向或直通车定向都是个隐患！创意图应简单并重点突出，记住一句话："任何不能一眼看出你要卖什么的创意都是失败的"。如图 8.17 所示，我们并不能分辨出它是卖外套还是卖皮包。

图 8.17　主题不突出

② 品牌 LOGO 要不要加上，是困扰很多卖家的问题。

如果你是知名品牌，那肯定是要加上的；

如果你是小品牌或新品牌，那分两种情况，如图 8.18 所示。

➤ 如果你只是想让钻展引流来增加销量，在你的品牌竞争度和知名度不高的情况下，别放品牌标志；

➤ 如果钻展是为了长久地、慢慢地打造品牌，那就加上。

因此，建议每次做创意图都做两张，一张有品牌信息的和一张隐藏的，稍微测试下就知道该留哪张了。

③ 创意图上应该放几件产品，一般情况下是建议尽量只放一件！

不要以为多放几款宝贝上去，挤在一堆，买家就会因为喜欢其中某一款而点击你的图片，这样做的大部分情况反而是得不偿失（宣传促销活动除外）。

几个宝贝放在一起，必然要把模特或产品缩小，这样的后果将是买家在淘宝花花绿绿的页面中无视你的产品图。如图 8.19 所示，一张创意图只放一款宝贝是最好的选择（套装除外），尽可能把产品最有特色的地方用特写的方式展示出来。如果一定要放多个款，需要把每款衣服的特点显露出来。

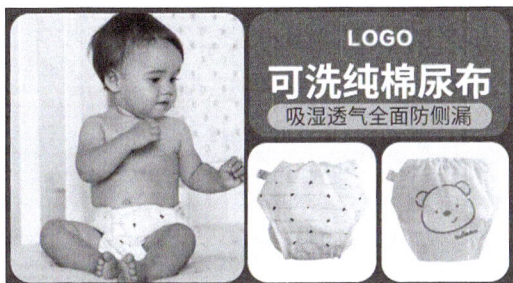

图 8.18　品牌标志　　　　　　　　　　　图 8.19　多产品展示

④ 背景色怎么选？记住一点，不要用过浅的色调！

在每个投放资源位的上下左右都是各种产品图片和文字，如果你选的是浅色调，你的创意上的宝贝就容易和投放页面融合在一起，很难引起买家的注意。

若是深色调背景，那在投放资源位上，你的创意会自成一块，且在买家的视野里占比也比较大，如果产品在深色调的背景里又足够突出，那引起买家注意就是很轻松的一件事了。

另外要注意的是，背景应该以产品为中心渐变配色；主色有两种或三种颜色的比只有一种颜色的更受欢迎，尤其是以红色和黄色为中心的图片更容易被点击。

⑤ 创意图上的产品和文字应该如何排列？

前面已经介绍了主流的创意排版方式。那是采取产品在左文字在右，还是产品在右文字在左？根据钻展的测试数据，创意图片的右半边是人的视野最容易触及的地方，是图片的重点展示区。也就是说，如果文字更动人，把文字放右边；如果产品更吸引人，就把产品放右边。如果一个宝贝除了正面，背面或侧面特点也很明显，那在作图的时候就要考虑放背面或侧面图。因此，在整张图的排版中，产品和文字的总和在图片中占比最好不要超过 2/3，还有文字尽量不要压住产品。

⑥ 钻展文案的提炼，一定要先弄清你的客户群体的特点和喜好。

8
Chapter

如图 8.20 所示，高客单价的宝贝，尽量不要去突出包邮、降价、买一送多，要突出品质、上新和最重要的特色。低客单价的宝贝，就要去突出性价比，如找我买最划算之类的特色。

其实去研究那些点击率高的创意，会发现它们的文案都很普通，大多都是突出上新、新品、清仓这些常见的名词。因为这些词买家一眼就能看明白，不至于钻展图都轮播到下一张了还没弄明白你想表达什么。

⑦ 创意图片上的文字建议不要超过三行，而且注意一句话放一行，不要拆分成两行。

文字的排列在前面已经有提到，这里就不加赘述了。我们举一个例子，突出主题的字体要大，比如尖货推荐、五折封顶之类，其他行是对这个主题的补充说明，如图 8.21 所示。按照自己的实际需求确定用多少行文字就好，每行的字数不要太多，以不超过 7 个字为佳。

图 8.20　高低客单价　　　　　　　　　　图 8.21　文字排列

文字最好只放一边或中间，不要左右都是文字中间是图片。除了重点突出的字体要大外，有些行可用小字号，在不影响辨识的情况下小字号会让你的创意更有层次、更精致、更有品位。

⑧ 如果你的产品只有实物图，没有模特图，那是不是就无法提高点击率了？

绝对不是的。实际上，没有模特出现的图片如果够精美，同样可以吸引目光，如图 8.22 所示。大家都用模特图是因为比较简单省事，毕竟没有模特的创意图更需要花精力进行巧妙的构图。其实对于非女装女鞋类目，比如家电类目来说，只用产品图比用模特图更好，如图 8.23 所示。

图 8.22　实物图创意

图 8.23　家电类目

⑨ 黄金分割点的巧用，千万不要作图时文字和产品对半开，而是应该按照黄金比例分开安排。

不管是文字占 61.8% 的比例，还是产品占 61.8% 的比例，都比对半放在创意两边更让买家觉得舒服。同理，文字不要太挨着上下边或左右边，一张图片的黄金分割点往往是第一眼先注意到的地方。如果文字和产品的大小差不多，也应该如图 8.24 所示把文字和模特各分布在两个黄金分割点附近。

图 8.24　图文相当

⑩ 美工辛苦做好了一张钻展图，不要直接就投放，一定要先测试。

如图 8.25 所示，只需让美工把素材按顺序、文字大小、卖点等简单调一下，就又多出了一张钻展图。只有测试以后，才能知道哪一张创意图更受欢迎。测试的重要性并不亚于定向和创意，你有足够多的创意，才能测出理想的效果。千万不要主观地认为这张图点击率肯定不错，一切应以测试的数据为准。

图 8.25　创意微调

做到以上 10 点，你的创意点击率达到 10% 就很有希望了。对一些新手来说，建议先找些点击率高的创意模仿着做，边测试边改进，做多了慢慢就知道如何做出一个高点击率的创意图了。

点击率除了创意的因素外，还跟投放位置、定向的人群、出价、时间段和地域等相关。此外，点击率能达到多少，跟类目关系也很大，受众广和复购率高的类目更容易提高点击率。你要做的就是比你的优秀同行做得更好。

8.2.5　创意图测试

上节刚刚说过做好一张创意图并不意味着结束，一定要做测试。接下来我们就说说钻展创意如何测试。

1.　至少准备两张同尺寸的创意图

可以通过以下 3 种方法制作多套不同的图片：

① 文案不变，变动排版。

② 排版不变，变动文案。

③ 排版和文案都不变，变动产品图片。

2.　选择测试的展位

什么样的展位才能用来做测试，是否需要纠结于预算？其实不管小卖家还是大卖家都可以首页做广告，不管预算少还是预算多，一样能拿到大流量位置，关键在于我们如何选择展位。为了尽快测试出更符合消费者需求的创意，减少时间成本，一般建议选择流量大的优质展位，比如首页第 1 屏右侧 Banner，如图 8.26 所示，日均可竞流量超 2500 万人次，点击率在 2% 以上；第 2 屏右侧大图 Banner，日均可竞流量超 100 万人次，点击率在 4% 以上；因为没有流量根本谈不上测试。

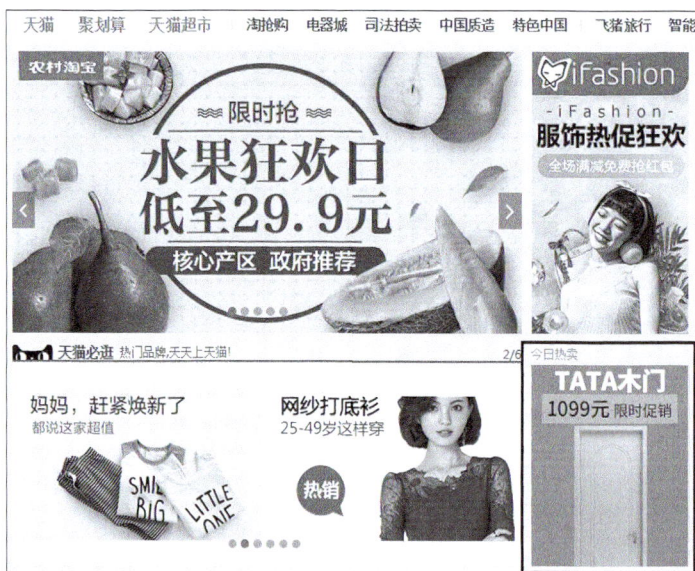

图 8.26　首页一屏右侧 Banner

3．定向目标人群

首先定向自己的店铺人群，如果点击已经有了足够的经营积累，选择"访客定向"，自主添加店铺选择自己的店铺，圈定人群数量大于 10000 以上，就基本可以保证足够的曝光量了。

如果自身的店铺没有足够的经营积累，圈定人群数量较少，那么选择与自己相似的店铺，圈定人群数量保证大于 10000 以上。

如果测试后发现每张创意的展现量低于 3000，可以及时增加圈定人群数量。

4．出价

可以参考市场平均价格进行出价，溢价 20%，也可以采取"智能调价"，即根据人群相关性自动调整出价，调价范围在 −30% ～ +30%。

出价方式和圈人群一样，都是为了保证充足的曝光量。

5．关于投放地域和时段

如果定向的是自己的店铺人群，那么投放地域和时段与其他计划保持一致即可。如果是没有数据积累的店铺，可以选择全国常用区域和全天投放。

计划投放第二天就可以到钻展后台查看创意报表的数据了。只要保证每张创意有3000 以上的展现量，保持 3 天，测出的点击率就非常稳定了。选择点击量高的作为最优秀的创意进行投放。

如果测试两张以上的创意，将图片同时投放，根据每张图片的点击率数据表现，选出点击率高的图片继续投放；最少持续 3 天，最终选出最优秀的一张或两张。

8.3　案例分享

在我们学习了钻展规划、素材选择、时效性创意制作、高点击率创意秘诀和创意图测试之后，就需要经历实战的检验了。接下来我们分享两个创意制作的案例。

案例 1：如何用一张宝贝主图设计出优秀创意

大部分淘宝卖家的宝贝主图为单底色，因为单底色拍摄成本低，时间效率高，如图 8.27 所示。但宝贝图片视觉效果过于单调，不能第一时间吸引消费者的眼球。那该选择怎样的模板，让这张背景色单一的宝贝主图变得更加美观，符合钻展的推广需求呢？

图 8.27　宝贝主图

接下来，我们就使用钻展的创意模板库，制作一张淘宝首页焦点图，创意尺寸为 520×280（像素）。

1. 挑选模板

进入"钻展后台→创意→创意模板库"，进行模板筛选：

① 类目风格：因为推广的是男鞋，首先我们选择一些男性相关类目的模板，这样选择的模板在配色以及风格上更加相符。

② 模板中宝贝陈列个数：因为一般情况下一张图片中陈列的宝贝个数为两个时效果会更好，目前有两张宝贝主图，所以在选择模板时我们会选择有一个或两个宝贝展示的模板，如果你有多张宝贝的图片，那么可以选择有多个宝贝陈列的模板进行尝试。

③ 颜色筛选：同时因为我们宝贝主图的背景色是白色，所以在筛选模板时要尽量选择一些主图区域也是与白色相近背景的模板，这样可以使宝贝图片颜色与模板更好地融合。

2. 开始制作

选择好合适的模板后，我们就开始制作编辑创意图，主要就是替换图片、编辑文字和调整色彩，如图 8.28 和图 8.29 所示。

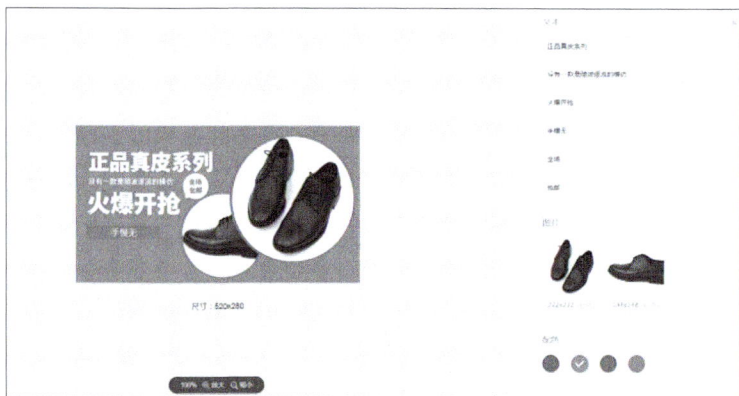

图 8.28　两宝贝构图

图 8.29　单品构图

替换图片后，使用鼠标不断拖动图片，使皮鞋有一个最佳的展现角度。

我们通过文案来突出我们的品质保证——真皮，其次是新款上市——我们是潮流的引领者，从这两个方面突出宝贝的核心优势。

这是一款具有成熟、稳重、高大上气质的皮鞋，所以我们在制作时通过一些对比的手段把鞋子的特性反衬出来。比如简洁、大气、时尚等，我们利用模板蓝色的背景和白色的文案反衬皮鞋的质感。另外，宝贝主图本身的黑白色对比能体现皮鞋的厚重感、神秘感、稳重感，也能更好地体现皮鞋的质感。

一个好的想法除了需要不断的打磨，更需要碰撞才能产生强大的吸引力，所以我们要多做尝试，虽然创意模板库的编辑功能非常简单。

3. 创意保存

经过反复的调整尝试，最后来看看采用模板制作出来的创意图片，如图 8.30 和图 8.31 所示。

图 8.30　两宝贝创意

图 8.31　单品创意

两张非常普通的宝贝主图，配以优秀的创意模板和具有吸引力的卖点文案，再加上一些审美的灵感，就制作出了一个能在淘宝网首页焦点图进行推广的优秀创意，真的很难想象。这对中小卖家来说，绝对是一种福利。

案例2：女王节创意制作

1. 女王节是什么

女王节是中国电商从三八国际劳动妇女节演变而来的一个电商促销节日。三八国际劳动妇女节是全世界女性共有的节日，众人皆知；也成了男人表达对女性的爱的时刻，类似于母亲节与情人节的混合。三八女王节作为电商促销节日中的一环，也不容忽视其所带来的流量影响，如同店铺装修要有节日专题的设计区分一样，钻展创意也要在女王节期间有主题氛围的区分，为消费者营造节日氛围，促进消费。

2. 女王节钻展创意如何设计

钻展创意作为线上广告的一种形式，也具备广告的一般特性，有2秒生存法则，一张成熟的钻展创意主要由产品、文案、背景三个因素组成。三者相互成就才能做出一张好的钻展创意。

钻展创意因为讲究投放的时效性和点击数据的特性，所以在设计定位的时候更要重视信息的传达，以准确地告诉消费者你是谁，你在干什么，你能带来什么好处。在这个信息传达的基础上，我们可以做相应的视觉创意，让钻展创意更加有"范儿"。

那么女王节的钻展创意图如何设计才能更吸引人群点击呢？这里主要以淘宝无线首页焦点图640×200（像素）这个展位进行解析。不管是什么类型的主题设计，我们都应该究其根本去分析。

① 根据主题节日的大众印象找到相关的设计元素和设计表现形式，即素材和排版。

如图8.32所示，三八女王节元素有女人，鲜花，花瓣，礼物，礼盒，贺卡，皇冠，爱心等；如图8.33所示，三八女王节固有印象的颜色有红色，玫红，粉红，黄色，紫色等。

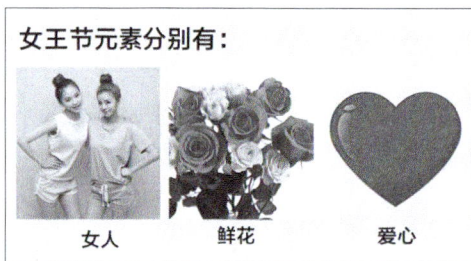

图8.32　女王节元素

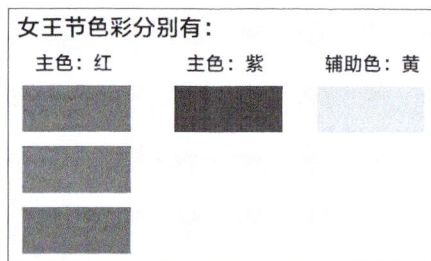

图8.33　女王节色彩

② 做专题类的创意设计，可以找优秀的设计案例做参考，参考形式不拘泥于钻展Banner，还可以是店铺海报和首页设计。

如图8.34所示，海报元素分别运用了花和彩带，色系为粉红色，用这几个简单的元素结合产品，就打造了一个安静唯美的女王节的氛围。从视觉感觉来说，符合商业设计，排版上也没有什么可诟病的。但是如果画面有更深层次的刻画将会更加优秀。主文案"我是公主更是女王"契合了女王节专题，辅助文案把利益点也明确出来了。

图 8.34　优秀案例 1

　　如图 8.35 所示，这张海报很有格调，简约而不简单，海报运用了唯美的女孩、产品和黑红色调的元素，配合"女王驾到"的主文案，字体设计和运用都非常配合主题的氛围，给人一种高冷霸气的感觉，让人眼前一亮，是一个吸引眼球的设计。

图 8.35　优秀案例 2

　　女王节主题的海报值得参考的还有很多，这里就不做一一列举了。我们从素材、色彩、视觉感觉及女王节主题等方面进行亮点的借鉴，设计的时候就可以模仿这些好的创意来表现。

　　③ 专题类的创意设计，还可以结合时事热点。

　　钻展创意可以结合当下的热点来进行设计在前面曾有做介绍。拿 2017 年上半年热播的仙恋剧《三生三世十里桃花》来讲，就能给人不少创意灵感。把三生三世的文案结合到女王节的创意上，既贴合了大众口味，又与众多女王节创意做了创意区分，如图 8.36 和图 8.37 所示。

图 8.36　海报

图 8.37　三生三世创意

需要提醒大家注意的是，电视剧海报和剧情人物又或者是明星没有授权使用资质是不能用在钻展创意上的，这涉及侵权和虚假广告的问题，但是我们可以从文案和创意上去抓眼球，从文案上去引起消费者的注意，对于三生三世的剧迷来说，这几个字就会让他们产生兴趣。

④ 单一元素同样可以做出漂亮创意。

女鞋主题创意有很多创意思路可以做。如图 8.38 所示，淘宝某品牌女鞋做了一张三八女王节海报的创意，用单一的元素鲜花就把海报做出来了，鲜花、鞋子、文字、背景自然融合，让整个画面显得不单调无聊。关于女王节的钻展创意不只是拘泥于这几种表现方法，具体的创意表现这里就不全部做展示了。

图 8.38　优秀案例 3

综合起来分析，做好三八女王节主题创意需要做到以下几点：

➤ 结合产品、文案来做视觉创意；

➤ 列出女王节的设计元素和设计常使用的色彩，创作时可以用单个设计元素，也可以选择多种；

➤ 参考女王节优秀的海报创意，做足女王节的视觉氛围；

➤ 文案要凸显女王节的元素，为了吸引点击，切记把产品的利益点也加在文案里，可做辅助文案展示在钻展创意中；

➤ 可以结合当下热门影视剧、新闻、段子来给女王节的海报做钻展创意区分。

除了三八女王节，我们还有端午节、七夕情人节、母亲节、父亲节等很多节日都是难得的促销机会，有节日气氛的日子成交转化也更加容易。借鉴女王节创意的制作思路和方法，一样可以打造富有吸引力的优秀钻展创意。

➡ 本章总结

- 钻展创意规划的内容：创意的理解及推广定位、排版和文案。
- 创意常见的排版构图方法：左文右图、通栏广告、舍图求字等。
- 创意文案编写维度：促销信息、功能属性、网络热词等。
- 女装类目、运动类目、家电类目创意素材的选择。
- 时效性创意广告制作：季节型、节日型、时事型。
- 创意点击率达到 10% 的秘诀。
- 创意图的测试方法。
- 用宝贝主图设计出优秀创意。
- 女王节创意如何制作。

通过对本章的学习，相信大家对钻展创意已经有了一个全面的了解，登录淘宝卖家中心，进入钻石展位推广平台，点击创意，进入创意排行榜学习行业优秀模板，使用创意模板库筛选出合适的模板，开始制作属于你的高点击率创意！

➡ 本章作业

1. 简述钻展创意规划的内容。
2. 简述创意常见的排版构图方法。
3. 简述创意文案的编写维度。
4. 如何选择创意素材？
5. 简述如何进行创意图测试。
6. 登录课工场，按要求完成预习作业。

钻展定向营销

技能目标

- ❖ 了解钻展不同定向的圈人原理
- ❖ 知晓钻展不同定向圈定人群的特点
- ❖ 明确钻展不同定向的投放策略
- ❖ 掌握钻展定向出价的测试方法

本章导读

很多新手卖家投放钻展之后就觉得没什么可做了，一段时间后，却发现钻展并未给店铺带来多少成交。不知道问题出在哪里，也不知道自己该做些什么。其实钻展的投放，涉及定向的种类很多，没有精细化的运作和测试，没有明确的投放思路，是很难做到高投入高产出的。

本章将主要介绍钻展推广中最重要的核心因素之一：定向。如何做好定向圈人，做到精准营销，把广告展现给真正需要的人看？通过对本章内容的学习，你将对钻石展位各定向的特点和投放策略有一个全面且深刻的认识，并能通过对多个定向案例的学习掌握玩转精准定向的方法。

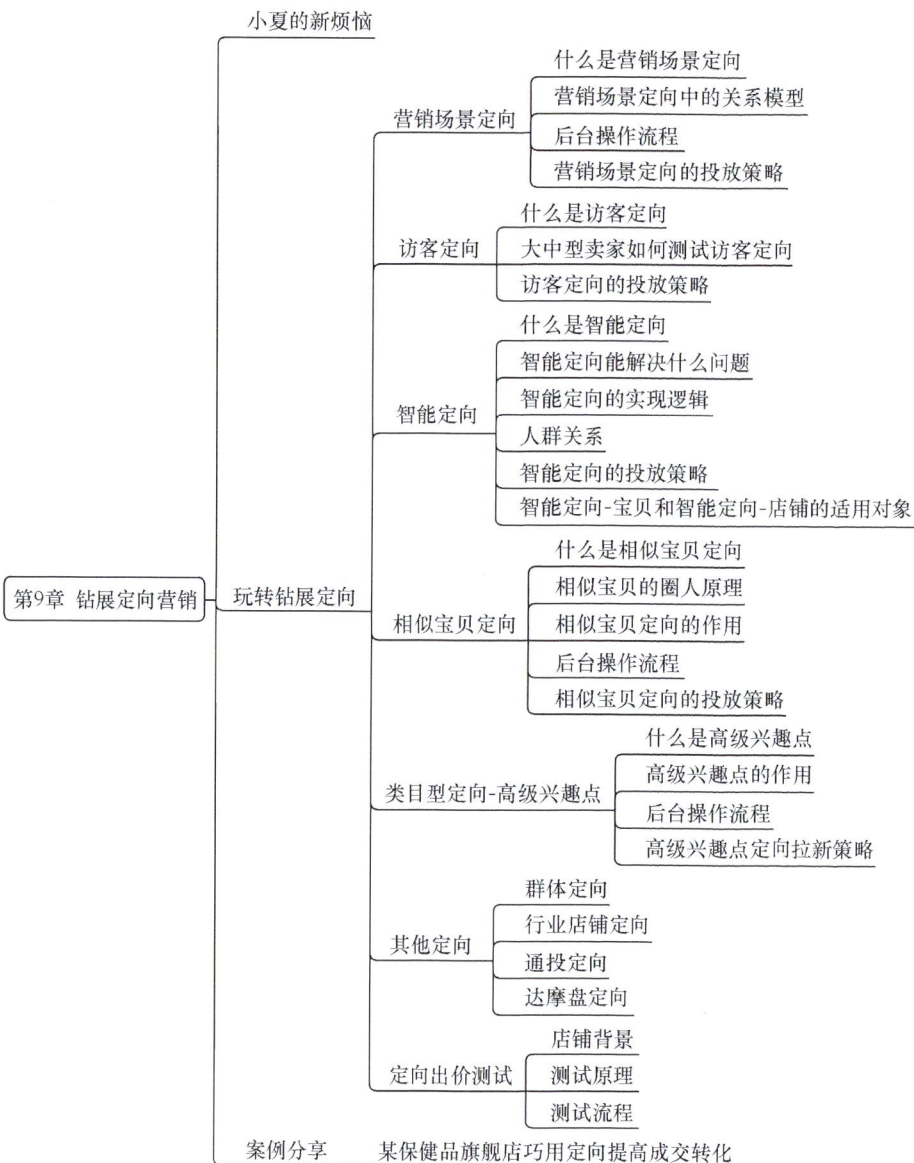

```
                              小夏的新烦恼
                                              什么是营销场景定向
                                              营销场景定向中的关系模型
                                营销场景定向
                                              后台操作流程
                                              营销场景定向的投放策略
                                              什么是访客定向
                                 访客定向      大中型卖家如何测试访客定向
                                              访客定向的投放策略
                                              什么是智能定向
                                              智能定向能解决什么问题
                                 智能定向      智能定向的实现逻辑
                                              人群关系
                                              智能定向的投放策略
                                              智能定向-宝贝和智能定向-店铺的适用对象
                                              什么是相似宝贝定向
                                              相似宝贝的圈人原理
   第9章 钻展定向营销  玩转钻展定向  相似宝贝定向  相似宝贝定向的作用
                                              后台操作流程
                                              相似宝贝定向的投放策略
                                              什么是高级兴趣点
                                              高级兴趣点的作用
                                类目型定向-高级兴趣点  后台操作流程
                                              高级兴趣点定向拉新策略
                                              群体定向
                                              行业店铺定向
                                 其他定向      通投定向
                                              达摩盘定向
                                              店铺背景
                                 定向出价测试   测试原理
                                              测试流程
                              案例分享   某保健品旗舰店巧用定向提高成交转化
```

小夏的新烦恼

　　自从潜心优化了创意之后，卖家小夏的钻展投放开始变得顺风顺水了。相比直通车关键词推广，流量来得快，小夏的心中燃起了希望，感觉自己在电商这块终于找到点门路了，爆单品、爆店铺，都将指日可待。

相比没做钻展投放之前，小夏的店铺确实从数据上好看多了，流量大，访客多，成交也多。转眼到了月底结算的时候，小夏统计了支付宝里的各项资金，包括待确认收货和余额，再减去应支付给供应商的货款，心情瞬间翻转。

钻展从开始准备到成功引流，短短一个月时间，花掉了 4000 多元，光从数据上好看了，到头来流动资金大幅减少，赔钱了让小夏怎能不烦恼。痛定思痛，小夏精心分析又咨询了同行，发现了自己一开始就应该注重的问题，钻展的广告是要展现给需要的人，否则花再多的钱也是打水漂。

为了能把自己投放的钻展广告展现给目标顾客群，让每天的预算都有足够的回报，小夏决定埋头苦干，掌握精准定向圈人的技巧。

9.2　玩转钻展定向

我们在第 7 章 "钻展基础设置" 中曾介绍过，钻展的定向类型包含：类目型定向——高级兴趣点、相似宝贝定向、智能定向、群体定向、营销场景定向、访客定向和通投。按照圈定人群的精准度，一般来说营销场景＞访客＞智能＞相似宝贝＞类目型＞群体＞通投。另外还有一种高级的定向方式，叫作达摩盘（DMP），它是通过圈定人群标签来进行个性化的定向，是专业钻展操盘手的最爱。

9.2.1　营销场景定向

随着移动电商时代的来临，营销的手法变得花样频出，有一种非常流行的做法就是为消费者搭建营销的场景，让消费者自愿在这种场景下进行购买。为了更好地理解营销场景这个概念，我们先来了解下场景营销。

场景营销是基于消费者的上网行为始终处在 "输入场景" "搜索场景" 和 "浏览场景" 三大场景之一的一种新营销理念。针对这三种场景，以充分尊重消费者的网络体验为先，围绕消费者输入信息、搜索信息、获得信息的行为路径和上网场景，构建了以 "兴趣引导＋海量曝光＋入口营销" 为线索的网络营销新模式。消费者在 "感兴趣、需要和寻找时"，企业的营销推广信息才会出现，充分结合了消费者的需求和目的，是一种充分满足推广企业 "海量＋精准" 需求的营销方式。淘宝也正是基于这种非常流行的场景营销方式，推出了钻展的 "营销场景定向"。

1. 什么是营销场景定向

营销场景定向是以卖家和消费者之间的关系模型为数据基础，将流量分成触达人群、兴趣人群、意向人群、行动人群和成交人群。卖家按照不同的营销需求，对需要的人群进行勾选投放，并可以看到相应的效果数据反馈。

2. 营销场景定向中的关系模型

卖家与消费者之间存在的 5 层关系呈漏斗形分布，如图 9.1 所示，分别是触达、兴趣、意向、行动和成交。

➤ 触达人群：最近 7 天看过店铺投放的钻展广告的消费者。

➤ 兴趣人群：最近 7 天点击过店铺投放的钻展广告的消费者。

➤ 意向人群：最近 7 天到访过店铺，并且浏览了多个店铺多个页面的消费者或者最近 7 天在淘宝或者天猫上搜索过店铺的消费者。

➤ 行动人群：最近 90 天收藏过店铺或宝贝的消费者，最近 90 天将店铺的宝贝添加到购物车中的消费者或最近 180 天在店铺内成功下订单的消费者。

➤ 成交人群：最近 180 天在店铺内产生实际成交并成功付款的消费者。

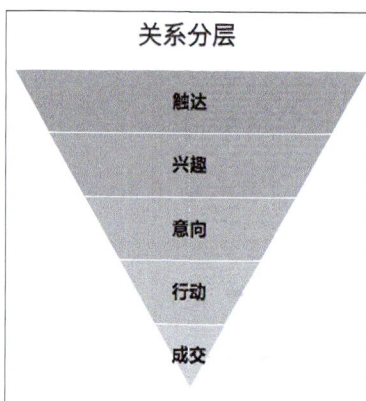

图 9.1　营销场景关系模型

3.　后台操作流程

① 在选择定向人群的界面，选择"营销场景定向"。

② 在营销场景定向中选择想要圈定的人群，比如"意向人群"，如图 9.2 所示。

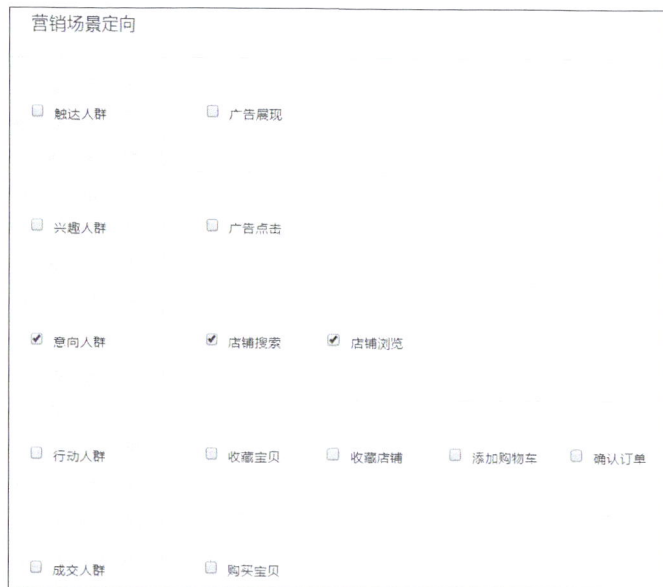

图 9.2　营销场景定向

③ 在选定的人群里设置出价，比如针对意向人群和行动人群，我们可以采取高溢价的方式，设置高于市场平均价格 150% 以上，溢价越高人群精准度越高。

4. 营销场景定向的投放策略

① 先通过访客定向的相似店铺或者其他点击成本划算的定向获取一批优质的人群。

单单靠营销场景定向圈定人群的做法是比较少见的，因为这种方式圈定的人群都与店铺有过某种交集，也就限定了圈定人群的数量。圈定人群数量过少，就不能实现钻展的大力引流。所以我们要借助其他圈定人群的方式，尤其是以访客定向为主，"访客定向＋营销场景定向"的组合，非常有利于成交转化。

② 勾选营销场景定向里的意向人群和行动人群，圈住上一步定向中未成交的客户。通过这样的投放，点击和转化效果会比圈定未触达的人群提升 40% 左右。

9.2.2　访客定向

访客定向是钻石展位最常用的定向，是维护老顾客、拓展新顾客的利器。只要掌握了访客定向的技巧，基本可以不用担心推广效果！

1. 什么是访客定向

访客定向就是指近期访问过某些店铺的人群。

（1）访客定向解析

➢ 自主添加店铺：定向与指定店铺有关系的人群。有关系是指：浏览、搜索、收藏、购买等行为。卖家通过访客定向可以找到与自己店铺的商品、客单价、风格等最为接近的人群。

➢ 种子店铺：自主添加店铺的自动关联模式。可填入 1~5 家店铺，系统会自动关联出 150 家与种子店铺较为接近的店铺，并圈定与这 150 家店铺有关系的人群。建议只填写 1 家（自己的店铺），这样才能关联出与自己店铺相关度高的人群。

注意

访客与店铺的关系最长保留 90 天。不过实际上，为了保证精准度，每个访客身上带的店铺标签的数量是有限的，最终只会留下最近访问、最频繁访问的几个店铺标签。也就是说，访客身上的标签更新很快，90 天前的店铺标签肯定会被近期的店铺标签刷掉，因此店铺需要与访客建立频繁的互动关系，才能保证在圈定时能够覆盖到该访客。

为了更形象地理解访客定向的人群，我们来举一个例子。小汪今天访问了 A 店铺 1 次，B 店铺 2 次，C 店铺 3 次，D 店铺 4 次，Z 店铺 26 次。

由于小汪访问的店铺数量非常多，系统会按访问时间、频次加权统计，留下最近、最频繁的店铺标签。访问次数很少的 A 店铺标签会被刷掉，Z 店铺会留下，所以访客定向 A 店铺时无法圈到小汪，定向 Z 店铺时可以圈定到小汪。

（2）后台操作流程

在选择定向人群的界面，选择"访客定向"。

① 可自由勾选"自主添加店铺"或"种子店铺"。

② 自主添加店铺的推荐功能：可填写自己的店铺，也可点击"获取推荐店铺"，由系统推荐几十家关联店铺，然后点击"添加"。

③ 添加店铺完成后，点击"获取圈定人群"即可显示当前填写的店铺在全网范围的可圈定人数，如图9.3所示。越大型的店铺，覆盖人数越多。

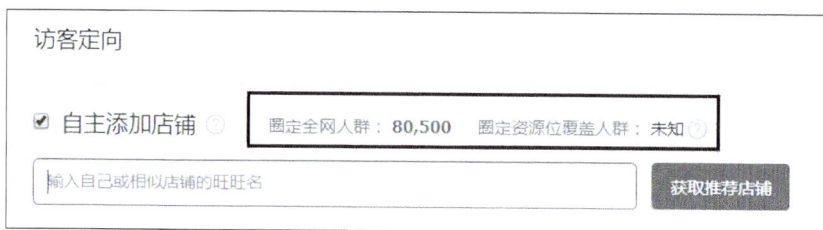

图9.3　访客定向

注意

如果圈定人数过少，会严重影响到测试结果，后期投放也无法获取充足流量，因此不要选择太小的店铺。

2. 大中型卖家如何测试访客定向

在第7章案例分享新手玩转钻展投放里，我们曾介绍过新手卖家使用自主添加店铺的方法设置定向。这里我们以大中型卖家为例，具体介绍更为严谨的访客定向测试方法。

（1）选取50家左右的竞品店铺

自主店铺的来源：淘宝搜索、生意参谋竞争情报、近期的聚划算、淘抢购活动卖家等。

需要考虑的因素：主营商品的相关性、风格、功能、客单价、店铺大小、顾客忠诚度等。

举例：如果我们经营的店铺叫作天猫超市，我们可以在淘宝店铺搜索里搜"天猫超市"，然后点击搜索结果中的"找相似店铺"，如图9.4所示。

（2）创建测试计划

① 计划设置：预算300～500元，地域尽量多选，时间段9～23点（方便观察数据），均匀投放。

② 推荐使用的计划结构：一个单元下放一家自主店铺（方便对比数据），如图9.5所示。

③ 测试用的资源位一定要选择大流量资源位！

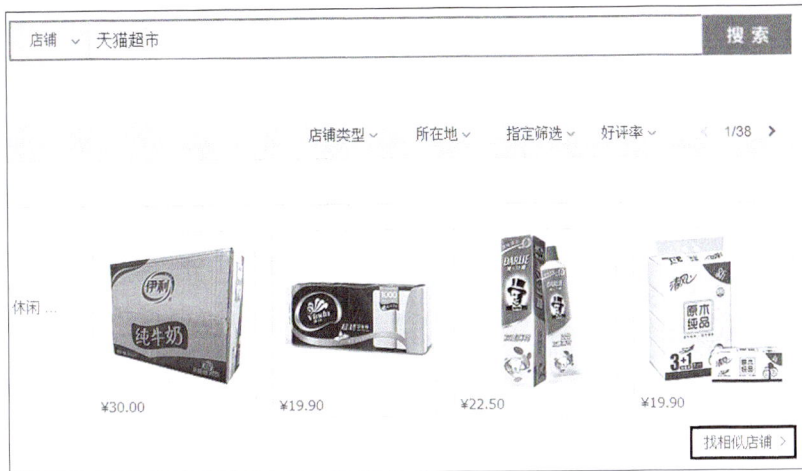

图 9.4　店铺搜索

因为当天的可投放人数＝定向圈定人数与资源位圈定人数的交集（定向圈定人数＝符合定向要求的人有多少，资源位圈定人数＝每天登录某资源位的人有多少，交集才是每天可以投放的人数）。一家店铺的定向圈定人数本身就很少，如果再选择小流量的资源位，就无法获取到数据。所以推荐流量最大的首页焦点资源位：PC_ 流量包 _ 网上购物 _ 淘宝首页焦点图（520 像素 ×280 像素）和无线 _ 流量包 _ 网上购物 _App_ 淘宝首页焦点图（640 像素 ×200 像素）。

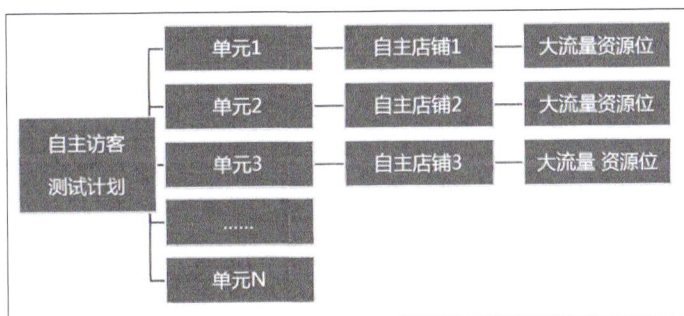

图 9.5　测试计划

注意

如果单元较少，加起来的圈定人数都很少，可以采取尽快投放，以尽快获取数据；

如果其中某个单元的 PV 和消耗特别大，为避免预算全部被这个单元消耗掉而导致其他单元无数据，可以先暂停该单元。

（3）对比效果

① 每个单元的 PV 达到 5000 以上，即可开始对比 CTR、CPC 效果。如果 PV 只有

几百，CTR 的随机性很大，不建议参考。

② 考虑到钻展每个小时都存在无效 PV 过滤、数据延迟统计的情况，建议在暂停计划后的下一个小时，数据稳定后再进行对比。

③ 根据 CTR、CPC 表现，将测试的店铺分为几类：相关度高、相关度中、相关品类店铺（比如投放的是 T 恤，定向卖裤子的店铺）等，将同类型的店铺放入一个单元投放。

④ 最终根据圈定人数、CTR 和 CPC 来确定哪些自主店铺值得添加，如图 9.6 和图 9.7所示。

		定向自主店铺	资源位	店铺固定人数	资源位日均PV	定向×资源位圈定人数	PV	点击	消耗	CPM	CTR
测试计划	单元1	店铺1	PC首焦	13357	1.5亿	6789	5101	336	175.01	34.31	6.59%
	单元2	店铺2	PC首焦	35780	1.5亿	27013	5556	353	193.95	34.91	6.35%
	单元3	店铺3	PC首焦	10778	1.5亿	69093	15902	734	469.73	29.54	4.62%
	…	…	PC首焦								
	单元N	店铺N	PC首焦	2401	1.5亿	815	754	49	25.43	33.73	6.50%

图 9.6　店铺测试

定向×资源位圈定人数	PV	点击	消耗	CPM	CTR	CPC	判断	测试结论
6789	5101	336	175.01	34.31	6.59%	0.52	CTR高，圈定人数一般	★★★★☆
27013	5556	353	193.95	34.91	6.35%	0.55	CTR高，提升出价获得更多PV	★★★★★
69093	15902	734	469.73	29.54	4.62%	0.64	CTR中，可作为第二优先级	★★★☆☆
815	754	49	25.43	33.73	6.50%	0.52	虽然CTR高，但几乎没有流量	★★☆☆☆

图 9.7　测试结果

3. 访客定向的投放策略

访客定向测试之后需要建立正式的投放计划。

① 正式投放计划建议分成两个，一个用于维护自己店铺的老客户，一个用于拓展新客户。不建议放在一起的原因是：对新老客户可以更好地分配预算，以及设置不同的投放方式（尽快投放／均匀投放）。

② 如图 9.8 所示是维护老客户的计划，使用尽快投放；资源位可以多选，以增加覆盖；出价要高，目的是尽可能多地占据店铺老客户，最好全部拿下！预算可根据圈定人数来逆推。

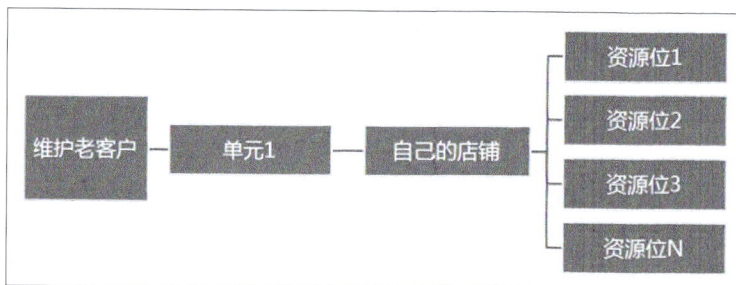

图 9.8　维护老顾客

③ 如图 9.9 所示是拓展新客户的计划，可对比均匀投放与尽快投放的 CTR，选用 CTR 高的方式。可选定大流量资源位进行主攻，控制好 CPC，直接转化或者将客户转化为自己店铺的老客户后再使用老客户计划进行转化，牢牢把握！

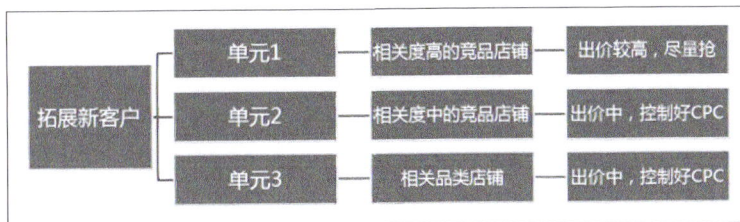

图 9.9 拓展新顾客

注意

客户存在购买周期、自然流失等情况，因此店铺要持续不断地拓展新客户，才能保证老客户的数量。建议根据店铺新老客户的需求来分配预算。如果是纯新的店铺（老客户 = 0），新客户的预算占比就会非常高，这属于正常现象。

访客定向因其精准好用的特点，多年来深受广大钻展操盘手的喜爱。如果你是中小卖家，预算很少的话，建议你在参考大中型卖家访客定向测试的基础上进行优化，在尽可能少投入的前提下，完成访客定向的测试。

9.2.3 智能定向

自从智能钻展平台推出智能定向以来，凭借其操作简单和高转化的效果得到了众多掌柜们的好评，它的功能升级频率也是最高的。有了智能定向，卖家就能不费吹灰之力，把人群圈定了。

1. 什么是智能定向

智能定向是系统利用多种算法帮助卖家形成专有的优质人群包，不需要卖家进行任何定向标签的设定，同时也会根据投放的效果数据对人群包进行迭代优化。

2. 智能定向能解决什么问题

智能定向希望可以帮助卖家解决：

① 减少卖家在定向设定上的学习成本；

② 帮助中小卖家可以快速获得好的投放效果。

3. 智能定向的实现逻辑

智能定向是通过各种算法来圈定与卖家转化效果好的人群，然后再通过投放后的效果数据反馈来持续优化人群包的过程，如图 9.10 所示。

4. 人群关系

智能定向圈定人群包含：智能定向 - 店铺优质人群和智能定向 - 宝贝优质人群。如

智能定向 - 宝贝，是基于掌柜选择的宝贝，系统自动计算宝贝上的近期消费者行为，圈出与该宝贝转化关系好的人群。

如图 9.11 所示，宝贝优质人群是根据宝贝人群特征来挑选的转化人群，会与店铺优质人群存在小比例重合，更多的是延伸了宝贝维度上的优质人群。

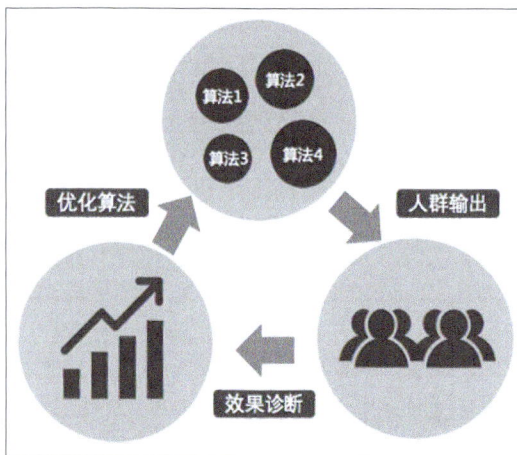

图 9.10　智能定向逻辑

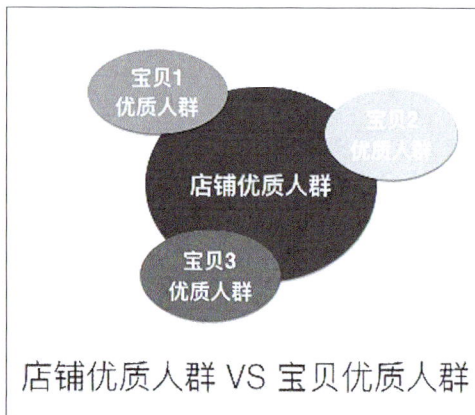

图 9.11　人群关系

5. 智能定向的投放策略

（1）店铺拉新

如果推广目的是店铺拉新，首先需要设置"智能定向 - 店铺优质人群"，如图 9.12 所示；然后使用其他定向进行搭配：访客定向 - 竞品店铺 + 营销场景定向 - 兴趣 / 触达 / 意向人群。

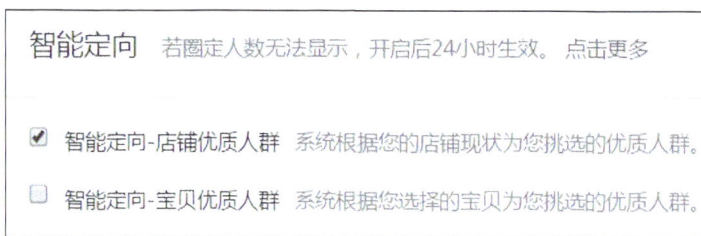

图 9.12　店铺优质人群

（2）店铺成交转化

如果推广目的是店铺转化，首先需要设置"智能定向 - 店铺优质人群"，然后使用其他定向进行搭配：访客定向 - 自己店铺 + 营销场景定向 - 行动 / 成交人群。

（3）宝贝成交转化

目前为止智能定向 - 宝贝优质人群不能实现拉新功能，但可以实现宝贝转化成交功能。

如果推广目的是宝贝转化，首先需要设置"智能定向 - 宝贝优质人群"，然后使用其他定向进行搭配：在相似宝贝定向里选择"喜欢我的宝贝的人群"。

6. 智能定向 — 宝贝和智能定向 — 店铺的适用对象

智能定向 - 宝贝的适用对象及作用：

① 店铺叶子类目丰富的掌柜：可以细分人群来落地到不同单品页，提升转化效果；

② 要投放活动单品的掌柜：精准锁住转化人群，助推活动单品成交。

除以上两种情况外，建议大家可以正常使用智能定向 - 店铺。

举例，卖家小李经营女装类目，连衣裙、雪纺衫、衬衣、短裙、牛仔裤等叶子类目品类十分丰富，当他使用钻展为各单品引流或者推广一款参加聚划算的单品短裙时，就非常适合使用智能定向 - 宝贝优质人群。

9.2.4　相似宝贝定向

相似宝贝定向可以帮助卖家直接触达相似宝贝的核心人群，从而获得更为直接的转化效果。

1. 什么是相似宝贝定向

通过卖家指定的宝贝，寻找与这个宝贝相似且有竞争关系的其他宝贝，圈出对这些相似宝贝感兴趣的消费者群体。

2. 相似宝贝的圈人原理

相似宝贝的圈人原理就是经过一系列的算法筛选出相似的宝贝，然后圈定相应人群。

从种子宝贝到相似宝贝的筛选原则，如图 9.13 所示。

① 基于宝贝的客单价、叶子类目、属性与种子宝贝相似，且有一定量级的数据；

② 符合所处行业的消费者购买决策周期等维度进行集合。

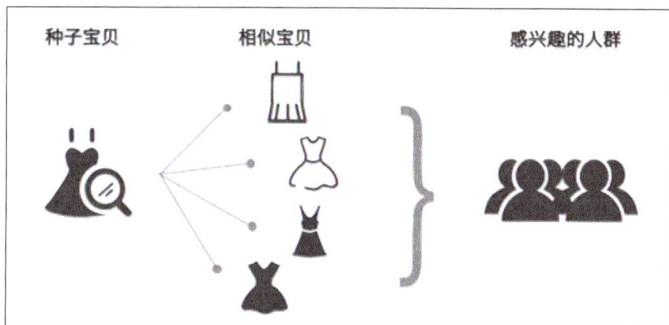

图 9.13　相似宝贝定向

3. 相似宝贝定向的作用

相似宝贝定向可以帮助卖家直接触达相似宝贝的核心人群，从而获得更为直接的转化效果。其中：

➢ 喜欢我的宝贝的人群，可以精准锁定曾经与这个宝贝发生过关系的人群。

➢ 喜欢相似宝贝的人群，可以拓展喜欢相似宝贝人群发展成为自己店铺的人群。

4. 后台操作流程

我们在创建计划时会选择全店推广或单品推广，相似宝贝定向在全店推广或单品推广中均可以使用。

（1）全店推广

① 在创建推广单元环节，选择定向人群时会有相似宝贝定向的推荐，点击设置定向；

② 在"相似宝贝定向"页面进行以下操作：

如图 9.14 所示，选择需要投放的人群"喜欢我的宝贝的人群"或"喜欢相似宝贝的人群"，支持单选或者多选。

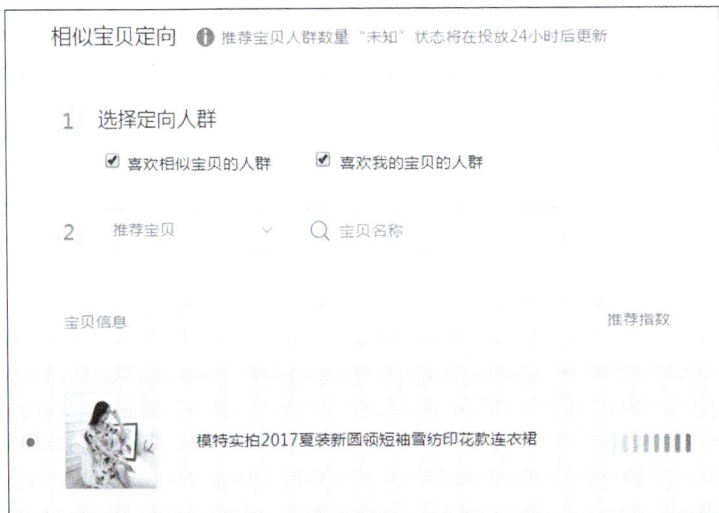

图 9.14　选择相似宝贝

选择需要人群的种子宝贝。支持"推荐宝贝"和"全店宝贝"两种模式，也支持对宝贝名称的搜索（注意一个单元目前只允许选择一个宝贝，如果有多个宝贝的需求建议新增单元操作）。

在右上角查看覆盖人群数，如果人群数量少，建议选择大流量的资源位。"未知"状态会在投放 24 小时后更新。

点击"确定"按钮，即完成定向环节的设置。

（2）单品推广

在创建推广单元环节，选择定向人群时可以在相似宝贝定向下分别选择"喜欢我的宝贝的人群"和"喜欢相似宝贝的人群"，针对不同人群分别设置溢价比例，如图 9.15 所示。

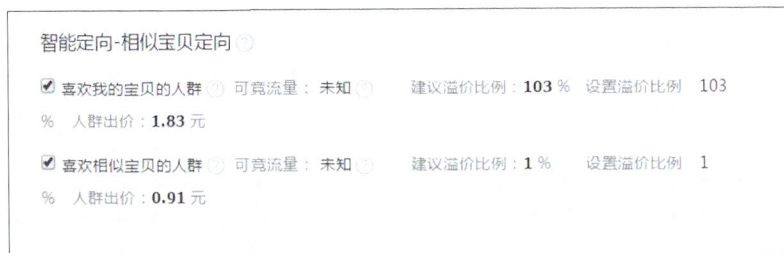

图 9.15　相似宝贝人群溢价

　　在单品推广下，相似宝贝定向没有选择种子宝贝的环节，投放的宝贝作为种子宝贝来圈定人群。

　　钻展单品推广时，通过人群溢价，可以有效提高广告投放展现的精准度，既可以提升点击率，降低引流成本，又可以提升成交转化。

5. 相似宝贝定向的投放策略

　　和智能定向类似，相似宝贝定向的使用也非常简单。卖家们根据自身的投放策略选择投放店铺链接、活动页链接和宝贝链接均可以。

　　相似宝贝定向在单品推广中的效果非常明显，如果我们推广的目的是成交转化，就选择"喜欢我的宝贝的人群"，提升溢价后，可以精准锁定宝贝的目标人群，带来单品宝贝成交的大幅提升；如果我们推广的目的是拉新，就选择"喜欢相似宝贝的人群"，提升溢价后，可以比较精准地把广告展现在竞争宝贝的人群面前，抢竞争对手的顾客。

9.2.5　类目型定向 – 高级兴趣点

　　类目型定向是依据消费者的近期行为，整合出一级类目、叶子类目、购物兴趣点等多粒度的人群包。通过多层级类目选择或关键词搜索来进行意向人群的投放。类目型定向可以轻松圈定大量意向人群。

1. 什么是高级兴趣点

　　高级兴趣点是根据消费者的近期行为（包括浏览、加购、收藏和购买等行为），提炼出意向度高的购物兴趣点，卖家们通过搜索关键词即可找到对应意向人群（去掉已成交人群）。

2. 高级兴趣点的作用

类目型定向 - 高级兴趣点可以帮助客户解决：

① 同时支持 CPM 和 CPC 两种出价方式，点击成本更加可控；

② 对兴趣点对应的人群进行升级优化，更为稳定；

③ 丰富卖家可搜索的关键词范围。

3. 后台操作流程

① 在新建单元流程中，设置定向人群环节，点击"类目型定向"后的"设置定向"；

② 在"类目型定向"页面选择兴趣点人群进行投放。注意每个单元最多可以选择 10 个。如图 9.16 所示，我们可以输入兴趣点的关键词进行搜索，如连衣裙、牛仔裤等；还可以在呈现的兴趣点人群上通过类目进行标签筛选；或以人群相关度来参考匹配度，点击"添加"即可。

图 9.16　高级兴趣点

4. 高级兴趣点定向拉新策略

很多家装家电类的卖家，一直面临拉新的问题。很多产品的复购率会比服饰或者日销品类目低很多。从首次曝光产品到最终成交的链路上，淘宝可以主动帮助消费者与店铺产生互动关系，在消费者再次浏览、搜索店铺或宝贝时会有机会优先展示。可以说拉新是店铺流量和店铺成长的基础。

如何通过高级兴趣点定向来玩转拉新策略，首先我们通过美的空调店铺的案例介绍下整体投放思路，如图 9.17 所示。

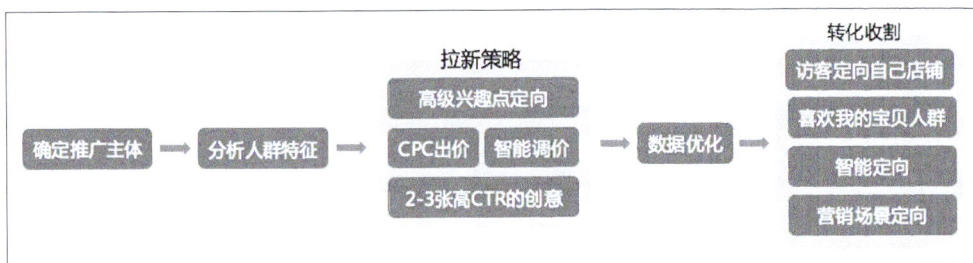

图 9.17　拉新投放思路

（1）确定推广主体

根据当下的热点或者店铺的上新计划，确定推广主体是某一个宝贝、某一系列产品，或者是对全店进行推广。在高级兴趣点定向上，除非是全店的宝贝较为单一，否则建议大家按照宝贝或者系列产品来做计划。

（2）圈定目标人群

圈定目标人群就是如何通过高级兴趣点里提供的各类标签来圈出宝贝对应的需求消费者。

高级兴趣点定向量级非常大，有好几百万的人群可以供卖家们选择。如何在这个海量兴趣点里找到适合自己的推广人群呢？除了使用系统推荐的外，卖家们自己又如何来搜索想要的兴趣点呢？这里为大家梳理了一个兴趣点人群的搜索思路，如图 9.18 所示。

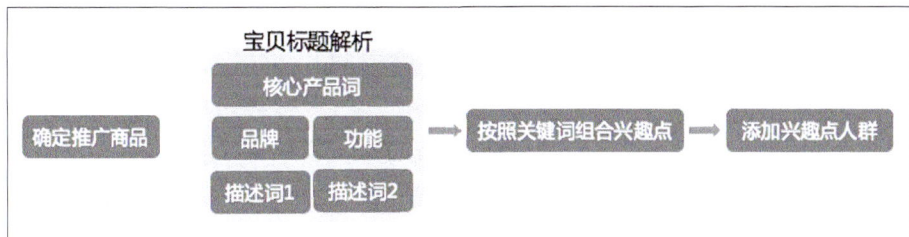

图 9.18　兴趣点搜索思路

① 确定推广商品。假设要推广一款空调产品，宝贝标题是 "Midea/ 美的 1.5 匹变频空调挂机冷暖家用壁挂式"。

② 提炼宝贝标题里的核心词。有空调、美的、冷暖家用、壁挂式、变频。

③ 按照关键词组合成兴趣点人群。将这些词组合后，可以看到的兴趣点有：壁挂式空调、美的冷暖家用空调、美的变频空调、壁挂式变频空调等。

④ 添加兴趣点人群进行投放。需要注意两点。

第一点，搜索兴趣点方式建议从粗到细来添加。

如 "空调" 的人群量太多，可以搜索 "壁挂式空调" 的人群看一下，依然太多的话，可以再搜索 "美的壁挂式空调"，如图 9.19 所示。通过这样的方式依次来看兴趣点对应的人群，保证单元的圈定人数量级。但是始终要清晰知道自己推广产品的核心功能点。

图 9.19　从粗到细

第二点，通过右上角的 "圈定全网人群" 来看人群量级。

添加完几个兴趣点定向后，一定要看一下右上角的 "圈定全网人群" 的量级，以及对应的 "圈定资源位覆盖人群" 的数量。如果量级偏小，就再新增兴趣点。尤其是拉新人群，要防止人群量级过低。

（3）数据优化

① 收集数据。

可以从兴趣点人群的维度上来收集三部分数据：第一部分是兴趣点人群对应的预估人群数，第二部分是引流成本数据，第三部分是转化效果数据，如图 9.20 所示。

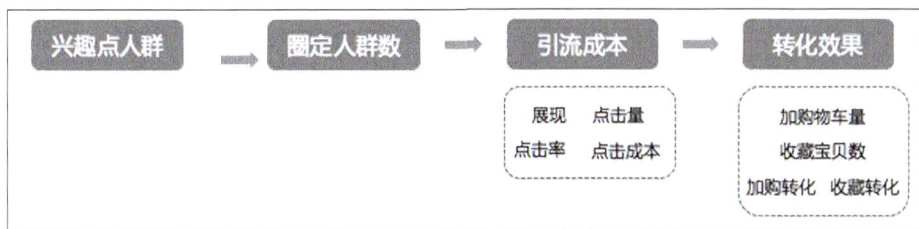

图 9.20　收集数据

② 对数据进行分析。

收集完数据，要对它们进行分析。分析的内容可以从以下三点来考虑：

➤ 人群量是否符合预期，可以通过圈定人群数和最终获得的展现量来看。

➤ 引流成本是否能接受，可以通过展现量、点击量和点击成本来看。

➤ 转化效果是否理想，可以通过加购物车转化、收藏转化来考核。

以上三方面的数据综合来看，就可以对计划进行优化了。

③ 根据数据优化计划。

根据数据的表现，留下有展现量且点击单价偏低但转化表现相对突出的兴趣点。如 "美的壁挂式变频空调" 和 "壁挂式变频冷暖" 展现量分别为 28432 和 13265，点击率分别为 2.3% 和 2.6%，点击单价分别为 1.15 元和 0.91 元，加购转化率为 7.7% 和 7.4%，数据表现非常好。

对于流量很大但点击率偏低的兴趣点可以再单独创建计划多尝试几个创意试一下，如果还是没有明显改观的话，那就可以删除此类词。

对于流量很小的兴趣点，建议可以在此类词上去掉一个形容词，如 "智能变频空调机" 是否可以改为 "智能空调"，然后通过多个创意来捕获人群。

（4）潜在客户转化

通过高级兴趣点定向，我们可以把原来跟店铺没有关系的人群分成触达人群、点击人群、行动人群（加购物车、收藏）和成交人群。对于一个拉新的定向，会提供大量潜在客户人群，所以我们需要再搭配上其他定向来进行潜在客户转化。如何来搭配其他定向使用呢，我们可以通过 "营销场景定向 + 智能定向 - 宝贝优质人群 + 相似宝贝定向 - 喜欢我的宝贝人群 + 访客定向 - 自己的店铺" 定向组合，完成对潜在客户的转化。

通过美的空调兴趣点拉新的案例可以看出，类目型定向 - 高级兴趣点可以帮你圈定店铺的新顾客，为店铺引入流量，积累店铺人气。

9.2.6　其他定向

① 在钻展自定义计划 CPM 付费方式下，有一种定向叫作 "群体定向"，即对某些一级类目感兴趣的人群，比如群体定向的是女装，那么所有浏览过女装类目的买家都可以看到，如图 9.21 所示。

图 9.21　群体定向

② 在钻展自定义计划 CPC 付费方式下，有一种定向叫作"行业店铺定向"，即近期访问过行业优质店铺的人群，如图 9.22 所示。

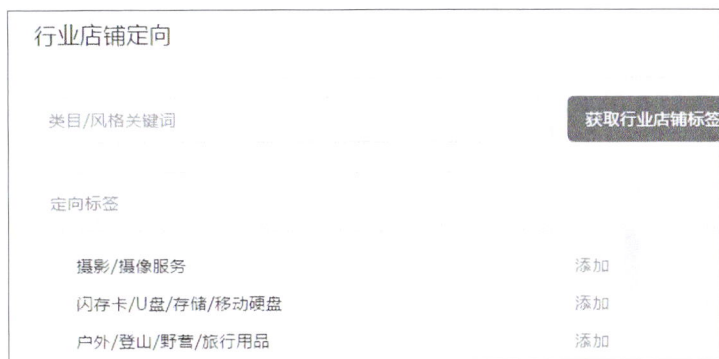

图 9.22　行业店铺定向

群体定向和行业店铺定向都是定向某个一级类目的人群，人群量级非常大，但精准度较低，需要大流量时才可选用。行业店铺定向圈定的人群相对更精准，更偏爱点击钻展广告。

③ 通投定向就是不做定向，只要是打开网页的人都会展现，流量超级巨大，当然也非常烧钱。除非是超大型卖家打造品牌，一般情况下不建议使用。

④ 达摩盘是阿里妈妈为了解决如何利用数据系统分析归纳消费者的个人偏好和消费轨迹，帮助卖家定向抓住最精准的消费者等问题打造的数据管理平台。它能够定向针对全渠道消费者，通过人群特性和标签，对某一特性的人群进行定向圈定。

通俗点来说，假设把曾经浏览过店铺的消费者归为一个整体的消费者库，那么卖家使用达摩盘可以按照不同的特性标签来圈定特定的消费者，比如喜欢皮衣的被圈在一起，喜欢针织的被圈在一起。

它的运作原理是，聚集消费者个人基本信息、店铺行为（浏览、点击、搜索、加入收藏、加入购物车、分享微博等）、社交数据，通过消费者的消费行为轨迹来勾勒出他的个人偏好。在此基础上进行底层数据的整合，卖家可以根据这些数据有针对性地将产品推给消费者。

在钻展定向中，卖家只能笼统地根据兴趣点、访客、群体进行定向，因为没有详细的数据标签，对于消费者的分析相对较模糊；而达摩盘则可以满足卖家对目标消费者群体、人物画像分层次精准定向的需求。

> **注意**
>
> 现达摩盘为申请制，进入达摩盘官网，点击右上角"我要加入"提交申请即可；只有最近 1 个月的钻石展位累计消耗在一定金额以上的才能开通，开通后可在钻展定向中添加达摩盘定向。

9.2.7 定向出价测试

在根据推广目的确定好定向人群和资源位之后，如何测试合理的出价？为了简便快速又准确地找出合理出价，我们通过一个案例来学习下阶梯出价法。

1. **店铺背景**

➢ 店铺类型：女装三钻店铺，主推女士短袖 T 恤打底衫。

➢ 定向类型：类目型定向 - 高级兴趣点 - 女短袖 T 恤白色紧身打底衫，因为类目型定向可以轻松圈定大量意向人群。

➢ 资源位：PC_ 流量包 _ 网上购物 _ 淘宝首页焦点图，可竞流量大，创意展示效果好。

2. **测试原理**

在相同或极度相近的环境（定向人群、资源位、创意图片、时段）下，用不同的出价来测试 PV、CTR、CPC 等数据，以确定合理的出价。

3. **测试流程**

（1）根据市场平均价格，确定阶梯出价

如图 9.23 所示，市场平均价格为 17.21 元，因此测试的 3 个出价分别为：22 元、17 元、14 元（在市场平均价格基础上，上下浮动即可）。

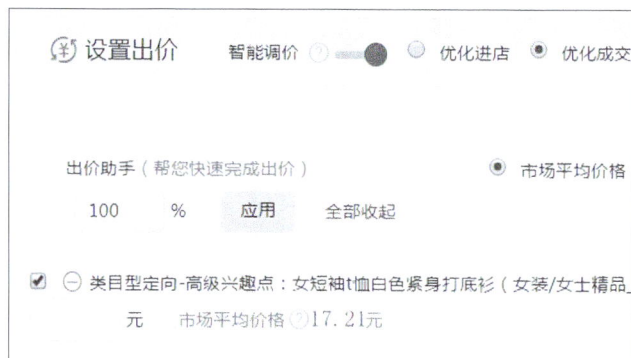

图 9.23 市场平均价格

（2）创建测试计划

测试计划下设置 3 个单元，定向、资源位、创意素材全部一致，仅是出价不同。

投放后，对比 3 个单元的投放数据，确定最适合的出价。如图 9.24 所示，单元 1 流量最大，CPC 偏高；单元 2 流量客观，CPC 较低；单元 3 虽然 CPC 最低，但流量太少。综合考虑，选择单元 2 的出价 17 元，作为正式计划的出价。

			PV	点击	消耗	阶梯出价	CPM	CTR	CPC
测试计划 300元	单元1	定向1	资源位1	7101	256	155.01	22	21.83	3.61%	0.61
	单元2	定向1	资源位1	5556	183	93.95	17	16.91	3.29%	0.51
	单元3	定向1	资源位1	1836	56	25.43	14	13.85	3.05%	0.45

图 9.24 测试计划

注意

① 测试计划尽量简单，不要放置过多的定向和资源位，能把一个定向测试清楚即可。

② 钻展会在每个小时结束时过滤掉一些无效 PV，因此请在投放后至少第 2 个时段再查看数据。

③ 测试计划的预算根据 CPM 来逆推，比如：CPM ≈ 50，每个单元都需要 5000PV，则每个单元的消耗 ≈ 5000/1000*50=250 元，因此计划总预算不能低于 750 元。

④ 当 3 个单元同时开启时，因定向人群、资源位完全一致，3 个单元存在竞争关系，出价低的单元可能无法获取流量。

解决方案：观察实时数据，当单元 1 投放了一定 PV 后，暂停单元 1，让单元 2、3 得到展现机会；同样的，当单元 2 投放了一定 PV 后，暂停单元 2，让单元 3 得到展现机会。以此类推，尽量使每个单元的 PV 都达到 5000 以上（低于 5000PV 的话，CTR 可能不准确，不推荐）。

⑤ 测试计划推荐尽快投放，并关注实时数据。如果操作人员不能实时观测数据，建议拆成 3 个计划（确保每个计划都有展现），再对比 3 个计划的数据。

⑥ 出价不同，获取到的流量质量不同，CTR 也会不同，属于正常现象；最佳的出价是既可以拿到流量、CPC 也合适的那一个出价，流量和效果必须同时考虑，才能达到为店铺引流的效果。

9.3 案例分享

案例：某保健品旗舰店巧用定向提高成交转化

2017 年是钻展定向体系进行重构的一年，后台功能进行了多种升级，比如 4 月底新增了"类目型定向 - 高级兴趣点"和"智能定向 - 宝贝"。这两个新定向的加入，很多卖家拍手叫好，因为解决了原来在拉新上流量太宽泛，转化上无法精细到宝贝的困惑。那么已经投放钻展的卖家们又如何巧用这些新定向来做日常计划呢？

我们先看一个源自钻展官方的 2017 年 4 月的统计排名，不同复购率的卖家成交转化效果和拉新引流效果的定向排名。图 9.25 所示为复购率高的卖家定向效果排名；图 9.26 所示为复购率低的卖家定向效果排名。

从不同营销场景的效果排名中，可以看到在成交转化效果好的 TOP 定向中"智能定向 - 宝贝"表现抢眼，在拉新引流效果好的 TOP 定向中"高级兴趣点定向"也表现不错。这说明聪明的卖家们已经开始将这两个定向纳入到自己的圈人体系中了。那么如何来玩转这两个定向呢？

流量规模	营销场景	TOP1	TOP2	TOP3	TOP4	TOP5
流量规模大的店铺	成交转化效果排名	智能定向-宝贝	智能定向-店铺	喜欢我的宝贝人群	达摩盘定向	营销场景定向
	拉新引流效果排名	系统智能推荐	高级兴趣点定向	访客定向-竞品店铺	喜欢相似宝贝定向	行业店铺定向
流量规模小的店铺	成交转化效果排名	喜欢我的宝贝人群	智能定向-宝贝	智能定向-店铺	CPC_营销场景定向	访客定向
	拉新引流效果排名	访客定向-竞品店铺	系统智能推荐	喜欢相似宝贝定向	高级兴趣点定向	行业店铺定向

图 9.25　复购率高的卖家

流量规模	营销场景	TOP1	TOP2	TOP3	TOP4	TOP5
流量规模大的店铺	成交转化效果排名	智能定向-店铺	智能定向-宝贝	喜欢我的宝贝人群	访客定向	CPC_营销场景定向
	拉新引流效果排名	访客定向-竞品店铺	系统智能推荐	高级兴趣点定向	喜欢相似宝贝人群	行业店铺定向
流量规模小的店铺	成交转化效果排名	智能定向-宝贝	喜欢我的宝贝人群	智能定向-店铺	访客定向	CPC_营销场景定向
	拉新引流效果排名	访客定向-竞品店铺	系统智能推荐	喜欢相似宝贝定向	高级兴趣点定向	行业店铺定向

图 9.26　复购率低的卖家

首先高级兴趣点定向请参照本章"高级兴趣点定拉新策略"的案例，这里不再赘述。接下来，我们分享一个"智能定向 - 宝贝"成交转化的案例。

1. 店铺背景

如图 9.27 所示，天猫某保健品旗舰店的宝贝 1 品牌螺旋藻片作为主推款，宝贝推广预算占总预算 50%；宝贝 2 品牌软胶囊是次推款，预算占比 25%；宝贝 3 品牌蛋白粉，预算占比 15%，店内其他宝贝预算占比 10%。

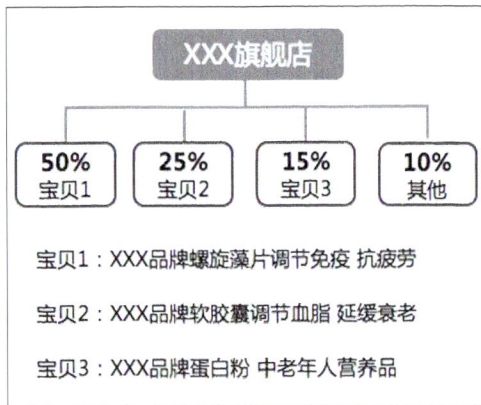

图 9.27　某旗舰店

2. 投放思路（如图 9.28 所示）。

① 确定投放主体，店铺转化投放＋宝贝转化投放；

② 圈定人群，店铺投放选择"智能定向 - 店铺"，宝贝投放选择"智能定向 - 宝贝"；

③ 制作创意＋落地页，店铺推广可以制作两个不同的创意，落地页分别选择店铺首页和店铺活动页；宝贝推广可以制作一个优秀创意，落地页则选择宝贝详情页。

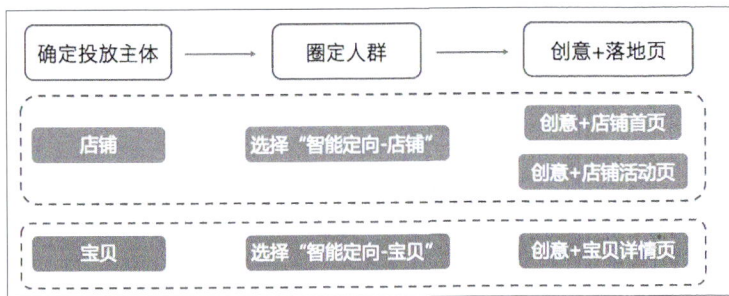

图 9.28　智能定向投放思路

3. 投放数据

如图 9.29 所示，店铺和宝贝推广一天后，得出了让人惊喜的数据。"智能定向 - 宝贝"计划展现 43219 次，点击 2148 次，消耗 5073 元，点击率为 5%，投资回报率为 8；"智能定向 - 店铺"计划展现 51692 次，点击 1850 次，消耗 4939 元，点击率为 3.6%，投资回报率为 3。

通过对比两组数据可以看出，"智能定向 - 宝贝"比"智能定向 - 店铺"圈定的人群要更加精准，点击率高、成交转化好。

计划基本信息	定向名称	时间	展现	点击	消耗	点击率	投资回报率
日常单品推广-智投CPM	智能定向-宝贝	2017/4/19	43219	2148	5073	5.00%	8
日常单品推广-智投CPM	智能定向-店铺	2017/4/19	51692	1850	4939	3.60%	3

宝贝人群VS店铺人群	
点击率：+38%	点击成本：-11%
成交转化：+26.1%	投资回报：+167%

图 9.29　投放数据

"智能定向 - 宝贝"解决了其他定向在拉新上太过宽泛的缺点，可以更加精细地完成对人群的圈定，让智能钻展更加智能、更加精准。

无论你是一个初出茅庐的钻展新手，还是一个已经身经百战的钻展高手，把握好钻展智能化的发展趋势，利用好"智能定向"这种一键推广功能，可轻松获取精准流量，让钻展新手的推广变得不再神秘复杂难以把控，让钻展高手轻松获得更高成交额。

➡ 本章总结

- 营销场景定向的定义、关系模型及投放策略。
- 访客定向解析、测试方法及投放策略。
- 智能定向解析、人群关系、投放策略及适用对象。
- 相似宝贝定向解析与不同场景下的应用。
- 高级兴趣点定向拉新策略详解。
- 定向出价测试方法。
- 巧用钻展新定向做好日常计划。

通过对本章的学习，相信大家对钻展定向已经有了一个全面的了解，登录淘宝卖家中心，进入钻石展位推广平台，点击新建推广计划，进入设置单元环节，使用定向人群下的不同定向，练习圈定人群！

→ 本章作业

1. 简述营销场景关系模型的组成。
2. 简述自主添加店铺和添加种子店铺的差异。
3. 简述智能定向的投放策略。
4. 简述相似宝贝定向的作用。
5. 简述如何进行定向出价测试。
6. 登录课工场，按要求完成预习作业。

钻展出价攻略

❖ 了解 CPM 和 CPC 出价的竞价原理
❖ 知晓不同出价的资源位与定向差异
❖ 明确常用的营销场景和定向
❖ 掌握拉新、维旧及激活沉默顾客的投放

本章导读

当钻展的投放开始出现起色，我们也从摸爬滚打中逐渐认识到创意和定向的关键性价值。经过前期的测试工作，我们可以在钻展推广上崭露头角了。但是随着无线电商时代的到来，消费者的习惯和淘宝平台都发生了非常大的变化。传统的创意优化和定向玩法已经不再是钻展推广的全部，我们需要使用更新的更全面的钻展新功能，从竞争激烈的电商战场中杀出重围。

本章将主要介绍钻展推广中的 CPM 和 CPC 出价下不同营销场景与定向的应用。在日常销售和大型促销活动时，选择哪种出价和定向的组合推广，可以获得更高的投资回报率？通过对本章内容的学习，你将对钻石展位不同营销场景下出价和定向的组合有更深层次的理解，并能通过对单品推广和淡旺季营销案例的学习，掌握玩转钻展出价的高级攻略。

```
                                    想要赚钱不容易
                                                              竞价原理
                                                              资源位与定向
                                              CPM和CPC出价
                                                              场景应用
                                                              常见问题解答
 第10章 钻展出价攻略          玩转钻展出价
                                                              单品推广解析
                                              CPC出价之单品推广   获取精准流量的小技巧
                                                              低预算玩转智钻单品推广
                                              "淡季必杀技"之钻展CPC和CPM的巧妙结合
                              案例分享
                                              钻展旺季营销——新老顾客两手抓
```

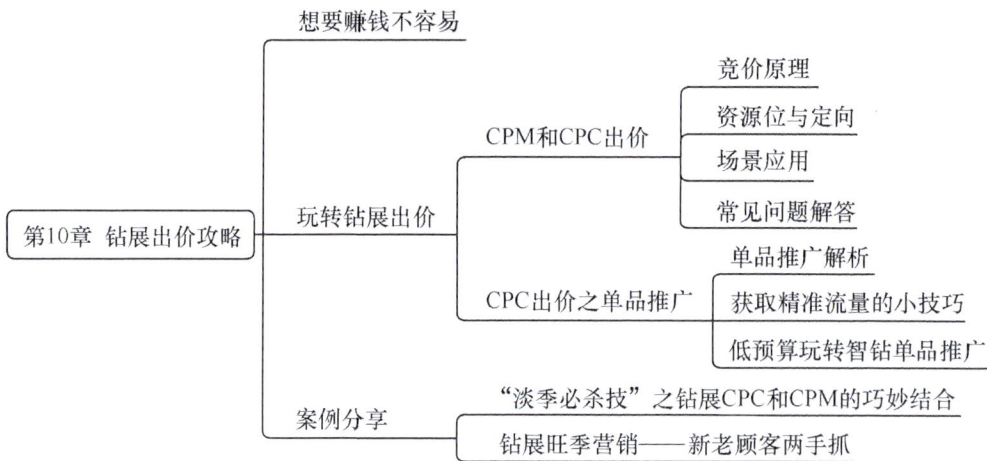

10.1 想要赚钱不容易

只要功夫深，铁杵磨成针。作为一个淘宝卖家，小夏真的非常努力。不到两个月的时间，不仅仔细学习了钻展的创意制作，还深入挖掘了定向圈人大法。从钻展投放开始的获取不到流量，到流量暴涨；从有流量无转化的尴尬境地，到成交的快速增长；店铺整体权重增加了，自然流量也慢慢变大了，钻展给了小夏很大的信心。

但店铺每月的营业额除去淘宝客、直通车和钻展的费用，只能算是勉强盈利。看着好不容易积累起来的四钻信誉，小夏明白了一个道理："天下没有好做的生意"。无线互联时代，内容营销大行其道，搜索的流量越来越少了，定向推广的作用和价值也越来越重要。小夏是个敏锐的卖家，这些都逃不过他的眼睛，而且他注意到智钻最新推出的 CPC 出价和单品推广功能会用的人非常少，于是他决定抓住这个机会，继续深度挖掘钻展的最新最全面的玩法，向着更高的投资回报率、更高的盈利努力。

10.2 玩转钻展出价

随着钻展越来越快的迭代升级，可以明显感受到淘宝对钻展这个推广工具史无前例的器重。随着流量竞争的加剧，卖家们也纷纷把目光投向了智钻。

无线互联时代免费流量越来越依赖人群标签定向，传统的免费流量拉新，大家只重视搜索端。而进入无线时代以来，大家发现自己店铺或者对手店铺的免费流量来源相当大一部分不是来自免费搜索，而是来自免费定向，这是系统在不断主动挖掘"剁手党"的需求。由于淘宝流量的千人千面变革愈加深入，人群标签化、定向技术的完善，使得流量利用率大幅度提高。这对卖家的引流运作也提出了新要求，不能只局限于传统关键词在搜索矩阵中的思维。

随着钻展的升级，创意模板、智能定向、智能调价、系统托管计划、系统推荐计划等一系列"傻瓜化"的功能，彻底拉低了钻展投放的门槛，CPC 扣费模式更让引流成本可控。更重要的是智钻还提升了全网流量的点击效果，意味着同等大小的流量池能带来更多可用的进店流量。钻展普及率已经成倍提升，不同推广目的的新玩法层出不穷。

10.2.1　CPM 和 CPC 出价

钻石展位升级为智钻后，在按展现付费（简称 CPM 出价）的基础上新增了按点击付费（简称 CPC 出价）出价方式。很多卖家并不清楚两种出价方式有什么区别，自己适合用哪种出价方式、哪个定向比较好。

1. 竞价原理

当我们在新建推广计划时，需要选择付费方式是 CPM 出价或 CPC 出价。

（1）CPM 出价

CPM 是 "Cost Per Mille" 的英文缩写，指按照广告创意每 1000 次展现计费。钻石展位 CPM 出价是钻展最传统、最基础的出价方式，按照 1000 次展现出价，在实际竞价中，系统会根据每一次展现的出价来排序。当有一个符合定向要求的消费者打开网页、浏览广告位的同时，系统根据每个推广计划对该消费者的出价高低排序，出价最高的计划获得展现机会。

钻石展位调整出价后实时生效，因此在实际竞价中，下一名的店铺、出价都是频繁变化的，每一次展现都是根据下一名的出价来结算。最终的扣费是多次的展现结算汇总的结果。

（2）CPC 出价

CPC 是 "Cost Per Click" 的英文缩写，指广告创意按照用户点击次数计费。使用 CPC 出价时，系统会将 CPC 出价折算成 CPM 出价（折算公式：CPM 出价 =CPC 出价 × 预估 CTR×1000），再去与其他 CPM 计划混合竞价。

关于钻展竞价的原理的相关案例，可以参照第 7 章 "钻展的基本原理"，在此就不再赘述了。

注意

① 不管是使用 CPC 出价方式还是 CPM 出价方式，最终都是折算成 CPM 出价去与其他店铺竞争流量。

② 如果 CPC 出价是不变的，预估 CTR 越高，折算出来的 CPM 出价就越高。如果使用 CPM 出价则不需折算，直接参与竞价。

CPC 出价的优势是点击单价可控，但由于预估 CTR 是系统决定的，折算出来的 CPM 出价不确定，不能保证始终有较好的竞价排名；相比之下，CPM 出价更加直接，在获取流量方面也是 CPM 出价胜出。

③ 结算价≠自己的出价，结算价是由下一名出价决定的。如果自己出价高但下一名出价很低，就能用很低的结算价拿到流量。

2. 资源位与定向

CPM 出价和 CPC 出价所支持的资源位和定向是有所差别的，这也是为什么有些卖家新建计划却找不到某某定向的原因。

① CPM 出价可投放所有资源位，CPC 出价目前仅支持淘宝站内重点资源位和部分淘宝站外资源位，如图 10.1 所示。

	CPM出价	CPC出价
淘宝站内	全部支持	无线_网上购物_手淘App流量包_手淘焦点图 无线_网上购物_App_新天猫首页焦点图2_640 无线_流量包_网上购物_触摸版_淘宝首页焦点图 无线_流量包_网上购物_触摸版_爱淘宝焦点图 PC_流量包_网上购物_淘宝首页焦点图 PC_网上购物_淘宝首页焦点图右侧banner二_新 PC_网上购物_淘宝首页2屏右侧大图 PC_网上购物_淘宝首页3屏通栏大banner PC_网上购物_淘宝收藏夹_底部通栏轮播2 PC_网上购物_我的淘宝_右侧banner图 PC_流量包_网上购物_淘宝商业搜索底部小图 PC_流量包_网上购物_淘金币首页通栏轮播 PC_流量包_网上购物_爱淘宝焦点图 PC_流量包_网上购物_淘宝首页天猫精选大图_新 PC_流量包_网上购物_天猫精选首页小图 PC_网上购物_天猫收货成功页_通栏 PC_网上购物_天猫精选焦点图2
淘宝站外	全部支持	即将支持

图 10.1　资源位

② CPM 出价的定向类型比 CPC 出价更多、人群划分更精细，如图 10.2 所示。

定向类型	定义	CPM出价	CPC出价
通投	不限人群投放	支持	支持
群体定向	对某些一级类目感兴趣的人群	支持	×
兴趣点定向	对某些类型或风格的商品感兴趣的人群	支持	×
行业店铺定向	近期访问过行业优质店铺的人群	×	支持
访客定向	近期访问过某些店铺的人群	支持	支持
系统智能推荐人群	系统根据店铺人群特征推荐的优质人群	名称：智能定向	名称：系统智能推荐
营销场景定向	按用户与店铺之间更细粒度的营销关系划分圈定的人群	人群分为：触达、兴趣、意向、行动、成交	人群分为：触达、兴趣、核心
达摩盘定向	基于达摩盘自定义组合圈定的各类人群	支持	支持
相似宝贝定向	近期对指定宝贝及竞品宝贝感兴趣的人群	支持	支持

图 10.2　定向类型

3.　场景应用

介绍完原理与定向特征，那么钻石展位推广选择哪种出价方式和定向，才能达成推广目标呢？这是本章要重点学习的内容。

在第 9 章已经多次介绍过了，在选择定向组合之前，我们需要先明确投放思路。

现在需要将 CPM 出价和 CPC 出价与不同定向组合，以创造更多更高效的投放组合；在推广前需要思考清楚以下 3 点：

➢ 店铺当前的营销推广目的是什么？目标用户是谁，使用什么定向才能圈定这部分目标用户？

➢ 这部分目标用户对店铺而言，重要程度有多高，当前是否急需这样的流量（用户）？

➢ 竞争对手是不是也急需这部分流量（用户），推广环境对竞争的影响是否非常大？

根据以上 3 点，我们梳理出分别针对潜在用户、现有用户以及沉默用户的常用的营销场景和定向。

（1）如图 10.3 所示，针对从未进店的潜在消费者进行拉新推广，在日常推广中重点推荐的出价和定向组合有：

① CPC+系统智能推荐，推荐指数 4.5 颗星；

② CPC+相似宝贝定向，推荐指数 5 颗星；

③ CPM+相似宝贝定向，推荐指数 4.5 颗星；

④ CPC+达摩盘定向，推荐指数 4 颗星；

⑤ CPM+达摩盘定向，推荐指数 4.5 颗星；

⑥ CPC+访客定向，推荐指数 4.5 颗星；

⑦ CPM+访客定向，推荐指数 5 颗星；

⑧ CPC+ 营销场景定向，推荐指数 4.5 颗星。

另外，在大促推广中重点推荐的出价和定向组合有：

① CPM+相似宝贝定向，推荐指数 4.5 颗星；

② CPM+访客定向，推荐指数 5 颗星。

目标人群	定义	出价方式+定向	日常推广 推荐指数	大促推广 推荐指数
潜在用户	从未进过店的新客	CPC+系统智能推荐	★★★★☆ 系统智能拓展人群，适合绝大部分店铺，拉新成本可控	★★★ 大促期间流量获取能力不如CPM，且大促期间拉新成本较高
		CPC/CPM+相似宝贝定向	CPC：★★★★★ CPM：★★★★☆ 适用于绝大部分店铺，尤其是主推宝贝非常明确的店铺（比如SKU较多的小家电店铺，主推豆浆机时可定向近期访问过自己的豆浆机或竞品豆浆机的用户，避免与电饭煲用户重合）	CPC：★★★ CPM：★★★★☆
		CPC/CPM+达摩盘定向 （根据搜索偏好、消费能力、天气等标签组合人群）	CPC：★★★★ CPM：★★★★☆ 适合绝大部分店铺，尤其是店铺基础较好、已有一定知名度的品牌/店铺。大促期间市场竞价激烈、拉新成本较高，且大促的购买力主要来源于现有用户，因此这部分人群建议在日常使用	CPC：★★★ CPM：★★★☆
		CPC/CPM+访客定向 （同行/跨类目店铺）	CPC：★★★★☆ CPM：★★★★★ 适合绝大部分店铺，尤其适合风格、商品属性、客单价等较特殊，容易找到竞争品牌的店铺，流量来源非常精准	CPC：★★★ CPM：★★★★★
		CPC+营销场景定向 （触达客户）	★★★★☆ 在其它定向拉新的同时，建议叠加一个营销场景定向，对被广告图片展现过、但还未点击进店的客户重复定向，加强店铺/品牌效应	★★★ 大促的购买力主要来源于现有用户，且大促期间的拉新成本较高，不太推荐
		CPC/CPM+通投	CPC：★★★ CPM：★★☆ 人群较为宽泛，精准度一般；但大促期间容易获取流量。较适合推广认知度广的、通用的、门槛较低的、转化率高的商品（比如洗护、家居、女士打底衫等），或者利润率较高的商品	CPC：★★★☆ CPM：★★★
		CPM+群体定向	★★☆ 人群较为宽泛，精准度一般；但大促期间容易获取流量。较适合推广认知度广的、通用的、门槛较低的、转化率高的商品（比如洗护、家居、女士打底衫等），或者利润率较高的商品	★★★
		CPM+兴趣点定向	★★★ 人群较为宽泛，精准度一般；但大促期间容易获取流量。较适合推广认知度广的、通用的、门槛较低的、转化率高的商品（比如洗护、家居、女士打底衫等），或者利润率较高的商品	★★★☆
		CPC+行业店铺定向	★★★ 人群较为宽泛，精准度一般	★★ 人群较为宽泛，精准度一般，大促期间成本较高
		CPM+智能定向	★★★ 系统智能拓展人群，适合绝大部分店铺，人群包含新客和老客，但新客占比低于CPC+智能推荐定向	★★★ 人群中的新客占比低于CPC+智能推荐定向，大促期间拉新成本较高

图 10.3　潜在用户

（2）如图 10.4 所示，针对近期在店内有搜索、浏览、收藏、加购物车等行为的现有用户进行维护，在日常推广中重点推荐的出价和定向组合有：

① CPC+营销场景，推荐指数 4 颗星；

② CPM+营销场景，推荐指数 5 颗星；

③ CPM+智能定向，推荐指数 4.5 颗星；

④ CPC+达摩盘定向，推荐指数 4.5 颗星；

⑤ CPM+达摩盘定向，推荐指数 5 颗星；

⑥ CPC+访客定向，推荐指数 4.5 颗星；

⑦ CPM+访客定向，推荐指数 5 颗星。

另外在大促推广中重点推荐的出价和定向组合有：

① CPM+营销场景，推荐指数 5 颗星；

② CPM+智能定向，推荐指数 4.5 颗星；

③ CPM+达摩盘定向，推荐指数 5 颗星；

④ CPM+访客定向，推荐指数 5 颗星。

目标人群	定义	出价方式+定向	日常推广 推荐指数	大促推广 推荐指数
现有用户	近期在店内有搜索、浏览、收藏、加购物车等行为的用户	CPC+营销场景（兴趣客户）	★★★★☆　人群划分的精细程度不如CPM+营销场景	★★★☆　人群划分的精细程度能力不如CPM+营销场景，且大促期间流量竞得能力有限
		CPM+营销场景（兴趣、意向、行动人群）	★★★★★　人群划分的精细程度高，可有效管理店铺用户	★★★★★
		CPM+智能定向	★★★★★　系统智能拓展人群，包含店铺现有用户，适合绝大部分店铺投放	★★★★☆
		CPC/CPM+达摩盘定向（近期有店铺行为的用户）	CPC：★★★★☆　CPM：★★★★★　人群划分的精细程度高，可有效管理店铺用户。大促期间建议用CPM	CPC：★★★☆　CPM：★★★★★
		CPC/CPM+访客定向（自己店铺）	CPC：★★★★☆　CPM：★★★★★　圈定人群实时更新，可有效覆盖店铺用户。大促期间建议用CPM	CPC：★★★☆　CPM：★★★★★

图 10.4　现有用户

（3）如图 10.5 所示，针对曾经有过店铺行为，但近期没有访问店铺的沉默用户进行唤醒，在日常推广中重点推荐的出价和定向组合有：

① CPC+达摩盘定向，推荐指数 4.5 颗星；

② CPM+达摩盘定向，推荐指数 5 颗星。

目标人群	定义	出价方式+定向	日常推广 推荐指数	大促推广 推荐指数
沉默（流失）用户	曾经有过店铺行为，但近期没有访问店铺的用户	CPC/CPM+达摩盘定向（曾经有店铺行为、近期没有的用户）	CPC：★★★★☆　CPM：★★★★★　人群划分的精细程度高，可有效召回沉默用户。大促期间竞价激烈、召回成本较高，建议提前召回	CPC：★★★☆　CPM：★★★★★
		CPM+智能定向	★★☆　系统智能拓展人群，包含潜在用户和现有用户，对人群划分的精细程度不如达摩盘定向	★★
		CPC/CPM+访客定向（自己店铺）	☆　近期未访问店铺的沉默（流失）用户无法用访客定向圈定	☆

图 10.5　沉默用户

（4）不同场景的应用要点。

① CPC 出价和 CPM 出价所支持的定向，对店铺潜在用户、现有用户的覆盖各有不同，所以我们要综合考虑店铺当前状况及营销目标、目标用户的重要性、竞争环境等因素，选择合适的出价方式及定向。

➤ 从店铺人群划分的角度：CPC 人群宽泛、成本可控，更适合拉新；CPM 人群精细，更适合店铺用户分层和老客维护；

➤ 从目标用户重要性的角度：非必需的流量用 CPC；重要人群、必须竞得的用 CPM；

➤ 从流量竞得能力的角度：日常用 CPC+CPM；大促期间主用 CPM；大促后市场竞价不那么激烈了再回到 CPC+CPM。

② 大促期间竞价激烈、拉新成本较高，因此拉新尽量在大促前 1 ~ 2 个月完成，以避开竞争激烈的时间段；而店铺现有用户则需要在大促期间加强覆盖，才能保证大促时有足够的流量（用户）支撑销量爆发。

4. 常见问题解答

① 我是新手，也没有很多时间操作，有没有简单一点的操作方法？

方案 1：如果你的预算很少，那就只创建一个计划，新建计划时选择"全店日常销售系统推荐计划"（CPC/CPM 均可），或者"CPM+智能定向"；同时包含店铺新客和老客，非常简单。

方案 2：如果你的预算允许，那可以创建两个计划，一个计划选择"CPC+系统智能推荐"，另一个计划选择"CPM+智能定向/访客定向（定向自己店铺）"。CPC 计划用于拉新，CPM 计划用于维护现有用户。

方案 3：如果你想要充分利用好钻展引流并且预算充足，那就创建三个计划。第一个计划选择"CPC+系统智能推荐"，第二个计划选择"CPM+营销场景（兴趣、意向、行动人群）"，第三个计划选择"CPM+达摩盘（曾经有店铺行为、近期没有的用户）"。CPC 计划用于拉新，CPM 计划用于维护现有用户、激活沉默用户。

② 用 CPC 出价如何竞得更多流量？

用 CPC 出价的话，系统会自动折算成 CPM 出价，折算公式：CPM 出价 = CPC 出价 × 预估 CTR×1000。如果要竞得更多流量，需要提高 CPM 出价，因此方法有二：

方法 1：提高 CPC 出价；

方法 2：提高创意的预估 CTR。

➤ 推荐使用创意模板（后台→创意→创意模板库）制作创意，美观度较有保证；

➤ 推荐使用历史表现较好、CTR 较高的创意，这样预估 CTR 比较高，容易获取流量；

➤ 如果新创意无法获得展现，可以先提高 CPC 出价，获得更多展现和点击；等 CTR 上去以后，再把出价调回正常范围。

③ 如果同时做了多个计划、投放了多个定向，人群之间会不会有重叠，会不会自己和自己竞价？

事实上，除了营销场景定向和达摩盘定向以外，其他的定向人群之间都是有重叠的。比如，CPC+系统智能推荐和 CPM+智能定向，都包含店铺新老客；即使是通投流量，里面也会包含一小部分店铺用户。因此，推荐使用有梯度的 CPM 出价，去获取重要性、优先级不同的用户。

在实际竞价中，几乎不需要考虑自己与自己竞价的情况。首先，不同定向之间的人群的重叠程度并不高；其次，钻石展位在竞价的时候会根据店铺去重，一家店铺对一个展现只会有一个生效的出价；最后，钻石展位的竞价非常密集，CPM 出价相差 1 分钱，中间都有很多计划在排队，因此不会有"下一名是自己"的情况。

10.2.2　CPC 出价之单品推广

2017 年，在大家都熟知的全店推广的基础上，智钻最新推出一种针对宝贝的推广形式，叫做"单品推广"。很多卖家都很疑惑，全店推广计划支持投放店铺宝贝，同时也支持投放店铺首页和店铺自定义页面，投放主体非常丰富，为什么还要单独推出"单品推广"呢？

简单来说，就是淘宝想让钻展也像直通车一样推广单个宝贝，在淘宝内消费者购物路径中的各个不同环节上新增了优质的资源位，卖家投放店铺的宝贝，从而获取优质流量，提升店铺曝光和销量。

1. 单品推广解析

最新的智钻单品推广是以图片展示为基础，精准定向为核心，面向全网精准流量推出的实时竞价单品推广功能。支持按点击付费（展现不扣费），为卖家提供精准定向、效果监测等功能，帮助卖家实现单品定向推广的功能，如图 10.6 所示。

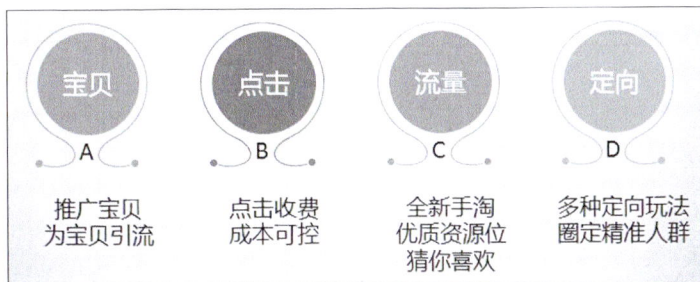

图 10.6　单品推广

（1）推广主体

单品推广目前仅支持对店铺的宝贝进行投放，短期内暂不支持投放店铺页等其他页面。

（2）扣费模式

采用 CPC 扣费模式，即按点击付费（展现不扣费）。

（3）推广资源位

系统以基础流量包的形式，为卖家主动投放来自站内站外、PC 无线的丰富优质资源位。同时，还将部分转化优质、流量规模较大的资源位额外独立出来，供广告主对更优质的流量进行额外溢价。

① 无线重点资源位：

➤ 手机淘宝 _ 猜你喜欢；

➤ 手机淘宝 _ 消息中心 _ 淘宝活动。

② PC 端重点资源位：

➤ 我的淘宝 _ 已买到的宝贝；

➤ 我的淘宝 _ 物流详情页；

➤ 我的淘宝首页 _ 猜你喜欢；

➤ 淘宝收藏夹 _ 热卖单品；

➤ 我的购物车 _ 掌柜热卖；

➤ 淘宝付款成功页；

➤ 淘宝首页 _ 热卖单品精品；

➤ 单品 _ 淘宝订单详情页；

➤ 站内评价成功页面；

➤ 单品 _ 淘宝确认收货页。

看到上面这些资源位，是不是感觉自己进入了直通车定向推广的设置中了？单品推广的核心资源位均分布在淘宝无线、PC 的优质购物路径上，可以帮助卖家在淘宝内多个场景（猜你喜欢、已买到、购物车、收藏夹、支付页、物流页等）全面覆盖宝贝的目标用户。并且卖家可以通过对重点资源位溢价以获取该位置更多流量。这符合直通车钻展结合的发展大趋势，也是钻展功能全面化的一个标志。

（4）人群定向

单品推广目前包含三大定向类型：智能定向、达摩盘定向、扩展定向，如图 10.7 所示。

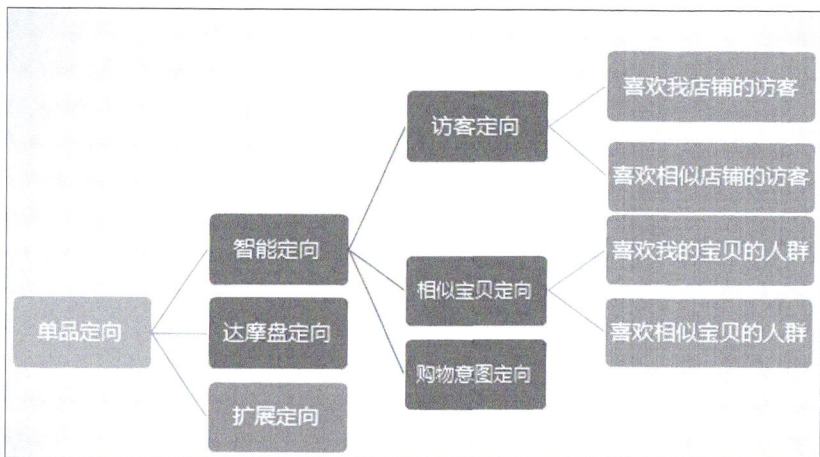

图 10.7　单品定向

① 达摩盘定向：仅针对智钻达摩盘客户开放，其功能、操作与全店推广基本一致。

② 智能定向：单品推广特有的定向类型，是系统根据店铺的访客属性、宝贝标题、宝贝属性等维度，智能匹配出适合该宝贝的精准人群。同时，卖家可对智能定向中优质的标签进行额外溢价。

③ 扩展定向：单品推广特有定向类型，其中包含相关、热门的购物意图标签，可以获取智能定向外的更多流量，作为宝贝的流量补充。

智能定向中的人群精准度高于扩展人群。一般建议优先选择智能定向、达摩盘定向。

（5）创意选择

创意部分，针对每个投放宝贝，卖家可轻松添加相应宝贝详情页的主图，省去了额外制作广告创意的成本。因此，店铺的每一个宝贝都无需额外制作创意，只要新建单元、设置好人群及资源位、出价，即可为自家宝贝轻松引流。

2. 获取精准流量的小技巧

① 合理利用定向和资源位溢价。

智能定向 - 优质人群中的几种定向人群精准度要高于扩展人群，可以对优质人群设置高于系统建议的溢价，扩展人群可以不设置溢价；目前比较优质的资源位有手机淘宝猜你喜欢、手机淘宝消息中心，可以对这两个位置设置较高溢价，获取优质无线流量。

② 单品新计划需冷启动时间，大约 24 小时后才能开始获取流量，投放 3 ～ 7 天后流量和效果才会稳定，建议设立长期计划进行投放。

③ 建议将店铺的优质宝贝都拿来投放，宝贝数量多且丰富，在参与竞价排序时拿到流量的可能性会更大；但并不代表宝贝投放数量越多，流量也就一定越多，流量的大小最终还是取决于单个宝贝的投放效果以及实际的出价。

3. 低预算玩转智钻单品推广

单品推广功能的推出，投放效果都非常不错，获得了众多卖家的好评。据钻展平台的数据统计，单品推广的主要优势有：

➤ 预算少：每日 30 元左右预算，就可以获取手机淘宝猜你喜欢等优质流量。

➤ 单价低：平均点击单价只要 0.8 元。

➤ 转化高：平均 ROI 达到 2.4 左右。

下面我们分享一个车品卖家最近 20 天的智钻单品推广投放的案例，看他是如何从选宝贝，设定向，选择资源位及创意等方面玩转单品推广的。

（1）选宝贝

如果店铺内存在多个叶子类目的商品，可以在各个叶子类目中挑选 1 ～ 2 个上新款式、库存充足、历史销售好、店铺主推的宝贝。其次，在选好宝贝后要进行长期稳定的投放，过程中不要过度频繁地更换宝贝。

比如该车品卖家的店铺同时有脚垫、座套、挡泥板等多类型的商品，卖家分别挑选这些品类中最优质的商品进行投放，如图 10.8 所示。

（2）设定向

如图 10.9 所示，该卖家只选择智能定向中的访客定向和相似宝贝定向。由于智能定向的几种定向人群精准度要高于扩展人群，所以卖家选择了低出价、高溢价的方法，从而能以高出系统建议的溢价比例，对这部分人群具有更强的竞争力。

图 10.8　选宝贝

图 10.9　设置定向

定向出价非常重要，总的来说就是可以综合可竞流量、市场平均价格、建议溢价比例，来设置定向人群的出价。

（3）选择资源位

如图 10.10 所示，卖家应选择那些可竞流量多、点击率高的位置，比如手机淘宝首页＿猜你喜欢。其次，针对优质的资源位，也需要去设置一定的溢价。该卖家的资源位溢价优化方法是：设置初始溢价为 10%；并以 3 天作为周期更改溢价。周期长短可根据流量变化大小进行调整，每轮周期增加溢价 5%，以获得更多的流量；最终溢价为能得到可承受的 PPC 为止。

名称	设备	可竞流量	平均CTR
手机淘宝首页_猜你喜欢	无线	544781582	2.50%
手机淘宝消息中心_淘宝活动	无线	36548092	2%
我的淘宝_已买到的宝贝	PC	362642200	0.10%
我的购物车_掌柜热卖	PC	48316813	0%
淘宝收藏夹_热卖单品	PC	67408468	0.10%
我的淘宝_物流详情页	PC	58598350	0.05%
淘宝付款成功页	PC	38875691	0.10%
单品_淘宝订单详情页	PC	28237056	0.10%
站内评价成功页面	PC	17138193	0.20%
单品_淘宝确认收货页	PC	10262383	0.05%

图 10.10　资源位数据

（4）创意

目前单品推广只支持从宝贝的 5 张主图中任意选择一张进行投放。

在创意的选择上，本着尽量选择浅色背景、减少推广语、无边框无水印、文字少且清晰度高的图片的原则，该卖家选择了一张符合原则的在移动端点击率较高的宝贝主图。

经过 20 天的投放，该车品卖家共消耗 513.26 元，展现量是 21180 次，点击量 794 次，成交 23 单，订单金额为 4692.89 元。卖家最终实现了日消耗 25.6 元，点击单价 0.65 元，投资回报率高达 9.14 的好成绩。

学无止境，对于卖家小夏来说，同样非常适用。从开始对钻展推广一无所知，不知自己是否适合投放钻展，到开通钻展进行基础投放；从烧钱的钻展投放模式，到制作出优秀的高点击率创意，成功引流；从找不到目标顾客群的成交惨淡，到掌握精准圈人技巧实现销售额猛增；每一步都非常不易。随着钻展功能不断的迭代升级，小夏又深度挖掘不同场景下出价和定向的搭配组合，俨然成了一位钻展高手。但高手需要的技能是非常全面的，还需要玩转淡季、玩转旺季。

10.3　案例分享

做生意最怕遇到淡季，淡季来了上至老板，下至运营、客服，都会有一种莫名的"空虚感"，因为太闲。

案例 1："淡季必杀技" 之钻展 CPC 和 CPM 的巧妙结合

很多行业过了 6 月就逐渐进入了淡季，特别是 7 月和 8 月，更是到了全年生意最淡的时期，电商行业和实体行业一样，也没有例外。但对于市场营销来说，"没有淡的市场，只有淡的思想"。淡季只不过是市场需求量小了而已，但市场竞争也相对减少了很多，我们只有在这段特殊时期做好推广策划，稳定店铺发展，蓄势待发，才能为接下来的"金九银十"和"双 11""双 12"活动做好充足的准备。

那么究竟该如何来做，才能稳步度过所谓的"淡季"呢？下面就来分享一个案例。

1. 店铺背景

如图10.11所示，这是一个欧美风格的女装旗舰店，产品平均客单价在130～160元，月销售额200万左右。店铺从4月中旬到6月初这段时间每周都会有新款推出，6月中旬参加完"6.18年中大促"之后基本上不再上新，而是集中精力做好店铺现有款式的推广工作和店内促销活动，以及店铺老顾客的维护。

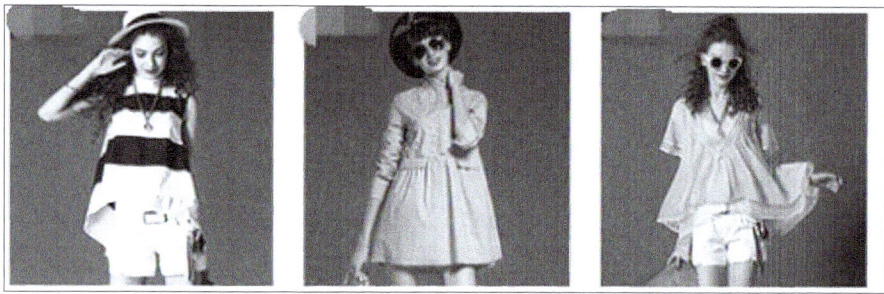

图10.11　某女装旗舰店

2. 淡季钻展推广的思路和目的

（1）推广思路

到了"淡季"，钻展推广一方面要结合店铺的营销主题，比如降价促销，老客户回馈，夏款的清仓处理，秋款的上新预热等；另一方面还要迎合店铺产品的风格和消费者的需求特征来做适时的推广计划调整。

（2）推广目的

合理控制好店铺推广的节奏，使店铺能够稳步发展，在维护老客户的同时，还能不断引进新的流量，增加店铺收藏和产品加购，积累店铺的人气，为旺季的到来打好坚实的基础。

3. CPC 和 CPM 的巧妙结合

"淡季"的到来，对于这家女装旗舰店来说，该如何更好地度过这段艰难的时期呢？下面具体介绍下。

（1）CPC 出价的应用

支持 CPC 出价的资源位中，流量最多最好的莫过于 PC 首焦和无线首焦的位置了。而且经过不断地进行测试和数据比对，钻展操盘手发现系统智能推荐和营销场景中的核心客户这两个定向还是比较精准的。无线首焦的位置投放30天的数据：展现量是176571次，点击量是23478次，成交450单，点击单价是0.64元，投资回报率是4.08。

通过上面的数据可以看出，投资回报率还是不错的，而且 CPC 最大的一个优势就是，可以通过调整出价来控制平均点击单价。

在 PC 首焦这个位置，经过了一段时间的投放测试，获得的点击单价是1.08元，投资回报率是2.8。通过数据对比可以看出，PC 首焦的投资回报率远没有无线首焦高，而且 PC 首焦的点击单价也要高于无线首焦。当然，每个店铺的产品和客户群体不同，两个位置的投放效果也可能会不一样，所以效果的好与不好，首先要先经过投放测试，然后再通过数据分析来做后期的调整。

（2）CPM 出价的应用

相对于 CPC，CPM 的展位选择和定向要更加广泛，所以做好 CPM 的计划，除了要靠钻展操盘手积累的投放经验之外，更要在平时做好各种定向和展位的测试和总结工作。日常用得最多的就是访客定向和 DMP 定向，而且通过测试，操盘手发现除了 PC 首焦和无线首焦的位置外，还有几个小的展位，投放效果也是不错的，下面就简单介绍一下。

① 天猫精选。

如图 10.12 所示为天猫精选资源位，这个位置的特点是点击率偏低，优点是点击单价也低。使用 DMP 定向 15 天的投放数据：点击率是 0.33%，点击单价是 0.41 元，店铺收藏数是 17 次，宝贝收藏数是 86 次，加购数是 1081，投资回报率是 6.81。

图 10.12　天猫精选

通过以上数据可以看出，这个位置的投资回报率还是很不错的，而且加购和收藏效果也很好，该女装旗舰店可以在淡季时花更少的钱引进更多的流量，以控制成本。

② 淘宝首页焦点图右侧 Banner 二。

同样是使用的 DMP 定向，操盘手经过测试，发现这个位置的点击率要比天猫精选稍高一些。下面是投放 15 天的数据：点击率是 1.98%，点击单价是 0.62 元，店铺收藏数是 31 次，宝贝收藏数是 64 次，加购数是 442，投资回报率是 5.14。

通过以上数据可以看出，回报率很不错，引流成本也不算太高，该位置也可以在淡季为店铺引流所用。

③ 无线 _ 网上购物 _App_ 淘宝首页焦点图。

选择流量超级大的无线首焦，投放时间段设为凌晨。凌晨计划的特点是点击率高、转化好、点击花费低，是该店铺投放钻展不可忽视的一个计划、特别是淡季时期，对提高店铺转化和稳定钻展投产，都有很重要的作用。经过操盘手测试，采用CPM 出价 +DMP 定向，投放效果要更好一些。下面是 15 天的数据：点击率是 7.76%，点击单价是 0.66 元，店铺收藏数是 160 次，宝贝收藏数是 337 次，加购数是 2352，投资回报率是 5.08。

（3）定向的选择

该女装旗舰店选择的是流量大的访客定向和定向精准的 DMP 定向。

① 访客定向：可以把自己店铺和竞争店铺分开来做计划测试效果，如何筛选竞争店铺是要点，请参照第 9 章的内容。

② DMP 定向的选择：对于老客户比较多的，或者店铺基础比较好的店铺，淡季时期，要定向精准的人群，最好从标签市场中的"用户轨迹"来组合标签，比如"90天购 2 次""30 天浏览 6 次""15 天浏览 10 页未购""7 天浏览 40 页加购未付款"等。

（4）创意的优化

在淡季时期更要做好创意的优化。该女装旗舰店主要做了以下两点优化：

① 结合店内的主题活动来做，创意文案上要重点突出活动的主题跟内容，比如店庆活动、夏款的清仓活动等；

② 结合店铺的风格和产品属性，以及消费者的特征来做优化，保证创意风格格调和店铺产品一致。

（5）投放时间和地域的优化

淡季时期，为了节约推广成本，提高钻展投放的回报率，操盘手通过生意参谋筛选出流量集中的时间段和买家下单数比较多的地域进行投放。在时间段方面进行分段测试，这样能够筛选出更加优质的时间段，然后对其进行重点投放，使引流更加精准化，提高钻展投放的效果。经过测试，操盘手选择了流量集中且竞争较少的9:00 ~ 11:00 和 21:00 ~ 23:00 进行重点投放。

CPC 出价和 CPM 出价既相互配合又相互弥补，只要我们选择好适合的资源位，根据店铺和产品定向好人群，然后再做好创意，给出合理的出价，就一定可以把钻展做好。

淡季期间要合理控制推广预算，多注意观察投资回报率及收藏加购的变化，实时调整计划预算。在选择展位和定向上，一定要以数据反馈为主，不断优化，降低引流成本，使投资回报率最大化。

淡季并不可怕，只要我们保持乐观的心态和冷静的头脑，做好应对的推广策划，短暂的淡季之后，必将迎来新一轮的旺季！

案例 2：钻展旺季营销——新老顾客两手抓

金九银十，旺季来袭，如何抓住时机快速提升销量，除了做好店铺运营，更要利用好付费推广工具，做好店铺引流，快速推动店铺销量攀升。钻展作为淘宝最重要的引流工具之一，成为推动销售必不可少的重要方式。下面通过一个钻展投放技巧的案例来给大家做重点的剖析，如何充分利用钻展推广来实现店铺整体销量迅速提升。

1. 店铺背景

如图 10.13 所示，这是一家五皇冠的集市店铺，主营欧美风格、日系帽子，投放钻展 20 天，日消耗 1000 元，点击单价 CPC 为 1.15 元。

集市/天猫	店铺等级	类目	团队	现存问题	是否有多家店
集市	5 蓝冠	帽子	5	相比同层店铺流量少	否
月销售额	其他推广方式	使用钻展时间	日消耗	CPC	钻展流量占付费流量比
30w	钻展/直通车/淘宝客	20 天	1000	1.15	35%

图 10.13　店铺背景

如图 10.14 所示，该店铺人群基础非常不错，日均流量在 10 万左右，日均访客数超 3 万，月销售额 30 万左右，客单价在 100 元左右，店铺各项数据指标都高于同行同层平均指标。店铺会根据上新计划批量上新。

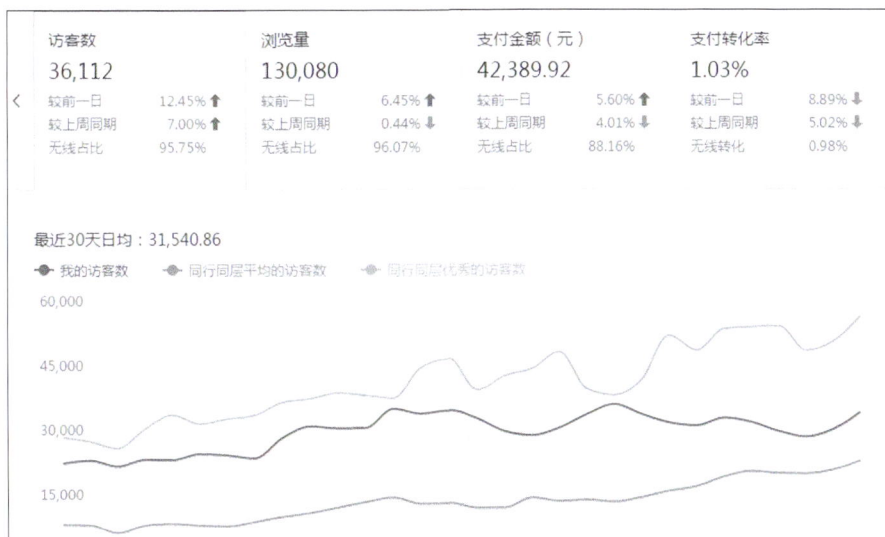

图 10.14　店铺数据

这样一个优秀的集市店铺，当旺季来临，钻展究竟该如何来做，才能够更好地对店铺起到提升作用呢？下面主要从新老顾客定向等几个方面来解析。

2. 钻展推广

该店的钻展推广主要围绕人群定向、创意制作、资源位选择及投放时间和地域选择四方面展开。

（1）人群定向

旺季营销，最重要最关键的就是新老顾客两手抓，两手都要硬。

① 访客特征分析。该店铺操盘手在定向之前先对访客特征、店铺新老人群占比及转化进行分析。

如图 10.15 所示，店铺女性顾客占比 80% 以上，男性顾客只有 10%，所以人群标签选择上一定要以女性为主。

图 10.15　性别占比

绝大部分店铺新客所占比例一般都是比较高的，该店新顾客占比达到 80% 左右。老顾客虽然只占到 20% 左右，如图 10.16 所示，但可以看出老顾客的下单转化率是明显高于新顾客的，老顾客转化在 2.65%，而新顾客转化只有 0.73%，可以说老顾客和新顾客是同等重要的。

图 10.16　新老顾客占比

② 创建独立计划。该店操盘手对新顾客和老顾客单独建立计划进行投放，新老顾客的定向是不同的，素材上也需要做一下区分，单独建立计划也方便对新顾客和老顾客的数据做独立分析与对比。

对于上新产品，在没有销量基础的情况下，如何更好地提高转化，钻展的人群定向选择就显得非常重要。该店选择定向店铺老顾客为主，因为这部分人群对店铺和产品的黏度会比较好，转化较高，可以更好地帮助上新产品完成基础销量的累积。其他定向选择上，该店操盘手还通过达摩盘标签来精准圈定不同行为的老顾客与认知客户，同时结合 CPM 访客定向自己的店铺以及 CPC 营销场景定向 - 核心人群定向来覆盖店铺老顾客和认知客户，如图 10.17 所示。

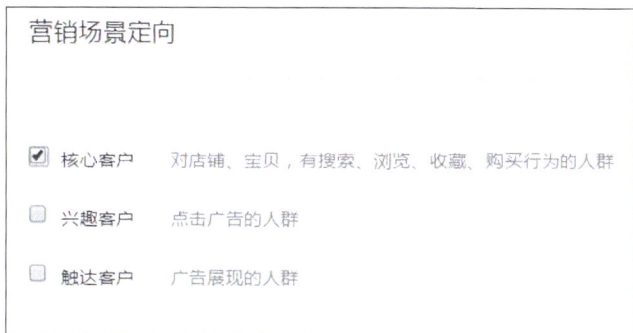

图 10.17　核心人群

对于一般的店铺来说，达摩盘人群标签的添加其实并不复杂。大家只需要从"用户轨迹"功能下的"店铺用户"和"店铺行为"下选择就能够满足我们对定向人群的圈定了，如图 10.18 所示。该店操盘手选择了"7 天浏览 5 次"和"加购物车 30 天浏览 3 次"这样的标签，投资回报率都是非常高的。具体圈定人群，标签怎么组合还要根据店铺基础与店铺类目来进行预估并且进行阶段测试。

图 10.18　用户轨迹

对于旺季拉新，需要非常大的流量，所以该店操盘手选择了 CPM 出价下的访客定向来自主添加竞品店铺。按照筛选竞品店铺的方法把精品店铺找准，数据反馈非常不错。除此之外 CPM 出价下的智能定向效果也非常不错，操盘手也有选择。

（2）创意制作

钻展创意的重要性不言而喻，旺季钻展投放，该店操盘手也是花了大量心思精心设计的。

如图 10.19 所示，这张创意利用了热剧《微微一笑很倾城》这个时事热点，又突出了促销巨惠。

图 10.19　突出促销

如图 10.20 所示，这张创意强调了"贝雷帽"这个产品，还凸显了"1010 年度好店"和"ifashion"频道的 LOGO，可以有效提升点击率、降低成本。

图 10.20　突出属性

如图 10.21 所示，此张创意是投放通栏的，高度小宽度大，于是就突出了"1010 年度好店"和"ifashion"频道的 LOGO 及"帽子专场"这样一个想要表达的信息。同时还突出了自己店铺的信誉等级，对提升点击起到了不小的作用。

图 10.21　突出 LOGO

（3）资源位选择

定向人群和创意都准备好了，接下来就是要选择资源位进行投放了。现在基本上大多数的流量和店铺成交都来源于移动端，所以该店操盘手以移动端为重点，PC 端为辅助，进行测试投放。该店选择的是流量最大的 PC 首页焦点图和无线首页焦点图，另外还有 PC 端一些小的位置，比如天猫精选 Banner 等。该店操盘手选择达摩盘定向或者访客定向来投放，投资回报率高，而且点击单价低。如图 10.22 所示为该店帽子旺季钻展投放各资源位的预算比例。

	pc/无线	投放展位	尺寸	占比	预算比例
展位投放	无线	无线首焦	640x200	60%	40%
		天猫无线首焦	640x200		20%
	pc	首焦	520x280	35%	20%
		banner	160x200		3%
		天猫精选	250x155		3%
		天猫通栏	1620x90		2%
		天猫首焦	1180x500		3%
		3屏banner	375x130		2%
		2屏大图	300x250		2%
	无线	站外	640x320/480x580	5%	3%
	pc	站外	300x250		2%
总计					100%

图 10.22　资源位预算

（4）投放时间和地域选择

定向、创意、资源位是钻展的核心部分，除了做好这些，在建立计划时，也要做好投放时间和地域的选择，这样可以集中花费在流量高峰阶段。该店钻展操盘手从生意参谋里的访客分析、参考时段分布和地域分布来选择，如图 10.23 和图 10.24 所示。

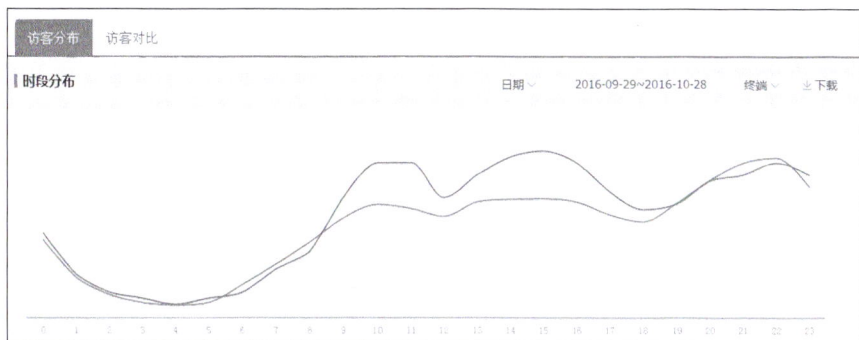

图 10.23　时段分布

图 10.24　地域分布

经过分析，操盘手发现周一至周五，无线上网时间段相对集中一些，可分开时段投放；周六周日上网时间比较分散，可选择全天投放，如图 10.25 所示。另外，还单独建立了一个无线端的凌晨计划，单独测试凌晨时间段的投放效果。

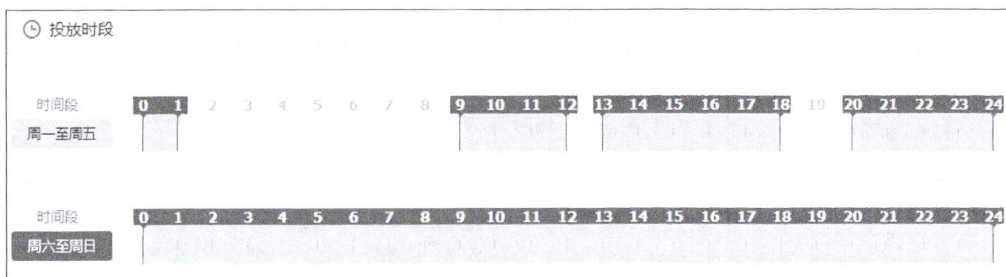

图 10.25　投放时段

在选择投放地域时，操盘手把非常用地域排除，常用地域则根据生意参谋里下单买家或者访客数 TOP 地区来选择，如图 10.26 所示。

图 10.26　投放地域

通过以上几步，该店操盘手成功地玩转了钻展旺季营销。一定要记住定向是重中之重，我们可以根据各自的店铺数据结合店铺整体策划方案合理分配好老顾客与新顾客的投放占比，做到新老顾客两手抓，利用钻展精准推广快速提升店铺销量。

➡ 本章总结

- CPM 和 CPC 出价的竞价原理：按展现付费和按点击付费。
- CPM 和 CPC 出价的资源位与定向：CPM 出价资源位和定向类型更丰富。
- CPM 和 CPC 出价不同的场景应用：店铺拉新、现有用户维护和沉默用户唤醒。
- CPC 出价之单品推广解析：推广主体、扣费模式、资源位、人群定向和创意选择。
- 低预算玩转单品推广：预算少、单价低、转化高。
- 玩转钻展淡季营销：CPC 和 CPM 巧妙结合。
- 玩转钻展旺季营销：新老顾客两手抓。

通过对本章的学习，相信大家对钻展 CPM 和 CPC 出价下常用的营销场景和定向已经有了一个全面的了解；玩转钻展推广，关键在于创意和定向；而要实现更好的投资回报率那就必须玩转 CPM 和 CPC 出价。登录淘宝卖家中心，进入钻石展位推广平台，点击新建推广计划，选择按展现付费（CPM）或按点击付费（CPC），了解不同出价方式下资源位与定向的差异，练习不同场景的计划投放！

➡ 本章作业

1. 简述钻展 CPM 和 CPC 出价的差异和联系。
2. 简述 CPM 和 CPC 出价下的资源位与定向差异。
3. 简述日常推广中重点推荐的出价和定向组合。
4. 简述大促推广中重点推荐的出价和定向组合。
5. 简述单品推广的独特作用。
6. 登录课工场，按要求完成预习作业。

随手笔记